河南省教育科学规划重大招标课题（〔2017〕-

U0632159

河南省中小学教师
职业幸福感调查研究

许远理　熊承清　著

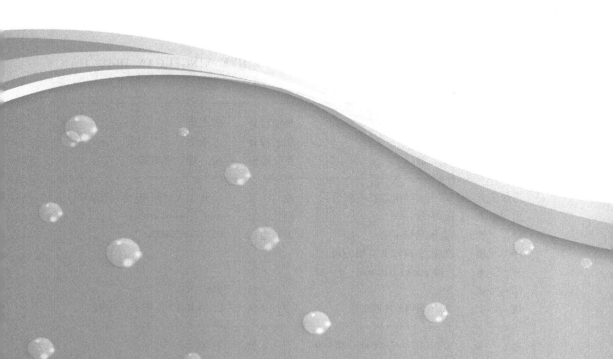

郑州大学出版社

图书在版编目（CIP）数据

河南省中小学教师职业幸福感调查研究／许远理，熊承清著.
— 郑州：郑州大学出版社，2020．12
ISBN 978-7-5645-7484-0

Ⅰ．①河…　Ⅱ．①许…②熊…　Ⅲ．①中小学－教师－幸
福－调查研究－河南　Ⅳ．①G635.16

中国版本图书馆 CIP 数据核字（2020）第 220890 号

河南省中小学教师职业幸福感调查研究
HENANSHENG ZHONGXIAOXUE JIAOSHI ZHIYE XINGFUGAN DIAOCHA
YANJIU

策划编辑	成振珂	封面设计	苏永生	
责任编辑	成振珂	版式设计	苏永生	
责任校对	吴　静	责任监制	凌　青	李瑞卿

出版发行	郑州大学出版社有限公司	地　　址	郑州市大学路 40 号（450052）	
出 版 人	孙保营	网　　址	http://www.zzup.cn	
经　　销	全国新华书店	发行电话	0371-66966070	
印　　刷	郑州宁昌印务有限公司			
开　　本	710 mm×1 010 mm　1 / 16			
印　　张	15.5	字　　数	248 千字	
版　　次	2020 年 12 月第 1 版	印　　次	2020 年 12 月第 1 次印刷	

书　　号	ISBN 978-7-5645-7484-0	定　　价	78.00 元	

前言

18 世纪英国哲学家大卫·休谟有一句名言:"一切人类努力的伟大目标在于获得幸福"。幸福是人生的最终目的,追求幸福是人类所具有的天赋权利。社会进步的希望在于教育,而实施素质教育的关键在于教师如何面对教育生活。只有对教育事业有热烈的爱、对教育工作有执着的追求、对教师职业有幸福体验的教师,才能全身心地投入到教育工作中去,热爱教育、热爱学生,培养全面发展的人才。良好的教育就是要让教师和学生能更加幸福地生活。要实现这一教育目的,教师的教育教学是播种幸福,教师的工作过程是追求幸福,教育的结果是收获幸福。中小学教师的职业幸福感,不仅关系到广大教师的身心健康,也是在当前教育背景下改变教师生存状态的迫切需要,还是教师专业发展的不竭动力,会对教育产生深远的影响。因此,教师的幸福感研究,特别是教师在职业中获得的幸福感研究,有利于教师和学生的健康成长,共创师生幸福,促进和谐校园建设。

教师职业幸福感是指教师在从事教育教学工作时,感受到教师职业可以满足自己的需要,能够实现自身的理想和价值,从而产生持续的愉悦体验。我国研究者从 1995 年开始关注主观幸福感的研究,其研究范围涉及伦理学、教育学等诸多方面。21 世纪初,教师职业幸福感引起了研究者们的广泛关注,研究成果也日益丰富。综合相关文献,教师职业幸福感的研究,研究对象主要为小学、初中、幼儿教师以及农村教师,被试取样主要集中在我国东南沿海地区,而中部地区则很少,尤其对河南省教师职业幸福感的研究几乎没有。河南省作为我国的人口大省,教师队伍庞大,教师的职业幸福感直接关系教育质量以及学生的成长成才。因此,在河南省教育改革与发展背景下,本课题主要探究河南省中小学教师职业幸福感的构成要素,基于国内外的研究编制评估河南省中小学教师职业幸福感的有效的工具,深入调查河南省中小学教师职业幸福感的现状,科学分析河南省中小学教师职业幸福感的影响因素,并根据研究结果提出提升河南省中小学教师职业幸福感的突破点,使各级政府等教育主管部门制定河南省中小学教师职业发展与教育问题的康乐政策更具实用性和有效性。本书是对相关理论研究和实证研究结果的系统总结。

　　本书共十二章。第一章概述河南省中小学教师职业幸福感研究的缘起及框架,即简述了河南省中小学教师职业幸福感研究的缘起,总体研究思路和具体研究内容;第二章讨论中西方传统文化和近代心理学中的幸福观,即中国传统文化思想史中儒家、道家、佛家的幸福观,西方理性主义、感性主义、基督神学和功利主义的幸福观,以及近代心理学史中弗洛伊德、麦独孤和华生三位代表人物关于幸福的思想观点;第三章讨论现代幸福感的概念内涵,即幸福研究的三个历史背景、幸福感相关科学概念及相关问题辨析;第四章回顾主观幸福感的相关研究,即国内外幸福感的研究概况、产生幸福感的理论观点、人口学变量和心理变量与幸福感的关系;第五章回顾中小学教师职业幸福感的相关研究,即教师职业幸福感的概念、理论模型和测量以及国内中小学教师职业幸福感的现状;第六章讨论河南省中小学教师职业幸福感的理论与实证基础,即主观幸福感的三成分结构理论模型和模型的验证;第七章讨论河南省中小学教师职业幸福感的科学测量,即河南省中小学教师职业幸福感测量工具的编制,并分析河南省中小学教师职业幸福感量表与同类量表的区别;第八章讨论河南省中小学教师职业幸福感量表的应用,即河南省中小学教师职业幸福感的总体特点、人口学特征及分析;第九章讨论河南省中小学教师自我情绪智力与职业幸福感的关系,即河南省中小学教师自我情绪智力量表的编制、河南省中小学教师自我情绪智力的特征以及河南省中小学教师自我情绪智力与职业幸福感的关系;第十章讨论河南省中小学教师职业倦怠与职业幸福感的关系,即河南省中小学教师职业倦怠的特征以及河南省中小学教师职业幸福感与职业倦怠的关系;第十一章讨论提升河南省中小学教师职业幸福感的外在途径,即政府和教育行政部门的政策支持与经费投入、学校的合理规章和管理者的社会支持、促进教师的职业发展动力和优化教师的职业环境等对河南省中小学教师职业幸福感的提升作用;第十二章讨论提升河南省中小学教师职业幸福感的内在途径,即教师本身要树立正确的世界观、教师职业发展过程中收获幸福、保持积极的工作情绪、拥有良好的教师职业心态、培养良好的生活习惯、缓解和降低职业倦怠等对河南省中小学教师职业幸福感的提升作用。本书在编写中遵循科学理论性与实践应用性相结合的原则,力求反映中小学教师职业幸福心理学研究的理论发展和最新成果,特别是研究的成果,要求理论联系实际,使其具有一定的应用操作性。在语言表达上既要求科学准确,也要求生动易懂,使其具有可读性。本书不仅为心理学专业的学生和理论工作者提供有关中小学教师职业幸福心理的学术研究成果,而且为广大中小学教师读者提供改善自己的生活质量,增进自身幸福感的知识、方法与途径。

　　本书是 2016 年度河南省教育科学规划重大招标课题"河南省中小学教师职业幸福感调查研究"(课题批准号 2017-JKGHZDZB-11)的研究成果。参加本书撰写的人员为:许远理(第二、三、八、十章)、熊承清(第一、五、六、七、九章)、许霏(第四、十一、十二章)。许远理负责全书的审阅和统稿工作。在本书的构想与撰写过程中,我们参阅了国内外同行的大量心理学专著、论文和文献资料,吸取了许多学者的理论和实证研究成果,本书的出版也得到了郑州大学出版社的大力支持,在此致以深深的谢意。

　　尽管我们投入了四年多的时间和精力,较为系统地探究了河南省中小学教师的职业幸福感这一问题,但由于作者的研究水平和视野的局限,加之教师职业幸福感的理论构建和实践应用正处在发展过程之中,研究的实际问题尚难以全面顾及,难免存在疏漏,恳切地期望广大读者朋友们批评指正。

许远理　熊承清

2020 年 7 月于信阳

目录

第五章

中小学教师职业幸福感研究回顾

第六章

河南省中小学教师职业幸福感的理论与实证基础

第九章

河南省中小学教师自我情绪智力与职业幸福感的关系研究

第十章

河南省中小学教师职业倦怠与职业幸福感的关系研究

第十一章

提升河南省中小学教师职业幸福感的外在途径

第十二章

提升河南省中小学教师职业幸福感的内在途径

第一章

河南省中小学教师职业幸福感研究的缘起及框架

第一节　河南省中小学教师职业幸福感研究的缘起

教师职业幸福感是指教师在从事教育教学工作时,感受到教师职业可以满足自己的需要,能够实现自身的理想和价值,从而产生持续的愉悦体验。我国研究者从 1995 年左右开始关注主观幸福感的研究,其研究范围涉及伦理学、教育学等诸多方面。21 世纪初,教师职业幸福感引起了研究者的广泛关注,研究成果也日益丰富。

一、国外的相关研究

国外早在 1984 年就开始了有关幸福感的研究,主要有主观幸福感(subjective well-being)和心理幸福感(psychological well-being)两大流派。主观幸福感主要关注人们积极、快乐情感的数量和所经历时间的最大化,以及消极、不愉快情感的数量和所经历时间的最小化。心理幸福感主要关注个体与生俱来的潜能和才华的实现与发展,可以使个体的功能更加健全。后来,Keyes(1998)提出了社会幸福感(social well-being)的概念,指个体对与他人、集体、社会之间关系质量的评估,包括社会整合、社会认同、社会贡献、社会实现、社会和谐五个维度,其进一步丰富和扩展了幸福感研究的领域。随着研究的深入,研究者们将幸福感研究延展到职业领域,逐渐形成职业幸福感这一研究热点,其中教师的职业幸福感是研究者们关注的研究课题之一。

国外有关教师职业幸福感已有较多研究。如 Kinnunen 和 Ulla(2012)等人调查了 1012 名年龄超过 45 岁的芬兰教师的职业幸福感,结果发现 36% 的教师存在与幸福感相关的情感、健康和行为方面的困难。Birdi 和 Kamal

(2013)等人对员工的年龄与职业幸福感的关系进行了相关研究,结果发现工作满意度与年龄之间呈 U 型曲线的关系,而工作压力与年龄的关系正好相反,工作倦怠与年龄仅呈现出反向的线性关系。Titus(2012)发现英国教师对于教学、物理环境和领导管理感到满意,但是对工资和晋升感到不满。Dinharn 和 Scott(2011)对新西兰和澳大利亚教师的研究发现,教师对于其工作的内在方面感到满意,这些内在方面包括学生成就、师生良好关系、自我成长、职业技巧、归属感和社会支持等,对社会地位等外部因素感到不满意。他们认为教师的幸福感是教师生活当中,不同层面所感受到的舒适度与和谐度,提出教师要身心和谐才会幸福。

二、国内的相关研究

国内对幸福感的研究开始于 20 世纪 80 年代,研究涉及心理学、教育学、管理学等方面。关于教师职业幸福感的研究,国内主要集中在对小学、初中、幼儿教师以及农村教师的研究上,同时研究区域主要集中在东南地区。通过相关文献的查阅,国内对教师职业幸福感的研究主要涉及教师职业幸福感的现状、测量、影响因素和教师职业幸福感的提升策略等方面。

国内的教师职业幸福感研究主要从教师工作满意度、主观幸福感、职业幸福感三个关键词进行实证调查。陈云英等学者(2014)对北京等四地的小学教师的工作满意度进行了测量,结果发现教师们在工作性质、职业投入感及人际关系等内在因素上的满意度较高,而在收入、领导管理、进修提升及物理条件等外在因素上的满意度较低。张忠山(2012)对上海市的 461 名中小学教师的工作满意度进行了调查,研究发现从总体上看上海市小学教师对工作基本满意。杨婉秋(2013)对 116 名教师和 113 名非教师群体的主观幸福感进行了横向的比较研究,结果发现教师群体在生活满意度和幸福感指数上得分均显著高于非教师群体。束从敏(2014)对 90 名幼儿教师进行职业幸福感调查,结果表明 45.6% 的教师经常能体验到幸福感,50.0% 的教师偶尔能体验到幸福感。总体看来,我国教师的职业幸福感现状不够理想,只有少数教师能够在工作中体验到幸福感,而大多数教师无法从工作中获得幸福感。影响教师职业幸福感因素有很多,相关的研究表明,影响教师职业幸福感的因素主要为:职业认同、薪资待遇、教学兴趣、教学压力、社会地位、师生关系、学校管理等。

综合相关文献,教师职业幸福感的研究对象主要为小学、初中、幼儿教师以及农村教师,被试取样主要集中在我国东南沿海地区,而中部地区则很少,尤其是对河南省教师职业幸福感的研究几乎没有。河南省作为我国的人口大省,教师队伍庞大,教师是否幸福直接关系到教育质量以及学生健康成长和成才,因此对河南省教师职业幸福感的现状进行调查研究很有必要。

第二节　河南省中小学教师职业幸福感的研究框架

一、河南省中小学教师职业幸福感的总体研究思路

本书的研究思路为:在河南省教育改革与发展背景下,探究河南省中小学教师职业幸福感的构成要素,基于国内外的研究编制评估河南省中小学教师职业幸福感的有效工具,深入调查河南省中小学教师职业幸福感的现状,科学分析河南省中小学教师职业幸福感的影响因素,并根据研究结果提出提升河南省中小学教师职业幸福感的突破点,使省、市政府等教育主管部门制定河南省中小学教师职业发展与教育问题的康乐政策更具实用性和有效性。

二、河南省中小学教师职业幸福感的具体研究内容

本书主要以国家和河南省制定和实施的教育法规为法理指导,以河南省中小学教师职业幸福感的实际情况和现状为内容依据展开研究。

《中华人民共和国教育法》规定:"教师享有法律规定的权利,履行法律规定的义务,忠诚于人民的教育事业;国家保护教师的合法权益,改善教师的工作条件和生活条件,提高教师的社会地位。"《中华人民共和国教师法》对教师的权利有如下规定:"……按时获取工资报酬,享受国家规定的福利待遇以及寒暑假期的带薪休假……对学校教育教学、管理工作和教育行政部门的工作提出意见和建议……参加进修或者其他方式的培训。"对教师的义务有如下规定:"……遵守宪法、法律和职业道德,为人师表……关心、爱护全体学生,尊重学生人格,促进学生在品德、智力、体质等方面全面发展。"

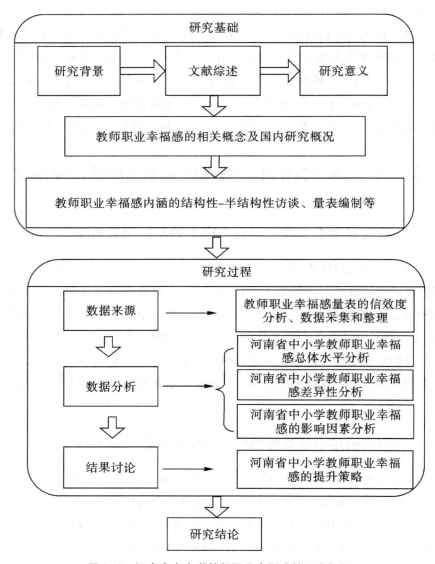

图 1-1 河南省中小学教师职业幸福感的研究框架

对教师的待遇有如下规定："教师的平均工资水平应当不低于或者高于国家公务员的平均工资水平,并逐步提高。建立正常晋级增薪制度……中小学教师和职业学校教师享受教龄津贴和其他津贴……对城市教师住房的建设、租赁、出售实行优先、优惠。县、乡两级人民政府应当为农村中小学教师

解决住房提供方便。"2019 年 2 月 15 日教育部教师工作司司长任友群表示:
"2019 年教育部将全面深化新时代教师队伍建设改革,启动修订《教师法》,
将进一步完善教师待遇保障机制,健全中小学教师工资长效联动机制,开展
督导,加强核查,严管到底,防止反弹,切实将国家保障义务教育教师工资待
遇政策落实到位。研制中小学教师绩效工资总量核定办法。推进教师权益
保障,出台制度性文件,明确地方责任,实行目录清单,规范各类检查、考核、
评比、填表及各类社会性事务,清理中小学教师教育教学无关活动,减轻中
小学教师负担,创设清静的教书育人环境。"

《国家中长期教育改革和发展规划纲要(2010—2020 年)》第五十四条
指出:"提高教师地位待遇。不断改善教师的工作、学习和生活条件,吸引优
秀人才长期从教、终身从教。依法保证教师平均工资水平不低于或者高于
国家公务员的平均工资水平,并逐步提高。落实教师绩效工资。对长期在
农村基层和艰苦边远地区工作的教师,在工资、职务(职称)等方面实行倾斜
政策,完善津贴补贴标准。研究制定优惠政策,改善教师工作和生活条件。
关心教师身心健康。"《河南省中长期教育改革和发展规划纲要(2010—2020
年)》第五十条指出:"提高教师地位和待遇。营造良好的社会舆论氛围,使
尊师重教的传统美德蔚然成风。不断改善教师的工作、学习和生活条件,吸
引和鼓励优秀人才长期从教、终身从教。依法保障教师平均工资水平不低
于或高于当地国家公务员的平均工资水平,并逐步提高。研究制定优惠政
策,改善教师工作和生活条件。关心教师身心健康。完善教师医疗、养老等
社会保障。对长期在边远农村地区、艰苦地区工作的教师,在工资、职务(职
称)等方面实行倾斜政策。完善津贴补贴制度。"

本书在这些法规、政策的依据背景下对河南省中小学教师职业幸福感
进行调查研究,是当前高度关注河南省中小学教师队伍职业发展与教育问
题的切入点之一。虽然河南省中小学教师的职业幸福感问题已经引起政府
部门和学界同仁的密切关注,但相关研究只是从宏观层面进行理论探讨和
调查分析,而没有进行系统和深入的教育学、心理学实证研究。因此,本研
究的基本内容具体如下。

第一部分:理论构建。研究人员到一线大规模实地调研,依据现有文献
资料并进行开放式和结构式访谈,考察河南省中小学教师职业幸福感现状

的具体内容,构建河南省中小学教师职业幸福感研究的总体理论框架。

第二部分:工具研发。依据理论构建的内容,研发测量河南省中小学教师职业幸福感的工具,编制《河南省中小学教师职业幸福感量表》。主要依据的现有文献资料和访谈内容由研究者编制。所谓幸福感是指衡量个体生活的客观条件、对所处状态的事实判断以及对于生活的意义、满足程度的价值判断感受具体程度的主观数值。教师职业幸福感是教师在自己的教育工作中满足需求、实现理想、发挥潜能、和谐发展自身时所获得的持续而快乐的心理体验。总之,教师职业幸福感是由多角度、多方面的系统构成的。前期的初步研究表明,幸福感包括三类指标:A 类指标,涉及认知范畴的生活满意程度,包括生存状况满意度(如就业、收入、社会保障等)、生活质量满意度(如居住状况、医疗状况、教育状况等);B 类指标,涉及情感范畴的心态和情绪愉悦程度,包括精神紧张程度、心态等;C 类指标,指人际以及个体与社会的和谐。在具体的研究中,我们将针对各类指标编制具体的分量表。

第三部分:实证研究。在河南省范围内分层选取被试,发放和施测《河南省中小学教师职业幸福感量表》,回收并整理数据后进行统计分析,考察河南省中小学教师职业幸福感的现状,探究河南省中小学教师职业幸福感在人口学变量(如性别、年龄、区域、学历、工作年限等)的差异,并构建相关因素与河南省中小学教师职业幸福感之间的关系模型。具体如下:第一步,量表检验。考察所使用的测量工具在正式施测被试中的信度和效度,以保证研究内容的科学性和客观性。第二步,施测量表。预计在河南省不同区域选取具有代表性的被试 2000～2500 人为样本,发放《河南省中小学教师职业幸福感》,并让被试填写个人信息调查表。第三步,回收量表。采集数据,把原始数据输入社会科学统计软件 SPSS 22.0 并进行整理(探索性因素分析和验证性因素分析)。第四步,分析数据。首先,分别计算出河南省中小学教师职业幸福感的得分情况,分析河南省中小学教师职业幸福感的总体水平。其次,以人口学变量上(如性别、年龄和区域等)为自变量,考察河南省中小学教师职业幸福感在各个维度上的差异。最后,使用逐步多元回归分析方法,把河南省中小学教师职业幸福感的观测数据作为因变量,年龄、性别、学历、情绪智力和职业倦怠等作为预测变量,通过统计分析得出相关因素对河南省中小学教师职业幸福感的各种预测值。第五步,建立模型。

使用 SPSS 22.0 进行回归分析,建立相关因素与河南省中小学教师职业幸福感各维度之间的回归方程模型。

第四部分:研究结论与建议。根据研究结果提出提升河南省中小学教师职业幸福感的突破点,使省、市政府等教育主管部门制定河南省中小学教师职业发展与教育问题的康乐政策更具实用性和有效性。

第二章

中西方传统文化和近代心理学中的幸福观

　　幸福是一个无既定意义的概念并在不同学科得到探究,如哲学、社会学、经济学和心理学等。最早的探究可以上溯到孔子(公元前551—前479年)、老子(约公元前571—前479年),亚里士多德时代(公元前384—前322年)和早期的希腊哲学。20世纪50年代以来,西方发达国家试图测量幸福或者生活质量的兴趣戏剧性增加。广泛的社会指标用来在总体水平描述公众的幸福状况(Felce & Perry,1995),并且编制了很多量表评估个体的幸福感。如测量人们的快乐、生活满意、幸福、良好生活和生活质量等,但这些理论定义引起很多概念上的混淆(Bowling,2001)。基于此,本章主要探讨中西方历史文化中的幸福观思想和近代心理学史中的幸福观。

　　什么是幸福？如何才能得到幸福？这是从古至今始终为世人所关注的问题。从历史传统角度来看,中西方哲学、伦理学中都包含着丰富的幸福观思想,通过对中西方传统幸福观进行梳理和整合,分析中西方哲人对幸福问题的精辟见解;结合中西方不同文化背景下对幸福的认识,使我们更加全面深刻理解什么是真正的幸福。

第一节　中国传统文化中的幸福观

　　幸福感是一种主观体验,是个体依据自己设定的标准对自身生活质量所作的整体评价与感受,包括大多数人所谓的幸福、安宁、成就和生活满意度。"幸福观"是个人对"何为美好人生"的体认与追求,包含了一整套与此有关的信念、价值、态度及行为意向。不同的文化会塑造出个体不同的幸福观,而幸福观又直接影响到人们的幸福感。可以说"幸福观"是组成幸福概

念的一个重要方面,也是研究幸福感的重要内容。本节主要谈谈中国传统
文化思想中儒家、道家、佛家的幸福观。

一、儒家幸福观

儒家认为有德性修养的人生才会幸福,重视理性与道德的作用。强调
没有理智和美德就不会有幸福,强调社会幸福重于个人幸福,这在人类幸福
思想史上有其特别的价值。"孔颜之乐"是儒家幸福观的典范,孔子所说的
"箪食""瓢饮""陋巷",充分体现了孔子对于物质需求和精神需求的看法。
孔子认为衡量幸福的尺度是德性,获得幸福首先要有一定的德性,与物质的
丰富与匮乏没有直接的关系。孔子反对功利主义及只追求物质财富的观
点,他将追求德性上升到一个更高的层次,将人类与动物的本质完美地区分
开来,然而孔子并不是不主张弟子们追求功利。当子张向孔子寻求获得功
名利禄的方法时,孔子毫不隐讳地给出答案。孔子所说的"求禄之法"是在
不违背儒家幸福观德性的基础上,运用自己的聪明才智采取正当的方式去
谋求利禄。"孔颜之乐"所体现的只是追求个人的幸福,然而孔子所说"邦有
道,贫且贱焉,耻也;邦无道,富且贵焉,耻也",则充分体现了国家与人民紧
密的联系,国家治国有法,作为人民依然贫穷,是耻辱的;国家治国无方,作
为人民即使富贵,也是耻辱的。孔子所提倡的儒家幸福观将个人幸福与社
会幸福相统一,在实现个人幸福的同时更要兼顾社会幸福。

孟子进一步完善和深化了孔子的幸福观内涵,孟子幸福观的内容十分
的丰富。大致可分为:满足自身物质需求的利欲幸福;兄友弟恭的家庭幸
福;吾日三省吾身的道德幸福;仁政爱民的社会幸福。这四种幸福的层次与
当代马斯洛需求层次理论非常相似。首先,人们只有在满足自身基本物质
需求之后才能有更高的追求,孟子说"食色,性也",这充分体现了孟子尊重
人的基本需要,如果每天食不果腹,幸福就无从谈起。其次,孟子将父母健
在、兄弟和睦、家庭和谐视为幸福,这与儒家幸福观中所倡导的"孝悌"紧密
联系。孟子将在我们看来最简单最容易实现的父母慈爱、子女孝顺视为家
庭幸福,使得儒家幸福观更加贴近生活和实际。再次,孟子将每天反省自身
的过错,真诚地改变和充实自己作为道德幸福,道德幸福是一种更高层次的
幸福追求,孟子认为人只有经过思考和反省才能实现自己的本心,那么即便

是像孔子一样身居陋室又有何妨呢？最后，在孟子看来最高层次的幸福是实现个人幸福与社会幸福的统一，君主享乐的过程中要不忘百姓，百姓在安居乐业的过程中，也要兼顾社会幸福，孟子"与民同乐"的幸福观，丰富和完善了儒家幸福观的内涵，具有十分重要的现实价值。

综上所述，在中国漫长的封建历史长河中，儒家学派的幸福观是封建伦理文化的主流代表，不同时期的统治阶级对它进行了不断修正和完善。儒家学派的幸福观把人生中的感性部分与道德素养对立起来，强调了道德品质在幸福人生中的重要性，把道德修养的多少与人生中的幸福与不幸结合理解，即有德便是幸福，反之则为不幸。这种观点强调了人的道德品质对"幸福"的巨大作用，并相应贬低了人的物质欲望。

二、道家幸福观

道家幸福观（主要指老子、庄子）对幸福的追求体现为对道的体悟和顺应，注重内在精神生活质量的提升，幸福生活表现为合道的精神生活。凡物各由其道而得其德，即是凡物各由其自然之性。苟顺其自然之性，则幸福当下即是，不须外求（冯友兰）。

道家思想蕴含了丰富的幸福理论。可以简要概括为几个方面。

其一，道家幸福观的根本性质就是识道、悟道、顺道、行道。"道"作为道家预设的概念，是其思想理论的核心，其余一切理论均围绕"道"展开。庄子思想虽然和老子有所不同，但是在将"道"作为宇宙核心这一问题上，二者是一致的。在幸福观这一问题上，道家用"道"一以贯之。要获得幸福首先需要认识"道"的内涵特点，体悟"道"的基本规律。老子曰：有物混成，先天地生。寂兮寥兮，独立而不改，周行而不殆，可以为天下母。吾不知其名，字之曰道。（《老子》·二十五章）"道"创生天地，不可得见。独立长存永不休止，循环运行周而复始，是天地的根源。"道"具有无穷的力量，是宇宙的发动者。自然界循环往复，万物生生不息，都是因循"道"的力量。道生一，一生二，二生三，三生万物。"道"是人的内在生命的呼声，它乃是应合人的内在生命之需求与愿望所开展出来的一种理论（陈鼓应）。要获得幸福，仅仅认识"道"是不够的，还要顺应"道"的发展，践行"道"的规律，只有在行"道"的过程中才能体会真正的幸福。幸福生活在本质上是对"道"的认识与实践，即是对人的内在生命的应和。

其二,在道家思想中,幸福的判断标准就是自然无为,安时处顺。如何判断是否达到了幸福状态?老子一言以蔽之——道法自然。"人法地,地法天,天法道,道法自然。"老子用一气贯通的手法,将天、地、人乃至整个宇宙的生命规律精辟概括、阐述出来。道家思想中的自然不是现象世界中的自然,是一种形而上的自然,是一种自然的境界。自然即"自然而然",是按照事物自身本性使之"然"。是一种建立在对人的内在本性完全尊重基础上的自然,是从人性本身出发而达到的一种高层次的人生境界。顺应自然本性不做不符合自然规律的事,才能达到幸福的状态。幸福的最高标准就是自然。面对自然的变化,甚至是面对生死,要泰然处之。"适来,夫子时也;适去,夫子顺也。安时而处顺,哀乐不能入也"(《庄子》·养生主)。外界环境的变化不能改变,能改变的是自己的内心。对于生活中的失败挫折,要以一种豁达的心态去面对,直面人生,不逃避不妥协,安时处顺才是真幸福。

其三,幸福的前提基础就是重身、贵生、神形兼备。随顺自然就是要顺应人的自然需求,满足人的生理心理需要。道家非常重视对生命的养护,它开创的养生思想自成体系、独树一帜,在中国历史上产生了重大而深远的影响。道家养生重养身更重养神,身心统一,神形兼备才是养生的至高境界。身体是精神的物质基础,精神是身体的立身根本,养生要兼具形养和神养。形养就是适度满足人的生理需求,科学的、合理的生活;神养就是要注重精神生活质量的提升,重视内心体验。以神养为根本,以形养为基础,形神兼养是道家的养生思路。道家虽重视生命,但是也不恐惧死亡。贵生不为生所累,避死不为死所羁。尊养生命而又超脱生命,才能达到幸福的状态。

其四,在道家思想中,幸福的实现途径就是要返璞归真,知止不殆。对于如何实现幸福,道家主张贵柔守雌。老子特别推崇柔弱,认为柔弱可以战胜刚强。"专气致柔,能如婴儿乎?"(《老子》·十章)实现幸福还要懂得知足常乐,适可而止的道理。"五色令人目盲,五音令人耳聋,五味令人口爽,驰骋畋猎,令人心发狂,难得之货,令人行妨。是以圣人为腹不为目,故去彼取此"(《老子》·十二章)。祸患都来自于不知足,罪过都来自于贪得无厌。懂得满足,才是真正的幸福。老子的智慧不可不谓大智慧。

其五,幸福的内心体验就是要致虚守静,逍遥至乐。虚静逍遥是幸福的内在精神体验。致虚极守静笃。"万物并作,吾以观复。夫物芸芸,各复归其根,归根曰静,静曰复命"(《老子》·十六章)。万物的本根叫作静,静叫作回归本源。老子提倡一种内心空明,平和宁静的心理状态。只有拥有平静心境的人,才能看尽人间事,享尽人间情。庄子的幸福是一种至乐的人生体验,是一种乐观主义的人生态度。庄子的幸福是一种无所待的绝对幸福,是一种至乐的人生体验,是一种与天地同一的大幸福。生命的有限与天地的无限相结合,这种人生体验的境界,就是取消主体与客体、我与非我的界限,在精神中建构起一个天地万物相融相通的混沌世界,与道合一,从而达到绝对的幸福,超乎时空成为永恒(张方玉,2013)。

第二节　西方文化思想史中的多维幸福观

幸福观是西方思想史中一种重要的伦理思想。从古希腊到近代欧洲,幸福观对社会经济文化的发展产生了重要的影响。在西方思想发展史中,很多著名的哲学家和思想家都对幸福提出了自己独特的理解。大致梳理,可以概括为理性主义幸福观、感性主义幸福观、基督教幸福观和功利主义幸福观四种形态。

一、理性主义幸福观

理性主义幸福观崇尚人的理性,追求道德品质的完善,同时关注人类精神的自由和圆满,轻视人的物质欲望和享受。认为理性是人的本性所在。"古希腊三哲"苏格拉底、柏拉图和亚里士多德都强调道德品性在追求幸福中的作用。

苏格拉底首先开创了理性主义的幸福观,他提出了"美德即知识"的命题,认为知识、道德与幸福是密切相连的,人只要拥有了善的知识,就会有良好的道德修养,进而做出善行。苏格拉底的幸福观遵循着"知识—道德—幸福"的思维轨迹,即知识(理性)是前提,道德是途径,幸福是知识和道德的目的。

柏拉图对苏格拉底的"理性"思想进行了继承与发展,他对于幸福的结论是"德性和智慧是人生的真幸福"。他主张美好的品德是得到真正幸福的必要因素,同时指出善就是最大的智慧,达到至善是人生的根本目的,即最高幸福目标。柏拉图从唯心主义观点出发,认为人的肉体、感官的快乐都是低级、暂时的,否认了快乐与幸福的联系,突出表明了幸福要有心灵、知识(理性)的参与,主张克制自己的情欲和享受。这一观点尽管带有禁欲主义色彩,但其对精神领域中的德行、至善的推崇是具有合理性的。

亚里士多德强调幸福是人完善自己的一种活动。首先,他认为至善即是幸福,这一点同苏格拉底和柏拉图的观点是基本一致的。其次,他提出幸福是合乎德行的现实活动,"幸福不仅是在占有和适用中把握最高善,还是在表现品质和现实活动中把握最高善"。人应该先把一个终极的善、最高的善作为目标,然后通过一步步奋斗实现至善。再次,亚里士多德持有"幸福为心灵的活动"的观点,肯定了人的一切追求都是自然的、合理的要求。同样地,快乐也是人的一种自然需求,属于幸福的范畴。他将快乐与幸福联系起来,主张快乐必须在理性的控制下达到适中的程度,才能称之为幸福。此外,亚里士多德还强调了公民个体幸福与城邦整体幸福的一致性,将有关幸福的研究拓展到了个人与社会的层面,认为只有实现了集体幸福,才有实现个体幸福的可能。

二、感性主义幸福观

感性主义幸福观重视人的感性,强调人的自然需求以及通过欲望的满足而获得快乐,认为人活动的目的在于追求快乐,避免痛苦,而这种趋乐避苦的人生哲学是由人的自然本性所决定的。

德谟克利特是古希腊感性主义伦理学的代表人物,他从唯物主义自然观出发,对什么是幸福、如何获得幸福等问题,都进行了较为深刻的研究,对后人产生了深远影响。首先,德谟克利特坚持了一条朴素的唯物主义路线,认为灵魂是一种物质形态,而"幸福和不幸居于灵魂之中",即幸福是存在于物质世界之中,强调幸福是人的自然需求,存在于现实生活之中。其次,他提出人的本性是追求幸福,他认为幸福就是快乐,是肉体快乐和精神快乐的结合。他在承认人类需要物质享受的同时,指出更要注重精神快乐,认为只有这样才能享受真正的快乐和幸福。再次,他认为节制可以使快乐增加,"快乐和不适构成了那应该做或不应该做的事的标准",意为什么事情都不能不急,也不能过头,"适中"才是最好的,此为节制的标准。他要求人们节制快乐,且理性地追求幸福,强调人应过一种有节制的生活,只有满足于自己已有的幸福才会愉悦,内心会更容易满足,生活才会幸福。

伊壁鸠鲁所奉行的人生哲学是:人生的目的在于追求快乐,享受幸福。即主张"快乐是幸福生活的开始和目的。因为我们认为幸福生活是我们天生的最高的善。我们的一切取舍都从快乐出发;我们的最终目的乃是得到快乐"。他认为快乐是最高的善,而快乐与否的标准在于人的感觉器官,如果没有感性的快乐,就不会有真正的快乐和幸福。"快乐"包括"身体的无痛苦"和"灵魂的无纷扰",即人生追求快乐、幸福的目的就是达到身体的健康和精神的平静。伊壁鸠鲁还将快乐分为三类:一是自然的、必要的,即人的生存本能和基本需求,如饿了就要吃饭,渴了要喝水等;二是自然、非必要,即人们对生存需求的选择,如享享口福,追求亲子之爱等;三是非自然、非必要的,即虚浮的欲望需求,如爱财富,逐名利等。他认为第一类快乐是满足人的生存需要,是人们应该追求的,也是可以得到的。第二类快乐虽不是维持生命的必需,但可以给人带来短暂的快乐感受,如"口腹之乐""悦耳之娱"等,对长久的快乐和幸福的影响不大,但过分追求,往往会带来灾难。第三类快乐既非必需,也不积极,此类快乐表面看来可以给人带来快乐,但那是"虚浮""短暂"的。对这种快乐的追求会把人引向争夺,使人迷失,损害人们内心的安宁和平静,这样就会对人们体验真正的幸福带来负面影响,所以要坚决弃绝。由此可见,伊壁鸠鲁的快乐主义幸福观既反对纵欲主义,也反对禁欲主义,他指引着人们去寻求一种严肃、现实、简朴的生活方式,这种思想对后世影响颇为深远。

三、功利主义幸福观

功利主义幸福观强调人类行为的唯一目的是求得幸福,因而促成幸福是人的一切行为的标准;在个人利益和社会利益的关系上,认为个人利益是社会利益的基础,达到"最大多数人的最大幸福"是道德活动的唯一目的。其主要代表人物是英国的边沁和穆勒。

边沁在总结前人利己快乐思想的基础上,结合道德原则,从伦理学角度创立了有数量区别的"最大多数人的最大幸福"的幸福观。人应当追求最强烈、最持久、最确实、最广泛和最合算的快乐,这是最高的快乐。同时还应当考虑幸福普及的人数,受益的人越多越好,所以应当追求最大多数人的最大幸福。

穆勒继承发展了边沁的思想,创立了质和量都有区别的"最大多数人的最大幸福"。穆勒主张对快乐不仅要有量的区分,而且还要有质的区分。他认为精神的快乐高于物质的快乐。他说:"做一个不满足的人比做一个满足的猪好;做一个不满足的苏格拉底比做一个傻子好。"关于利他的快乐主义,穆勒有一个明确的思想,即社会产生合作,合作产生共同利益,共同利益产生共同的追求目标,于是就有利他的快乐主义。个人利益与社会利益的和谐是保证实现最大快乐的重要前提。

功利主义幸福观包含了一定的合理性因素。它对功利的追求,以及对个人利益的肯定,在客观上满足了资本主义工商业发展的需要,促进了资本主义市场经济的形成和发展。

第三节　近代心理学史对幸福的前科学释义

从冯特建立了人类史上第一个心理学实验室以来,近代心理学出现了学派林立的局面,如构造主义心理学、机能主义心理学、精神分析心理学、格式塔心理学、行为主义心理学等。尽管这些学派的代表人物没有专门探讨幸福的问题,但在他们的理论与研究中涉及了与幸福相关的问题,产生了一些有关幸福的重要思想。以下列举三位代表人物:弗洛伊德、麦独孤和华生。

弗洛伊德认为无意识是人类精神的主要内容和本质特征。人们不知道幸福的真正意义是什么,也意识不到寻求幸福行为的真正原因;幸福或快乐本质上是一种无意识的精神现象。在人的无意识领域中,存在大量追求快乐和避免痛苦的本能倾向,包括吃、喝、排泄和睡眠等本能。其后,他还提出死亡本能的概念,与生存本能和性本能所构成的生本能概念并立;这些本能能量的聚集,使人紧张不安,这就要求发泄:当能量得到发泄,人们就会松弛,感到快乐。因此,无意识本能活动的基本原则是"快乐原则",即凡是快乐的就去追求,凡是痛苦的就避免;这种无意识的趋乐避苦的驱动力是人的行为的根本动力,实际上主张人类"趋利避害"的本性。弗洛伊德的幸福观把快乐看成是人无意识的能量发泄而产生的体验,并区别出两种产生快乐的方式,即一是通过能量的直接发泄,二是通过能量的间接发泄。由此,获得三种快乐,一是直接发泄产生的快乐,这种快乐与动物的本能满足没有什么区别;二是在自我和超我的抵制下间接发泄能量产生内替代性满足;三是通过"升华"而获得的快乐。弗洛伊德对快乐产生的内部心理机制的认识、分析对于后来的研究有一定的启示。

麦独孤的本能论认为本能是人的一种遗传或先天的心理倾向,它决定着有此倾向者在感知某一客体时体验着某种特殊的情绪激动,并对它做出某种特殊形式的动作或至少体验着这种动作的冲动。他进一步论述了情绪的产生过程,认为本能产生嗜好,并由此派生出相应的积极情绪或消极情绪,幸福或快乐实际上是本能所引起的积极情绪,特别是快乐的情绪。麦独孤的本能论试图从比较简单化的生物遗传决定论基础上推导一切快乐和幸福的源泉。生物遗传在幸福心理中具有重要的影响,但是,人与动物不同,因为人具有社会性。离开社会环境单纯从生物遗传的角度去探讨幸福,这种研究不能真正说明人的幸福心理,因为,它不能把动物因本能欲望满足而产生的快乐与人在社会情境中所产生的快乐区别开来。后来的研究者在本能论的基础上,提出了内趋力假说。这种观点认为,对快乐和幸福的追求源于有机体内部的内驱力。机体的内驱力有多种,包括对食物、水、氧气、避免痛的刺激等生物需要。当有机体缺乏这些物质的时候,有机体内部的平衡被打破,就会产生一种力求恢复机体平衡的内趋力。当这种内趋力驱使人寻找到这样的事物,机体内部就达到新的平衡,并产生满意或快乐的情绪体验。尽管内趋力假说没有采用本能的概念,但它所讲的内趋力大多是各种生物性的需要,因此在幸福问题上,内趋力假说与本能论并没有本质的区别。

华生的环境决定论认为,除了如达尔文所指出的某些基本情绪是通过遗传得来之外,其他的各种行为模式都要从与环境相适应的经验中通过学习而获得。他通过情绪性条件反射的实验证明了个体的情绪行为是通过环境刺激的作用而产生,也可以通过环境刺激的变化而加以消除。行为主义者倾向于幸福是环境刺激的产物,快乐是由环境的奖励(或强化)刺激产生的,而痛苦是来自环境的威胁和惩罚所导致的。通过后天的学习,环境塑造人们去寻求奖励和快乐与避免惩罚和痛苦的行为模式。例如,在社会中一般人之所以为了幸福去努力工作或不偷盗,是由于社会环境使然。社会环境不断对人们的行为进行奖励和惩罚,这样就诱导人们去做可以获得奖励的行为,而避免去做会受到惩罚的行为。行为主义理论强调环境对幸福心理的作用有一定的合理性。社会环境对于人的幸福的确很重要,因为社会环境为人们满足自身需要提供必要的条件。我们既不能设想离开了社会环境的人无法获得幸福,也不能片面强调外部环境的作用,因为人不是环境的被动产物,他们具有独立性、自主性和对自身的要求。不同个体有不同的需要和欲求,因而能满足某个人的需要和产生奖励作用的环境条件,也许对于另一个人却没有任何的奖励作用。

中西方古代的思想理论都是从人生哲学、伦理学和宗教学的角度对幸福进行探讨,其基本上都是采用哲学思辨的方法;而近代心理学则认为幸福要么源于遗传引起的趋利避害的本能,要么源于环境所引起的刺激—反应模式带来的强化学习。以上的幸福观点都是从不同的角度对幸福进行宏观的现象描述,在一定程度上促进了我们对人类幸福意义的理解,并且这些哲学思辨为现代幸福感概念的提出奠定了扎实的哲学方法论基础,极端决定论的幸福感的前科学概念则为科学的幸福感研究奠定了可用的理论和实证基础。

第三章

现代幸福感的概念

第一节　现代幸福感研究的科学概念

一、科学心理学关于幸福研究的三个历史背景

　　20世纪70年代以来,对幸福的科学心理学研究有以下三个历史背景。其一是生活质量研究运动。二战后,以美国为代表的西方国家经济迅速发展,人们的物质生活水平快速提高,但物质的发展总赶不上人们对幸福生活的要求,社会心理学家和生活质量研究者开始研究人口学变量如何决定和影响人们的幸福感,并提出"生活质量"(quality of life)的概念。其二是积极心理学的兴起。长期以来,心理学家较多关注了人们心理和行为的消极方面,而极少关注人类生存和发展的积极方面。然而一个新的心理学研究取向——积极心理学倡导关注体验到的快乐、智慧、活力和幸福的人,并帮助更多的人开发自己的潜能,这些能力可以让人们体验活力和能量,使人们能更好地缓冲压力,防止心理和生理疾病(Seligman,2003),并倡导通过培养人们的积极情绪、生活意义等方式对抑郁进行干预,而不是仅仅关注抑郁症状本身(Seligman 等,2006)。此外,积极心理学还关注人类的幸福和美德(Martin,2007)。如《人格力量与美德:分类手册》(*Character Strengths and Virtues:A Handbook and Classification*,Peterson & Seligman,2004)通过跨文化研究确立了创造性、好奇心、热爱学习、思想开放、洞察力、真实、勇敢、坚持、热情、善良、爱、社会智慧、正直、领导力、团队合作精神、原谅/怜悯、谦卑/虚心、审慎、对美和优点的欣赏、感激、希望、幽默、虔诚/灵性24种人格力量,称为行为价值美德(values in action virtues)。到目前为止,积极心理学取得了

巨大的进步。其三是对快乐者和不快乐者人格特点的研究。在这三方面的推动下,Diener 和 Veenhoven 进行了整合,形成了主观幸福感领域的专门研究。他们于 2000 年创建了专门研究幸福的杂志 Journal of Happiness Studies,提出主观幸福感主要包含两个方面的内容:个体对生活的认知评价(如生活满意度)和个体对生活的情感反应(如积极情感和消极情感的唤起水平)。

二、现代幸福感研究的科学概念

心理学家强调幸福的主观性,大多从人们主观体验的角度对幸福进行研究并称之为“主观幸福感”,用到的英文单词有 well-being、subjective well-being、happiness、psychological well-being 等。虽然在中文文献中这些词汇大多翻译为主观幸福感,但是每个心理学家对幸福感的概念都有自己独特的见解,因而这些概念之间也存在一定的差异,研究的范围也很广泛(见表 3-1 和表 3-2)。诸如积极情感(positive affect)、消极情感(negative affect)、情感平衡(affect balance)、认知评价(cognitive evaluation)、满足感(satisfaction)、快乐感(happiness)、幸福感(sense of well-being)、主观幸福感(subjective welfare)、心理幸福感(psychological well-being)以及感知到的生活质量(perceived life quality)等。而 Roysamb 等(2002)认为质量(quality)、快乐(happiness)、生活满意度(life satisfaction)、主观幸福感(subjective welfare)、乐观(optimism)及希望(hope)等名词所指涉的内容都代表幸福感(well-being)。

以研究幸福著称的心理学家 Diener(1984)认为主观幸福感是指个体依据自己设定的标准对自己的生活质量所作的整体评价,具有三个主要特征:一是主观性。从个体自身的角度关注幸福问题,因此不管别人的看法如何,只要你认为自己的生活是美好幸福的,你就有高的主观幸福感。二是相对稳定性。主观幸福感涉及的不仅仅是一时的心情与感受,更重要的是关注个体长期的幸福感。三是整体性。即强调的是一种综合评价,在评价的过程中以认知和情感的方式表现出来,并且认知和情感对主观幸福感起着协同作用。目前国内外大多数学者都用此定义作为自己研究的理论基础。

表 3-1　幸福感的定义及相关名词归纳表

相关名词	定义	着重点
快乐 happiness	1. 正负向情绪及生活满意的整体评估结果 2. 负向情绪的相对状态 3. 生活满意度、情绪和心理健康的评估	认知、情绪认知、情绪、心理健康
幸福感 well-being	1. 正负向情绪及生活满意的整体评估结果 2. 正负向情绪的研究 3. 心理健康的测量	情绪、满意情绪心理健康
主观幸福感 subjective well-being	1. 正负向情绪及生活满意的整体评估结果 2. 包含生活满意、情绪及心理健康的评估	认知、情绪认知、情绪、心理健康
心理幸福感 psychological well-being	1. 正负向情绪及特殊领域的满意程度加总结果 2. 心理健康的测量	认知、情绪
生活满意度 life satisfaction	以认知角度对生活整体层面进行评估	认知

表 3-2　学者幸福感定义归纳表

学者	幸福感定义
Arkoff(1974,1979)	心理健康者具备九项特征,分别是:幸福感、和谐、自尊的感觉、个人成长、个人成熟、个人的统整、与环境保持良好接触、适应环境、在环境中独立,而幸福感类似于满足、知足、心安、安详的状态
Andrews & Withey (1976)	幸福感是指个体正向情绪的增多及负向情绪的减少,以及对整体生活的满意程度
Diener(1984)	幸福感(SWB)指个人对于整体生活的认知性评价、正向情感以及较少负向情感
Dirsken(1990)	幸福感是个人对于过去与现在事件影响的体会及感受

续表 3-2

学者	幸福感定义
Veehoven(1994)	幸福感反映在个人对其生活的喜欢程度,是一种正向情感,以正负向情感的高低来描述幸福感
Meyers & Diener(1995)	幸福感(well-being)、快乐(happiness)和生活满意度三者意义类似,均指个人主观上对幸福感的评价,其中快乐是指个人主观且短暂对于生活满意的感受
Lucas et al.(1996)	幸福感是由正向情感、较少的负向情感与生活满意度三个独立的建构所组成
Diener & Suh(1998)	主观幸福感(SWB)与经济指标、社会指标是评鉴一个社会生活质量的三种主要方法。而主观幸福感是唯一的主观指标,可见它是了解个人与社会生活质量的重要测量指标
Buss(2000)	幸福感指个人对于此刻或是指全部生活中,一种感到实现自我抱负、生命有意义且愉快的一种持续性的感觉
Luo 等(2001)	幸福感可定义为个人以正向情绪控制负向情绪及对整体生活满意度高低之评价

　　心理学家在研究幸福时有两种取向(Ryan & Deci,2001;Ryan, Huta & Deci,2008)。第一种是享乐主义取向,幸福感包括了与幸福相联系的典型特点:拥有积极情感、缺乏消极情感、避免痛苦、总体满意以及各具体生活领域的满意。第二种是心理主义取向,把幸福描述成在自我实现的过程中发挥了个人潜能,包括的概念有充分自我完善、有意义感、自我控制感、目标感、社会贡献、个人成长、自我实现、心理健康、成熟和生命力等。最近的研究表明享乐主义与心理主义之间的关系并不决然对立,而是相互关联的(Waterman,Schwartz & Conti,2008)。

　　此外,存在三个层次的幸福(Nettle,2005)。其一,最直接的幸福包括特定时刻的喜悦、快乐之类的积极情绪,这些情绪来自欲求状态的满足,而没有认知成分的参与。其二,对快乐和痛苦进行评价时达到一种平衡后对生活的整体满意程度,这种幸福是情绪和认知判断的综合物。其中认知过程相当复杂,因为需要人们把自己的实际体验与各种标准和期望加以比较。

其三,人们良好的生活理想得以实现而到达人类的繁荣富强,这种幸福不需要愉悦和快乐之类的任何积极情绪。例如,人们可以通过各种艰难的方式将自己的理想实现而带来幸福。因为测量需要比较各种主要的理想本体,所以这种幸福很难测量。哪一个理想是最主要的?如果主体本身的理想最主要,那么幸福就是心理实体,它会对第二种幸福的判断产生重要影响。但是,如果理想由心理学家、哲学家或政治家来实现,那么这种理想就涉及道德化的意识形态问题。

总的来说,心理学角度对幸福的理解除了享乐主义取向和心理主义取向外,还可以从情绪体验和自我评价的两个角度理解。情绪体验角度认为幸福就是愉快的情绪体验,可以通过比较积极情感和消极情感何者占优势来判断,幸福等于各种积极情感与消极情感的简单相减,这种标准侧重关注个体内心情绪体验的成分。自我评价角度以个体自我评价界定幸福,这种标准认为幸福是依据个体自己界定的标准对其生活质量的一种整体评价。在实际生活中人们谈到幸福时,大多数人所做的都是这种对生活的主观评价。主观幸福感作为一种心理状态包括三种独特的成分,即较多愉悦的积极心境或情绪、较少不愉悦的消极心境或情绪和对整体生活或具体生活领域的满意程度(Lucas, Diener & Suh, 1996; Diener & Lucas, 1999; Bergsma, 2006)。因此,心理学意义上的主观幸福感主要是指人们对自己生活状况的主观评判以及生活中的积极情感和消极情感体验。

第二节　幸福感的相关概念辨析

一、幸福的一般观点

从幸福的定义来探讨幸福似乎很有逻辑性,但到目前为止,还没有被普遍认可的通识定义,因为幸福是一个关乎个人观点的问题。一般而言,幸福的定义常常源于用来测量幸福的工具本身,而不是源于概念模型。研究者一般基于自身研究的需要,从客观和主观角度对幸福感进行现象描述。下面简单描述几种幸福的定义(Gill & Feinstein, 1994):

"幸福就是人们能认识到……享受良好的生活并且活得很有价值……

人们通过使自己的生活有意义而获得,正如收入、财富、健康、环境等安全制度的累积,或者针对犯罪等其他潜在危险的制度";"幸福就是个体通过自己的能力和生活方式而达到个人目标和需要的满足";"幸福由身体、物质条件、社会交往和情绪健康等客观条件及对其主观评价组成,还包括个人发展和有目的的活动程度。""生活质量是拥有良好生活必要的条件,诸如良好生活习惯等。"

有研究者认为幸福感概念内涵的模糊性限制了对幸福的测量。如果不清楚它的具体内涵,就很难进行测量(Kahn & Juster,2002)。事实上,这并没有影响研究者去测量它。有研究者宣称在 80 个生活质量量表中没有一个达到比其他量表有效而达到可以接受的水平(Cummins 等,1995)。这意味着没有测量幸福的黄金标准,那么对"幸福是什么"没有达成一致的观点就毫不足为奇了。Gill 和 Feinstein(1997)发现 159 个声称能够评估生活质量的不同测量工具。

二、幸福感科学概念的辨析

现有文献中生活质量、幸福感、快乐、主观幸福感、心理幸福感、客观幸福感、生活满意、享乐主义幸福感或享乐主义幸福学以及其他术语之间的区别依赖于研究者根据研究目的所下的定义。一些研究者认为这些术语许多都同义,而另外一些研究者则认为它们之间存在本质差异。幸福感理论模型的构建有助于澄清这些问题。

(一)客观幸福感

在十九世纪五六十年代,西方国家对幸福感的测量是一个中界线,因为意识到不能仅仅通过物质标准对幸福进行测量。许多研究发现,在美国人们生活标准提升的同时人们的幸福水平却下降了,这表明金钱不能真正等同于幸福(Kahn & Juster,2002)。这是导致社会指标运动(social indicators movement)的直接原因。这个运动的发展意味着监控美国人的生活在非经济方面的变化,还包括一系列活动、生活事件和个体特征,如受教育水平、收入、住房环境、健康评估等。关键点在于这些指标由政府和社会公共机构监控,而不依赖于个体对自身生活的描述。这些指标都是客观指标:这种研究取向假定所有个体皆有"标准需要"（standard needs），并且这些需要可以通过"专家"决定。

当用相同的客观指标评估每个人并进行比较时，这些客观指标就非常有用，并且这些客观指标对制定政策更有意义。但有争论认为对于那些易脆和贫困的人（如学习无能的人），这些指标不能充分而清楚地描述他们的幸福感水平。因此，"标准需要"研究取向对他们有利。另外，一些哲学家认为为了评估"良好生活"的内容，个体需要知道什么是可能的指标（Qizilbash，1998）。如人们的生活环境和日期选择权使他们更倾向于有较低的期望，这可能导致在实际报告满意水平时大多数人都无法忍受（Felce & Perry，1995）。客观指标可以通过预先确定良好生活质量的内容排除这些可能的因素。日常事务管理数据是客观的指标。尽管对幸福的定义存在很多不一致的看法，但研究者构建幸福相关领域的内容有很多交叠。他们得出 15 种关键来源的大多数方面可以分为 5 个领域：身体健康、物质康乐、社会福利、发展和活动性以及情绪健康。客观指标受到可能影响个体生活体验的客观环境的限制，但可能并不能反映这种体验，并且一些社会指标不能单独定义生活质量。人们对同样的环境产生不同的反应，并且他们对环境的评价基于他们独特的期待、价值观和先前经验。虽然犯罪统计和收入水平与对生活质量的讨论有关，但主观成分是实质性的（Diener 等，1999）。为了检验这种观点，研究者转向主观幸福感的测量。

（二）主观幸福感

大多数人都同意整体幸福感的概念，似乎是主观幸福感由那些内容组成。把主观幸福感描述为一种宽泛的现象分类，包括人们的情绪反应、领域满意感和对生活满意的整体判断（Diener 等，1999）。

1. 主观幸福感的情感成分

有些学者为了研究的方便，把心境和情绪统称为"情感"，并且关于"快乐情感"和"不快乐情感"是否形成两个独立的因素，是否应该独立测量或它们是否相互依赖，一些证据存在矛盾（Diener 等，1999）。虽然瞬间快乐和不快乐情感之间的差别依然是个争论的话题，但长期的情感维度的可分离性不存在争议。随着时间的拉长，不快乐情感和快乐情感逐渐分离（Diener

等,1999)。从文献材料来看,通常情感(affect)被视为快乐或不快乐的程度(Prince & Prince,2001)。总言之,情感成分可以认为是个体对自己的生活是如何感受的。

有很多工具用来测量情感。其中之一是情感平衡量表(Bradburn,1969)。此量表中将情感平衡描述为"快乐或一般心理幸福感的预测因子,这些术语意为个体应对日常生活中压力的能力"。这个量表测量积极情感和消极情感,总体幸福感等于积极情感减去消极情感(WB = PA−NA)。还有一些类似的术语,如总体幸福感等于快乐减去不快乐(Well-being = happiness-unhappiness)。Bradburn 的研究表明积极情感与消极情感是相互独立的,它们不是幸福感单一维度的两极。积极心理健康一般概念支持了这个观点(Pavis 等,1996)。在他们的研究中发现个体可以同时描述不快乐和快乐的感受(例如,感受一天之中的不快乐,但也能从整体上感受生活的美好)。众多研究者认为布兰德波恩(Bradburn)情感平衡量表是一个有用的量表。

与 Bradburn 的观点相反,研究表明积极情感与消极情感不是相互独立的,事实上二者之间是相互关联的(Kammann & Flett,1983)。这似乎由直觉决定:你越快乐,你的悲伤就越少;反之亦然。他们也提出用积极情感与消极情感之间的平衡(快乐与不快乐之间的平衡)来测量主观幸福感的情感成分,但用的是他们编制的工具(情感测量 2)(Kammann & Flett,1983)。虽然这个量表基于布兰德波恩的情感平衡量表编制,但他们表示二者之间有很大不同。情感测量 2 似乎没有广泛应用于研究,但被用于 HEBS 健康教育大众调查(Health Education Population Survey,HEPS),并且有越来越多的研究支持了它的有用性(Stewart-Brown,2002)。

巴让情绪商数量表(Bar-On Emotional Quotient Inventory,EQ-I)试图阐明心理幸福感的情感成分(Bar-On,2004)。这项研究指出有两个主要的模型概念化主观幸福感的情感成分,即情感平衡模型和情绪智力模型(认为对自我和他人情绪的有效调节是情绪幸福感的基本要素)。研究结果表明情感测量 2 与 EQ-I 显著相关,并且情感测量 2 测量的幸福感的情感成分能够显著地预测心理(主观)幸福感(Walker,2002)。这项研究进一步表明情感测量或许是测量主观幸福感情感成分较好的问卷。然而公正地讲,或许有很多文献支持情绪智力模型,而情感测量 2 或许能够免费的在公众领域使用,并且这个量表很简短。

2. 主观幸福感的认知成分

主观幸福感的主要认知成分是个体对生活的判断,包括整体生活满意,或诸如工作、家庭、休闲、健康和财政等具体领域的生活满意(Prince & Prince,2001;Diener 等,1999),可视为个体对生活的看法。Michalos(1983)分析了对生活中 12 个领域的满意如何影响整体生活满意度和整体生活的幸福水平(Paim,1995)。结果发现生活满意度是测量幸福感的简洁方法,并且有着概念效度。Campbell(1976)认为基于渴望的目标、期望、公正感、团体比较、个人需要和个人价值观,个体通过比较标准判断每一个生活领域的客观情景。这些导致的评价是他们对那个领域的满意,并且领域满意结合在一起产生一般幸福感(Felce & Perry,1995)。Michalos 所使用的这些领域包括健康、财政、家庭、工作、朋友、住房、住宅面积、娱乐、宗教信仰、自尊、变迁和政府服务。表明个体对每个领域的评价值可以被权重,并且可以加总得到复合的幸福感指数(Kahn & Juster,2002)。Andrews 和 Withey 考察了评估个体的领域生活满意时不同的回答方式,大多数用李克特量尺(一系列等级回答:同意、不确定、不同意),如快乐—可怕量表和阶梯量表等。

然而,用这种方法确定生活满意的水平受到很多批评。其一,这些领域常常是调查者而不是被试选择的(Prince & Prince,2001)。一般的看法是唯一能有效测量具体领域生活满意度的方法是允许个体自己选择那些领域。然后个体依据重要性对每一个领域进行权重,那么这些领域权重的加和得到总体幸福感(Kahn & Juster,2002)。这样测量的问题在于限制了个体间的比较,同时也有很多领域可供选择。另外,一般假设认为人们能够思考并能描述他们的幸福感,并且可以要求他们这样做(Kahn & Juster,2002)。但有研究者提出并不是所有人都符合这种情况。一个明显的例子就是研究那些有学习困难的人(Felce & Perry,1995)。还有一种批评就是总体幸福感不是个体对各个领域权重的简单加和。领域满意对个体生活的领域快乐和不快乐提供了有用的信息,但是不能加和以得到生活满意的总体状况。这可能意味着很有必要评估总体生活满意和领域生活满意。

虽然幸福感的主观和客观评估并不相关,但在某种程度上存在交叠并可以相互补充(Kahn & Juster,2002;Diener 等,1999)。需要说明的是,一般认为混合使用主观指标与客观指标可以避免一些个体评估自己幸福感困难这个问题(Felce & Perry,1995)。

综合以上研究成果,将幸福感概念及具体研究内容总结如下,见图3-1。

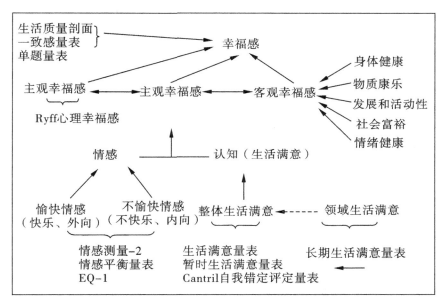

图3-1 幸福感的概念及具体研究内容

(三)心理幸福感

Keyes、Shmotkin 和 Ryff(2002)指出主观幸福感和心理幸福感在概念上是相关的,但在经验上存在很大差异,认为主观幸福感是"依据满意和积极情感与消极情感的平衡对生活的评价";而心理幸福感是"对存在的生活挑战的觉知"。他们扩展了这个观点,认为"主观幸福感包括更加整体的情感和生活质量的评价,而心理幸福感考察觉知到的追求的生活挑战。例如追求有意义的目标、个人的成长和发展以及建立与他人的关系质量"(Keyes等,2002)。Ryff(1989)用更简单的术语解释这个名词,并提出了一个六维度的多重心理幸福感模型。自我接受:意识到自己的缺点时能够对自己感受良好;与他人的积极关系:试图建立和保持热情而信任的人际关系;环境掌控:塑造环境迎合个人的需求;自主:寻求自我决定感和个人权威,在大的社会背景中保持自己的个性;生活目的:依靠自己的努力和机遇竭力寻找生活意义;个人成长:最大化自己的天资和能力。依据这个模型编制了量表。初始量表浓缩成以上六个维度,每一个维度由三个条目测量。

Ryan 和 Deci(2001)也评论了主观幸福感和心理幸福感这个存在争议的问题,不过对于良好的测量需要包括较多的术语——快乐论幸福感和实现论幸福感。他们把快乐论描述为反应幸福感包括愉快或快乐的幸福观点。相反的,实现论认为幸福感不仅仅是快乐,而是关注意义和自我实现以及一个人全部发展机能的程度。Kahnemann(1999)明确指出幸福感在本质上与快乐论的观点是等同的。"实现论幸福感"这个术语很有价值,因为它在本质上不同于快乐的幸福,并不是所有的欲求或一个人评价的达到结果皆能带来幸福。即使他们能够产生快乐,但一些结果对人们而言并不好,而且有可能不利于健康的提升(如吸烟)。因此他们认为主观快乐并不等同于幸福(Ryan & Deci,2001)。他们认为人们可以接受的主观幸福感就是幸福,并且前面提到的这些量表可以用来测量。然而另一个观点认为主观幸福感可以作为幸福感的操作性定义,但是实现论关于培养幸福感的观点可以在测量中使用。这似乎在直觉上有意义——测量主观幸福感或快乐良好,但不能解释快乐程度高低的原因——然而心理幸福感可以给出一种如何促进个体幸福感水平的方法。

这似乎表明最好用不同的方式测量幸福感。Paim(1995)指出幸福感研究的目的应该确定哪种测量方法是合适的,即这种测量所包含的指标应该能够测量幸福感的总体水平。从总体的观点看,当它们源自日常行政管理资源并保证在某个地区有着一致性时,这些客观指标应该良好。然而不利方面在于,这些客观指标可能不能准确地描述个体认为对幸福感重要的方面。

一个观点是用主观信息补充这些客观指标。这个方法通过苏格兰住户调查(Scottish Household Survey)证明比较有用(其他调查如健康调查、犯罪调查等),但这只是一些零碎的补充。我们可以依靠在大型调查(如苏格兰健康或家庭调查)时在国家量表中包含情感测量 2。然而,这可能仍然无法解释在同一地区或其他地区的人相互比较时个体的幸福感水平较低的原因(应该小心地进行比较,因为两个处于截然不同生活环境的人可能有着相同水平的总体幸福感)。另外至关重要的一点是,应该区别开那些处于不利地位的人。例如,那些学习无能的人、智力受损的人和那些第一语言不是英语的人。这或许可以成为通过幸福感的心理方面解释个体幸福感水平高低的原因。可以通过 Ryff(1989)编制的心理幸福感量表实现,即使在国家调查中加入仅提供地区权威水平信息的量表。在此围绕"积极心理健康"和"韧性"尝试了这些想法。还可以着眼于其他一些因素。如应对、适应、情绪智力和自我价值感等,尽管在国家水平这样做有些困难。

因此,在实际的研究中可以把主观幸福感和心理幸福感数据加入这些客观指标。这可以提供地区权威水平的幸福感数据,更详细的信息可以通过量表在更多地区进行调查获得,也能够简单地回答人们他们的幸福感处于哪个水平,从而解决包括选择合适的量表在内的这些难题。

三、幸福感测量的相关问题

用"你的幸福感状况如何?"之类单一的题目测量人们的幸福感时,许多人不能回答这个问题。原因在于他们不理解这个问题,或者他们还没有想过这个问题,或者他们不清楚自己的感受。有研究者认为用这种自我报告的方法评估整体幸福感存在 5 种偏差。同化效应:一些快乐的事件引起幸福感的提升;对比效应:过去的一些快乐的事件为人们目前的感受提供了一个比较标准,并因此降低整体幸福感;目前的事件激起的暂时心境可能影响对这个问题的回答;回答容易受到社会赞许(个体和文化中存在的倾向)的影响;一个人的幸福感由于与他人的比较而发生改变(Kahn & Juster,2002)。

另外一些研究者认为多题目的问卷能够很好地描述幸福感,但不能评估幸福感(Bernheim,1999)。问题在于生活质量是一个关乎个体自然发生的概念,伴随的结果产生很多交互作用,并且不同的规则比它的成分更重要。整体生活质量因此可以良好地进行格式塔式的整体自我评估。正如日常生活中人们随时进行不确定的整体评估,因此他们能够认真地回答这个重要的问题"你的生活怎么样?"争论的问题在于在多大程度上每个维度或条目对整体生活质量的贡献。也就是说它们对个体的权重以及在总体中的平均权重……例如谁能在睡眠、饮食、没有疼痛、性生活、经济舒适或进行工作中选择对个人重要的事情? 正如亚里士多德的论述,人们往往对那些他们失去的东西给以最高的权重,如患病时的健康、贫穷时的金钱,但其他的真实内容被忽视了。事实上大多条目的权重仍然不能通过问卷测量。因为到最后,大多数人不能够意识到它们的重要性。即使认为个体的生活质量在概念上可能是错误的,但单一的条目或维度有测量权重。因为许多关于生活质量的维度和条目明显相互影响。一些交互作用可能不是线性的且不具有测量上的确定性,并且即使创造条件使那些条目有无序的指数误差以使得较小的无序能够导致主要而不可预测的结果。

第四章

主观幸福感的研究回顾

　　教师职业幸福感的研究主要源于幸福感的相关理论和实证研究,特别是与主观幸福感的研究有着紧密联系,这是由幸福的主观体验属性所决定的。本章主要回顾国内外的主观幸福感研究概况和重要的幸福感理论,并综述人口学变量和心理学变量与幸福感关系的相关实证研究,为教师职业幸福感的研究奠定理论基础和实证方法基础。

第一节　国内外幸福感的研究概况

一、国内近二十年幸福感研究概况

　　在中国知网数据库(CNKI)以“主观幸福感”为题名关键字检索到1999年1月1日—2017年12月31日的相关文献4875篇,以年为单位绘制成图4-1。

　　国内有关幸福感的研究从1995年开始,在2003年才有了比较系统的研究,检索到3篇硕士论文和3篇博士论文。虽然主观幸福感的研究比心理学研究领域的其他研究少得多,但是研究数量上呈逐年上升的趋势,表明研究者们对幸福感的研究越来越重视。研究内容主要包括:幸福感的基本构成与测量(生活满意度、积极情感和消极情感)、幸福感的影响因素(生活事件、自我效能感、心理健康、应对方式、体育锻炼、人格特质、人际关系、道德品质和社会支持等)以及相关变量影响幸福感的中介机制,如图4-2所示。研究的被试主要为大学生、中小学生、老年人等。需要说明的是大部分研究基本上是依据国外的理论,到目前为止幸福感的本土化研究还较少。

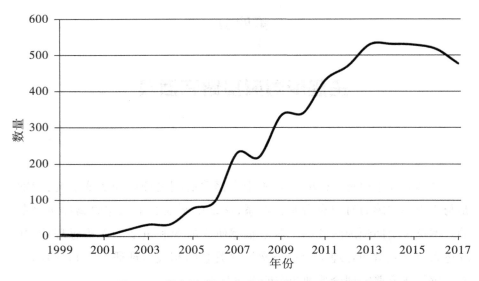

图 4-1　国内近 20 年主观幸福感研究文献的数量

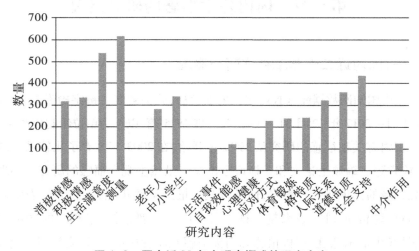

图 4-2　国内近 20 年主观幸福感的研究内容

　　此外,在中国知网数据库(CNKI)以"教师+职业幸福感"为题名关键字检索到 2003 年 1 月 1 日—2019 年 3 月 1 日的相关文献 644 篇,以年为单位绘制成图 4-3。

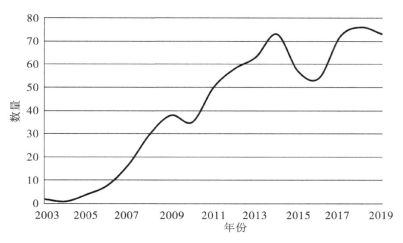

图 4-3　国内教师职业幸福感的研究文献数量

二、国外近二十年幸福感的研究概况

在 EBSCO（Academic Search Premier）数据库以"subjective well-being"为题名关键字检索到 1999 年 1 月 1 日—2017 年 12 月 31 日的相关文献 5924 篇，以年为单位绘制成图 4-4。

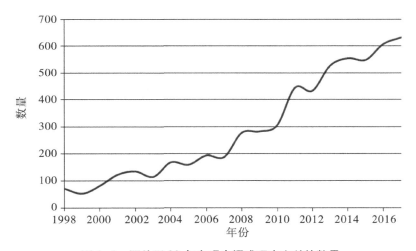

图 4-4　国外近 20 年主观幸福感研究文献的数量

从图4-5中可以看出对主观幸福感的研究总体上逐年呈上升趋势,这从一个侧面反映了研究者越来越关注人们的幸福问题。从研究内容来看主要包括:主观幸福感的相关概念[生活质量、快乐、生活满意度和主观性等]、人口学变量[性别、年龄等]、与其他变量的关系[心理健康、社会支持、人格、自尊、自我评价、自我效能、情绪智力和感恩等]以及主观幸福感的测量等。

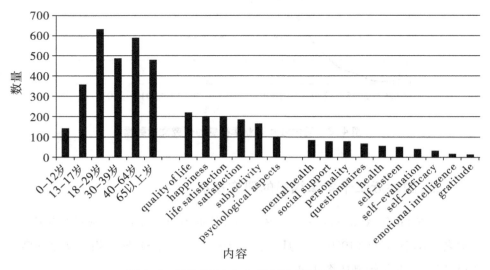

图4-5 国外近20年主观幸福感的研究内容

第二节 幸福感的理论观点

关于产生幸福感的理论有很多,在此仅介绍自我决定理论、人格理论、社会比较理论、归因理论、期望值理论、目标理论的主要观点。

一、自我决定理论

自我决定理论是关于动机和人格的理论,它以积极心理学为视角,从人格成长和整合的角度定义动机和需要,认为动机是一个从内部动机到外部动机的连续体,自我决定的过程就是不断感知外界信息,形成自主性动机的过程。自我决定理论区分出人类的三种基本需要,胜任力需要、自主需要和关系需要。这三种需要是推动个人成长和整合自然倾向所必不可少的,而且也是建构社会发展和个人幸福的必需。因此,这三种基本需要被自我决定理论认为是幸福感的三个基本因素。它们不仅仅是心理健康的最低要求,同时也是社会环境必须提供给人们以促进其成长和发展的基本养料。基本需要在人生中必须要得到满足,才能使人们体验到一种持续的整合感和幸福感。

自我决定理论的基础是人类的三种基本需要理论:内在动机理论、认知评估理论和动机整合理论。内在动机理论认为内在目标的追求和维持将直接提供人类三大基本需要的满足,因此增进幸福感。而外在目标的追求和维持将不产生幸福感,甚至会减少基本需要的满足,导致心理病态。Kasser和Ryan检测人们内在意愿、目标(例如友好关系、人格成长、满足基本需要的社区)的个体差异。他们发现,内在目标与幸福感指标(如自尊、自我实现)正相关,而外在目标与这些幸福感指标负相关。因此,自我决定理论侧重于研究促进幸福感的内在目标,如有意义的关系、个人成长和社区贡献等,而不是外在目标,如财富、名望和生理吸引等。认知评估理论认为,社会背景事件,如反馈、沟通、报酬能够强化内在动机,并产生自我效能,相应地最适宜的挑战有助于内在动机,外在报酬会削弱内在动机。虽然内在动机是一种重要的动机类型,但它不是唯一的,认知评估理论认为动机还可以区分为无动机、外在动机,动机整合理论对这几种动机进行了细致的划分。

二、人格理论

并非所有的生活事件都能影响幸福感,许多生活事件是通过人格起作用的。早期的人格——主观幸福感理论派生于动力平衡的假说,认为个体的人格特质决定他们平衡生活事件的水平和平衡幸福感的水平。生活事件可能使幸福感提升或者降低或者保持不变。当生活事件处于平衡水平时,幸福感不变,当生活事件偏离正常水平时,幸福感可能提升或者降低。但是这种偏离是暂时的,稳定的人格特质具有调节功能,会使生活事件和幸福感水平返回到平衡水平。

动力平衡假说又分为特质理论和状态理论。特质理论又称作由上至下的理论,该理论认为,具有愉悦特质的人能以一种更为积极的方式看待他们所处的环境,而幸福就是他们以愉悦方式进行反应的倾向。状态理论又称作由下至上的理论,该理论认为,幸福等于各种愉悦因素的简单相加。在判断人们的幸福时,只需对许多暂时的苦和愉悦进行心理运算即可,即幸福等于愉悦减去痛苦。如果出现正数,说明个体在总体上是感到幸福的;如果出现负数,说明个体在总体上是感到不幸福的。这种理论具有较高的操作价值,能在实际中得到广泛的应用。一般认为,外向性的个体对积极情感具有较高的气质易感性,而神经质个体则对消极情感具有较高的气质易感性。气质或人格对幸福感的影响不是直接的,也就是说,这些因素影响人的行为,增加经历某种生活事件的可能性,在某种情境下,使某类独特行为反应更可能发生,从而影响幸福感。

三、社会比较理论

社会比较是指把自己的能力、感觉、境况、观点等与他人比较的过程,主要分为横向比较(向上比较和向下比较)和纵向比较。早期的研究主要围绕"向上比较对幸福感和自尊带来威胁,向下比较导致幸福感和自尊的增强"这一假设研究社会比较的作用。集中在三个方面:第一,向上比较对心境的影响。研究表明向上比较对心境同时具有积极和消极的影响。第二,向上比较对自我评价的影响。研究表明向上比较同时具有自我增强和自我威胁效应。第三,向下比较的情感效应。研究表明,自我价值感低的个体进行向下比较时更可能产生积极情感和自我增强。对于社会比较对主观幸福感影响的研究,往往加入人格变量。因为人格变量在社会比较与幸福感的交互作用过程中起着重要作用。但有关人格、社会比较及其对幸福感影响的研究结果并不一致。纵向比较可以理解为心理适应、暂时比较,如:个体比较目前的状况与以往的状况。暂时比较认为,个体过去的生活为将来的各种生活事件提供了一个比较的参照标准,所以当个体判断他的生活条件比过去更优越时会体验到幸福感。

四、归因理论

影响个体分析判断幸福感的另一个因素为归因。归因是指个体对他人或自己的某些属性、倾向和行为进行的结果分析,推断其内在原因的过程,一般分为内归因(情景归因)和外归因(个人倾向归因)。归因理论认为个体会对自己遭遇的事件进行种种解释,因此这些解释影响着个体的后续情感和行为。Schachter(1962)曾做过一个著名的"情绪归因论"实验。他认为虽然外界情景或生理变化是情绪的,但是人们对自己状态的认知和归因对情绪反应起着决定作用或是情绪反应的主要因素。Abramson(1978)对一些抑郁个体和快乐个体的比较研究发现,个体报告的幸福感存在差异的根本原因是他们的归因风格不同。抑郁的个体把消极的事件归因为内在的、整体的和稳定的原因,并且倾向于把愉快的生活体验解释成外部的、特殊的和可以改变的原因。相反,快乐的个体则把积极事件归因为内在的、整体的和稳定的因素,并且他们对消极事件进行解释时不会涉及这些因素。Argyle(1987)也认为个体积极地评价自己的生活是因为他们对自己的体验进行了能够提升幸福感的合理解释。

另有研究表明,把成功归因为内部因素,如能力、努力等,使人感到满意和自豪;如果把成功归因为外部因素,如任务难度、运气等,使人产生意外和感激心情。把失败归因为内部原因,则会使人感到内疚和无助,从而增加消极情感;若同时把失败归因于外部原因,则可以减轻消极情感。另外,如果把成功归因为稳定因素(如能力强)或把失败归因于不稳定因素(如运气不好),也可以提高积极情感;而把成功归因于不稳定因素(如运气好)或把失败归因于稳定因素(如能力弱),则会增加消极情感。除此之外,自我控制其实也在其中起着重要作用,如果个体认为自己可以控制成功则会增加积极情感;相反,如果个体认为自己不能控制失败,则会增加消极情感。Kennon和Sheldon等(2001)的研究表明,对于成人,内部价值(如自我成长、自我目标实现、自我接受等)比外部价值(如健康、财富、地位形象等)更有可能使人体验到主观幸福感。严标宾和郑雪等(2003)的研究表明大学生的内部价值(自我目标实现、学习能力、道德水平等)都与主观幸福感有显著的相关,外部价值中健康水平和分数同主观幸福感相关。而且,内部价值中自我目标实现和学习能力同主观幸福感的相关度比外部价值同主观幸福感的相关度更高。总的来说,如果个体能够对生活事件引起的情绪、情感和感情正确归因的话,在一定程度上能够提高个体的主观幸福感。

五、期望值理论

Wilson曾提出,幸福感的一个主要威胁因素是期望值过高,而Emmons

修改了 Wilson 的理论,认为不是期望值的绝对值,而是期望值与实际成就之间的差异(即期望值的相对值)影响个体的主观幸福感,差距过大会使人丧失信心和勇气,差距过小又会使人的生活缺少活力。根据 Emmons 的理论,期望值本身其实并不能很好地预测主观幸福感,但是期望值、现实条件与个人外在资源(权力地位、社会关系、经济状况等)和内在资源(气质、外貌、能力等)是否一致,才是预测主观幸福感的一个比较好的指标。Kasser 和 Ryan 的研究还发现,在决定主观幸福感时,期望的内容比期望实现的可能性更重要,个体对实现内在期望(如个人发展)的可能性估计与主观幸福感呈正相关,而达到外部期望(如名誉、金钱)的可能性估计与主观幸福感呈负相关。

六、目标理论

这一理论认为主观幸福感产生于需要的满足和目标的实现。当然这一目标必须与人的内在动机或需要适应,才能真正提高主观幸福感,而且内在的目标(如利他性、亲和性等)比外在的目标(如金钱、地位、荣誉、美貌等)更能导致主观幸福感的产生。另外该理论还认为目标只有与个人的生活背景(主要是文化背景)相适应,才能提高主观幸福感的水平。

许多跨文化研究表明,不同的文化会导致人们不同的目标选择,从而影响主观幸福感。例如,西方人在决定了什么是对的和什么是错的之后,他就会去做自认为是对的事(目标)。这样,他的"态度"及行为必然有一致性,而他的行为也自然地反映了他对该事件的判断及态度。在注重人际和谐的中国社会里,人们行为的决定因素有可能并非是放在自己如何做是对、如何做是错的判断上,而是将重点放在决定了对错之后,如何在保持人际和谐的基础上把他认为是对的做出来。在这种思维架构中,"一个人将其选择行事途径的思考集中于自己的行为选择所可能带给周围其他人的影响之上,务必令自己的最佳选择,能维系周围的人际和谐。"这样,他在确定这一目标时,可能做出如下的考虑:不冲动地采取即时行动;顾全大局,全面考虑所涉及的人和事;强调自己的行为对全局中其他人所产生的后果;采取中庸之道,以对大家来说皆合情合理的途径来行事。目标理论能够较好地解释不同文化背景下人们主观幸福感的差异。在一定程度上,主观幸福感的跨文化研究是一种可行的方法。

第三节　人口学变量与幸福感

　　人口学变量与幸福感的关系是早期幸福感研究的主题,主要描述和比较不同人群的幸福感在人口学变量上的差异。基本假设是人口统计变量(如年龄、性别、收入和物质状况等)和社会结构影响幸福感。结果得到最重要的总结性结论就是人口学变量对幸福感解释力极为有限,仅仅能解释个体很小的快乐变异(Diener,1984)。国内学者也认为人口学变量只能解释主观幸福感较小的变异(杨秀君,孔克勤,2003)。

一、婚姻、性别和年龄与主观幸福感的关系

　　婚姻生活往往被人们视为幸福人生的重要组成部分,很多心理学家将不良的家庭气氛视为一种持续性应激生活事件。但在相关的实证研究中,婚姻状况对幸福感的影响结果并不一致。在美国、加拿大等开展的一些国际性研究中得出婚姻与幸福感之间存在正相关,而一些大范围的调查也显示结婚的人比未婚、离婚、分居和独居者幸福水平高。Campbell(1976)等研究将婚姻和家庭视为预测美国人总体幸福感 15 个因素中最重要的两个因素。Brown 等的研究也表明由于配偶所提供的社会支持,婚姻因素也会有助于主观幸福感水平的提升。

　　然而,另外的研究表明婚姻状况与主观幸福感的相关并不显著。Stock 等的研究发现婚姻状况与主观幸福感的平均相关只有 0.14。Luo(1998)的研究发现已婚者比未婚者仅在家庭和工作满意维度上的得分高,在主观幸福感的总体得分上并不存在显著差异。邢占军(2006)的研究发现,我国城市居民中未婚者比已婚者有着更高的幸福水平。Mroczek 和 Kolarz(1998)的研究发现,性别不会影响婚姻状况和主观幸福感之间的关系。

　　对于性别与主观幸福感之间的关系,Argyle(1978)对西方二十多年有关主观幸福感研究文献进行回顾后发现,在总体生活满意度和积极情感方面的性别差异极小。Haring 和 Stock 等提出男性的幸福感比女性稍高一点,但这种差异非常小。通过数据分析发现,在大多数国家中女性比男性的消极情绪体验更多,但关于对主观幸福感的影响,还没有发现男女的主要差异。

在整个幸福感上,男性和女性接近平等。另外一些研究结果与此相反。Wood 等研究发现女性报告具有更高的积极情感和主观幸福感水平。Nolen-Hoeksmg 和 Rusting 认为这种差异主要来自社会角色限制,传统女性角色承担更多的是家庭照料此类的角色,这使得女性的情感比男性更敏感,因此女性可能更愿意体验和表达情感。Eagly(1987)以及 Wendy 和 Nancy(1990)的研究发现,女性比男性具有更多的主观幸福感和满足感。这种理论认为,男女的情绪体验在社会角色上有很大的不同,女性多从事情绪表达的工作(如教师和护士等),而男性角色很少强调情绪表达。这样,女性比男性更多的有一种接受的态度,并相信自己的极端情绪反应会得到社会认可。这些差异引起对幸福感的判断不同,因此,女性比男性具有更多的主观幸福感(郑雪,严标宾,邱林,2001)。

此外,Ferring 和 Filipp(1995)通过一年的追踪研究发现,老年人积极情感的强度随着时间的推移有所下降,而在年轻人中没有发现这种结果。Smith 和 Baltes(1993)的研究发现积极情感体验的频率随着年龄增长有所下降。Vaux 和 Meddin(1987)在一项交叉设计研究中发现积极情感不存在年龄差异。

二、经济地位与主观幸福感的关系

关于经济地位与主观幸福感的关系,有很多理由认为财富可以给人们带来幸福和康乐。在西方文化背景中,追求经济收入是一种普遍并具有强大动力的力量(Myers,2000)。另外,社会经济地位是身体健康正向的预测因子,是死亡率负向的预测因子(Adler 等,1994)。但是当研究者考察客观测量的财富与幸福之间的关系时,他们常常发现二者之间仅存在微弱的关联(Haring,Stock & Okun,1984)。与其他领域的生活质量测量(如亲密关系)相比,客观经济地位与主观幸福感的关系几乎微不足道(Myers,2000)。Smith 和 Langa 等(2007)的研究发现财富在中等程度以上的被试自我报告的主观幸福感稍微低于财富在中等程度以下的被试。

宏观经济与幸福的关系是政府、学者以及大众都极为关注的问题。财富作为幸福感的一个预测因素引起了心理学和社会学研究者以及公众的极大兴趣。大量研究表明,主观幸福感随着收入的增加而增加,这一方面可能是经济因素的直接影响,另一方面也可能是经济发展具有超越物质生活广泛的效果,因为物质生活的满意促进或增加了其他领域的满意(如平等直接导致非物质领域的满足)。

另外,一些研究发现尽管发达国家财富快速增长,但跨时间的主观幸福感并没有显示出实质性的改变。Diener(1999)以及 Marks 和 Shah(2005)的报告表明了类似的结果,见图4-6和图4-7。

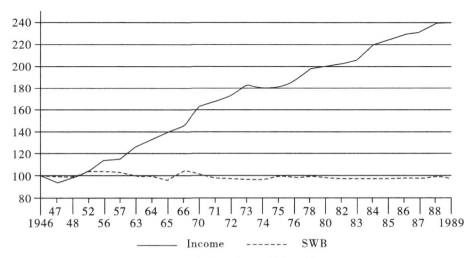

图4-6　美国国民收入与主观幸福感的变化情况(1946–1989)

图4-7　英国 GDP 与国民生活满意度(1973–2002)

一般认为,经济与主观幸福感之间存在一个确定的阈限。从目前的研究看人均年收入 8000 美元的购买力是一个阈限。在这个阈限之内,经济对主观幸福感的影响较大,而如果超过了这个阈限,经济对主观幸福感的影响就不产生什么大的影响或不产生任何影响。奚恺元(2006)认为在生存需要满足以后,社会发展的目的不是最大化财富,而是最大化人们的幸福。

虽然财富或金钱在超过一定程度后,其对主观幸福感的影响就不那么重要了。财富和金钱是幸福的基础,如果没有最基本的生活保障,就无从谈及是否幸福的问题。特别是在现阶段的中国,物质财富还没有达到极度丰富,贫富差距迅速扩大。2005 年,"零点调查"发布的《2005 年中国居民生活质量指数研究》报告显示:在中国,无论城乡,人们感到不幸福的主要原因依然是贫穷——54.6% 的城镇居民和 66.4% 的农村居民将贫穷列为感到不幸福的主要原因(张瑾,2006)。

三、教育与主观幸福感的关系

受教育水平与主观幸福感的关系也得到很多研究者的关注。Hartog 和 Oosterbeek(1996)的研究发现最快乐的人有着较高的受教育水平,在控制了智力因素后二者之间的相关系数减少很小。邢占军(2006)的研究发现不同受教育组在主观幸福感总量表上的得分不显著。Michalos(2007)对这一问题作了深入的探讨。他认为要回答"教育是否影响幸福,如果教育能够影响幸福,那么如何影响以及影响程度如何"这三个问题,关键在于如何定义"教育""影响"和"幸福"这三个词。一方面,最简单地讲,如果把"教育"定义为受到小学、中学、大学并获得学位这样高水平的正式教育,把"幸福"定义为用任何标准化的单项目或多项目的幸福或生活满意度问卷测量的内容,把"影响"定义为教育与这种测量之间直接的或正向的相关关系,那么这个基本的科学哲学问题的答案人人都知道。倘若这样定义的话,教育对幸福感没有任何影响。另一方面,如果把"教育"定义为包括正规教育和通过自学而没有获得任何学位的非正规教育(如通过新闻媒体、艺术和文化工作坊、与工作相关的培训和体验、社会交往以及其他的生活体验等)这样一种广泛的含义;把"幸福"定义为亚里士多德式的幸福或一般康乐状态,即通过心理体验(如智慧、道德、美德和愉悦等)"活得好,做得好"、体貌良好(如体貌美丽、健康和快乐等)以及外在的良好状况(如富有、充足的物质资源、优秀的双亲和家庭、好朋友、与他人和平共处、秩序良好的社区等);把"影响"定义为各种教育与幸福和良好生活的各种特征之间直接和间接的联系,那么这个基本的问题就变得极其复杂,并且很少有人知道其中的真义。按照这种定义,教育对幸福有着极大而复杂的影响。

四、健康状况和居住环境与主观幸福感的关系

提到健康状况与幸福的关系,有这样一个问题:健康的人更快乐吗? 如果答案是肯定的,为什么? 近年来随着对主观幸福感的不断深入研究,个体的康乐状态与身体健康之间的关系得到众多研究者极大的关注(如Veenhoven,1996;Kahneman,Diener 等,1999)。身体健康是人类的一种重要资源,有几项研究证实主观幸福感与不同的健康指标存在实质性的关系(Brief 等,1993;Feist 等,1995)。然而有很多不确定因素影响主观幸福感与身体健康之间关系的解释(Roysamb,Tambs 等,2003)。Diener 等(1999)认为需要进行更复杂的研究设计来考察主观幸福感与身体健康之间关系的性质。另有研究结果表明环境因素和遗传因素影响着主观幸福感与自我知觉的身体健康和躯体疾病之间的关系(Roysamb 等,2003)。

正如前文所述,人口统计学变量对个体主观幸福感的解释力极为有限,其中暗含着个体的主观幸福感在人口统计学层面有着极小的差异,并且对于个体主观幸福感在人口统计学上的特征,学界一直没有达成一致的看法。因此,需要进行后续研究考察这些差异的实质性。

第四节　影响幸福感的心理变量

一、人格因素与幸福感

早期研究主要集中在幸福感的外部条件,但研究发现人口统计变量只能解释很小一部分幸福感的变异,许多研究者将注意力转移到人格与幸福感的关系研究领域。

由于人格具有内在的稳定结构,是长期影响主观幸福感的一个重要因

素。乐观、外向和高自尊是快乐者拥有的个性特征。外向的人会体验更多愉快的情绪,较少的消极情绪,神经质者更有可能体验高度不愉快的情绪,较少的积极情感(Diener & Locus,1999)。DeNeve 和 Cooper(1999)进行元分析也发现,幸福感是一个与多种人格特征有关的变量。很多人格特质明显与幸福感相关,暗示着长期的人格类型与个体差异对应不同的幸福感。Schmutte 和 Ryff(1997)发现外倾性、责任心和低神经质与自我接受、情境控制和生活目的相关,开放性与人格成长相关,适宜性和外倾性与良好关系相关,低神经质和自主相关。Sheldon 等(1997)检验了大五人格与主观幸福感的关系,适宜性和责任心与主观幸福感中等相关。而 Luo 和 Chia-Hsin(2005)的研究发现外倾性与休闲满意度呈显著的正相关,神经质与休闲满意度呈显著负相关,外倾性和神经质是幸福感的显著预测因子,但在控制了人格特质和其他领域的满意后,休闲满意有着增值效应。这表明可能有其他的重要变量与幸福感有着更大、更直接的联系。

由于主观幸福感的特质倾向,一些研究者开始注意长期快乐者或不快乐者之间特征的比较研究。Lyubomirsky 和 Tucker(1998)证明具有快乐特质的人比具有不快乐特质的人更倾向于用适当的方式解释与应对同样的生活事件。Lyubomirsky 和 Ross(1999)进一步研究显示高主观幸福感比低主观幸福感者更倾向于用积极的方式看待生活事件和情境,而不是消极反馈。因此,具有高主观幸福感的人具有自我强化的归因风格,而这些又反过来促进幸福感。Paradise 和 Kernis(2002)发现,即使在高自尊人群中自尊在不同时间变化很大,与 Ryff(1999)的测量相关很低。在个人主义的社会中,由于"自我"是一个重要的标准,自尊与主观幸福感的相关非常显著(Diener,1995)。在集体主义国家中,自尊与生活满意度之间典型相关,但没有在个人主义的国家中那么明显。Oishi,Diener,Suh 和 Lucas(1999)认为在人格与主观幸福感之间的中介变量是价值观,价值观调节着具体领域的满意度和总体生活满意度的关系。

二、文化因素与幸福感

Christopher(1999)以及 Ryan 和 Deci(2001)认为幸福感的定义根植于文化内部,不存在幸福感研究与评估的价值中立。也就是说所有对幸福感的理解本质上源于伦理的视野,基于个人对"好的"意义的判断。因此,很多研究存在着文化偏向,蕴含的文化价值观在幸福感中扮演着重要角色。根据实际的研究情况来看,大多数主观幸福感的心理模型是根据个人主义文化国家的研究建构的,但在跨文化的幸福感研究中发现差异。近年来幸福感的跨文化研究表明幸福感的文化差异,不同文化对幸福的描述是不同的。研究不仅要理解幸福感的一般含义,还要更精确地理解文化在幸福和生活意义中的角色,研究应该从一般调查到深入描述幸福感的各个层面,然后逐渐转移到幸福感的功能与内部过程。Uchida,Norasakkunkit 和 Kitayama(2004)的跨文化研究确定了几种幸福观念差异的实质性文化变量,即幸福的意义、幸福暗含的动机、幸福的预测因子。具体来说就是,在北美文化背景下幸福就是个人的成就,这些文化中的个体倾向于最大化自己的积极情感体验,而自尊是幸福最强的预测因子;相反的,在东亚文化背景下幸福往往是个人的人际关系,这些文化中的个体往往寻求积极情感和消极情感的平衡,而在社会关系中觉知到的卷入程度是幸福最强的预测因子。Luo 和Gilmour(2004)提出两种不同取向的主观幸福感,即欧美文化中个人取向的主观幸福感和亚洲文化中社会取向的主观幸福感。在亚洲文化中,社会取向的主观幸福感强调角色行为规范和辩证平衡;而在欧美文化中,个人取向的主观幸福感强调个人的责任和外在追求。Suh 和 Oishi(2004)认为是由于"自我不同的文化模式"导致北美和东亚地区不同的幸福感定义和幸福感体验。目前的研究转向鉴别跨文化中幸福感的规律性变量,同时也检测幸福感模型的普遍性。

三、积极情绪与幸福感的关系

积极情绪是人们日常生活的一部分(Tugade & Fredrickson,2001)。长期以来,心理学家主要关注人类的不快乐(如抑郁、焦虑、情绪障碍等)并且忽视人类潜能的积极方面。在 Bradburn(1969)发现积极情感和消极情感相互独立之后,心理学研究才开始考察幸福感的定义、幸福感与其他因素的关系以及影响快乐的因素。鉴于此,Fredrickson(1998,2000)认为体验积极情绪的能力是人类依然没有开发的巨大潜能,"个体对积极情绪的利用能导致幸福感的增强"(Tugade & Fredrickson,2001)。即如果人们能很好地感知和体验积极情绪,并且通过自身的表达和评价以及调节和控制积极情绪,那么积极情绪必定对个体以及人类自身的发展带来巨大的益处。Fredrickson(1998,2005)进而构建了一个积极情绪的扩建模型(broaden-and-build model of positive emotions),还提出培养积极情绪的策略特别适合干预和治疗消极情绪引起的一些心理问题(如焦虑、抑郁、攻击和压力有关的健康问题)。依照这个模型,积极情绪和消极情绪的形式和功能很明显是相互补充的。消极情绪(如恐惧、愤怒和悲伤)能够使得个体的瞬时思维变得狭隘,有着促进个体生存的功能。相比之下,积极情绪(如快乐、兴趣和满意等)能够扩大个体的瞬时思维(momentary thought),从而建立个体持久的个人资源(Fredrickson,2003,2005)。很显然,个体持久资源的建立对个体的发展是有益的,因为这能为发展过程中遇到的一些问题提供应对资源。如果说古人类在面临生存威胁时产生的一些恐惧、厌恶等消极心理体验能促进人类的生存,那么在人类温饱和安全得到满足以后产生的满意、愉悦和兴趣等积极心理体验能促进人类的发展。这对我们现代人有一些积极的启示意义。现代人已经基本解决了温饱和安全等生存性问题,那么我们如何在此基础上继续发展,达到人类的幸福、繁荣和发达? 这是我们必须要思考的发展性问题。

主观幸福感理论认为个体的主观幸福感就是个体体验到较多的积极情绪、较少的消极情绪和对生活的整体评价,而积极情绪的扩建理论认为积极情绪能够建立个体持久的个人资源,还对消极情绪有一种消解效应,那么就有理由认为较多的积极情绪体验可能是主观幸福感的一个核心因素。积极情绪的扩建理论假设积极情绪能够积累和混合。由积极情绪激发心理上的扩展能把个体的感受性增加到后来的愉快或有意义的事件,并且个体将在这些后来的事件中发现积极的意义并体验到另外的积极情绪。随着时间的推移,积极情绪体验可能不但促进应对和减轻消极感情的状态,而且由于在时间上的重复体验,积极情绪还可能增加人们持久的个人资源,如乐观主义、智能和创造性等。这些资源可以包括个体内部的资源(如增加心理和身体的适应力)和人际的资源(如改善社会关系、移情、利他主义、亲密动机和关系满足),它们可能是愉快的活动和积极意义两者的中心。这些新资源是通过积极情绪体验获得的,应该可以提高人们情绪上的幸福感。因此,依靠建构心理上的适应力和影响人们应付逆境的方式,积极情绪可以引起个体幸福感的螺旋式上升。此外,最近的研究发现主观幸福感由核心情感决定,而这些核心情感正是满意、快乐和高兴这些积极情绪(Cummins 等,2007)。

总的来说,培养积极情绪能优化人们健康和幸福。依据积极情绪的扩建模型,积极情绪和消极情绪的形式和功能很明显是相互补充的(Fredrickson,1998,2005)。消极情绪使得个体的瞬时思维变得狭隘,这有利于个体在生存受到威胁的情景中产生特定的应对措施(如恐惧产生逃跑的冲动、厌恶产生避开的冲动等),进而增强个体的生存能力。而积极情绪(如快乐、兴趣和满意)能扩展个体的瞬时思维,这能建立个体持久的个人资源。总之,消极情绪服务于人类的生存功能;而积极情绪服务于人类的发展功能,如人类的幸福、繁荣和发达。

积极情绪的扩建理论为我们打开了一种探讨积极情绪、影响幸福感的新角度。因为以往的研究常常关注消极情绪的作用以及消极情绪带来的一系列有关心理健康和幸福快乐的问题。这一理论强调积极感受对人类生存和发展的积极作用,这为积极心理学、情绪心理学以及幸福心理学的研究开拓了一个新的视野。对于构建和谐社会这个目标而言,构建民众的积极心态尤为重要,这对民众的幸福和中国社会的繁荣发展有着极大的促进作用。

四、情绪智力与幸福感的关系

考察个体的幸福及其预测因子是积极心理学、幸福心理学和情绪心理学研究的一个重要领域,因为这些研究有助于阐明培养人们最优化心理功能的相关因素(Gallagher & Vella-Brodrick,2008)。相关研究表明情绪智力与个体的主观幸福感有着极大的相关性。如 Bar-On(1997)、Martinez-Pons(1997,1999)、Ciarrochi 等(2000)、Mayer 等(2000a)考察了情绪智力和生活满意度的关系。用自我报告问卷测量发现情绪智力与生活满意度呈现中等程度的相关。情绪智力的绩效问卷研究发现情绪智力和生活满意度之间呈现中等程度的正相关。Wagner、Moseley 等(2002)的研究显示精神科医师的快乐能力与患者的满意程度呈显著正相关。Landa 等(2006)的研究发现,大学教师的情绪识别和情绪修复能力与生活满意度呈现极大的正相关,并且识别情绪困难和外在倾向的思维与生活满意度和工作满意度呈现极大的负相关。Smith 等(2008)考察了夫妻特质情绪智力、冲突沟通模式以及关系满意度之间的关系,结果发现生活最满意是那些不回避讨论关系问题的夫妻,并且评价自己的配偶有着较高的情绪智力水平。Gallagher 和 Vella-Brodrick (2008)的研究发现情绪智力与生活满意度、积极情感和消极情感的相关分别为 0.41、0.55、-0.35。

情绪智力能够显著地预测个体的主观幸福感水平。如 Palmer 等(2001)的研究表明情绪调节和情绪管理的情绪识别成分能独立地解释生活满意度的变异。还得出积极情感是生活满意度最强的预测因子,它解释了生活满意度得分的大多数变异。情绪智力,尤其是个体如何明显地倾向于体验他们的情绪更深一层解释了生活满意度的变异。Petrides 和 Furnham(2001)认为特质情绪智力得分高的个体认为自己能够通过掌控和调节自己的情绪提升自己的幸福感,这些个体能够享受较高水平的快乐。

Furnham 和 Petrides(2001)通过测量被试的特质情绪智力、幸福感、人格和认知能力发现神经质与幸福呈负相关,而体验外倾性和开放性与幸福感呈正相关,认知能力与幸福感和特质情绪智力没有关系。分层回归分析表明特质情绪智力解释幸福感总方差超过 50%。在加入大五人格因素后,特质情绪智力与幸福感之间呈现正相关。相比而言,当剔除特质情绪智力因素后,大五人格没有显著解释幸福感的方差变异。Palmer 等(2002)的研究显示情绪清晰度和识别情绪困难与生活满意度的相关极其显著。Gannon 和 Ranzijn(2005)的研究发现在控制了婚姻质量和收入水平后,人格因素能够解释生活满意 34.2% 的方差,情绪智力因素能够解释生活满意 1.3% 的方差;在随后的竞争分析中,情绪智力能够解释生活满意度 28.3% 的方差,而人格因素解释生活满意度 8.8% 的方差,并得出情绪智力因素能够独特地预测生活满意度的方差。Bricker(2005)考查了情绪智力与婚姻满意度之间的关系,结果发现男性的情绪智力对夫妻双方的情感交流和问题解决沟通有显著效应,这种效应还表现在女性的性生活满意程度以及应对家庭痛苦的能力方面;而女性的情绪智力能够降低男性的攻击性水平以及应对家庭痛苦的能力和自己的角色倾向;总体而言,男性的情绪智力水平对夫妻双方的婚姻满意程度有着最大的联系。Sy、Tram 和 O'Hara(2006)的研究表明雇员的情绪智力能够显著的预测工作满意和工作绩效,其对工作满意度方差的解释量为6%。

这些解释量在理论上是很有意义的。从实证研究的结果看,它们暗含着个体的情绪智力水平与主观幸福感之间可能存在实质性的关系,即个体的情绪能力水平与个体的主观或客观生活质量有着密切的联系。我们可以进一步从相关的实证研究和理论探讨中找到这种实质性关系的有力证据。

其一,情绪智力与述情障碍的关系。述情障碍(alexithymia)指个体表达和识别情绪困难(Nemiah & Sifneos,1970),用于描述个体情感认知加工的缺陷(Taylor,1994)。这种缺陷有几种明显的特征,包括识别和描述主观情绪困难、狭窄的想象力,以及倾向于外在的思维风格,即"一种描述为专注于外在事件的细节,而不是情绪、幻想及其他方面的内在体验的认知风格"(Taylor & Bagby,2000)从受到精神疾病折磨的个体身上发现典型述情障碍,并用此术语来描述他们复杂的认知-情感表现的心理现象。虽然不能通过感受或体验情绪状态失能和表达情绪失能来描述述情障碍的个体,但可以通过识别和描述情绪困难来刻画他们的特点。常用来测量这种心理症状的工具是 20 项目-多伦多述情障碍量表(Twenty-Item Toronto Alexithymia Scale,TAS-20;Bagby 等,1994)。此量表有三个分量表,分别为识别和区分情绪困难、描述情绪困难和外在倾向的思维风格。因此,我们可以认为情绪智力描述是述情障碍相对应的心理特质。

有几项研究考察了述情障碍与情绪智力的关系。Bar-On 情绪商数问卷(Emotional Quotient Inventory,EQ-I)测量的情绪智力与 TAS-20 测量的述情障碍之间呈现极大的负相关(Dawda & Hart,2000;Parker 等,2001)。Páez 和Velasco(2001)因此认为情绪智力概念与述情障碍概念相对应。有关特质心境量表测量的情绪智力可以更精确地证实这个观点。另外,对特质心境量表和多伦多述情障碍量表的因素分析结果发现,特质心境量表的情绪识别分量表和多伦多述情障碍量表的识别与描述情绪困难分量表可以很好地聚合,而情绪注意和外在倾向的思维风格能够很好地聚合(Coffey 等,2003;Velasco 等,2006)。此外,Gohm 和 Clorer(2002)的研究表明外在倾向的思维风格与情绪修复之间存在实质性的关系。还有研究发现 TAS-20 问卷得分与神经质、抑郁呈现负相关,与体验的开放性呈现负相关。然而这个研究还发现不同于大五人格维度的 TAS-20 问卷变量(Taylor & Bagby,2000)和

TAS-20问卷得分与不良的情绪调节风格和不安全依恋风格呈现正相关（Taylor,2000）。这些研究总体表明TAS-20问卷得分（特别是识别和描述情绪困难分量表）可以预测和解释不能被人格变量解释更多的生活满意变异。

通过以上的探讨，我们可以在理论上推测情绪智力与几个重要的个体结果相关，包括生活满意、人际关系质量以及职业上的成功，如有情绪信息参与的推理活动，包括创造、领导、销售及心理治疗等。另外，有效的情绪智力测量有助于对情绪缺陷的评估，如情感失调（焦虑和抑郁等）以及其他建构（如述情障碍和反社会人格等）的心理基础。

其二，情绪智力与情感体验的关系。从情绪智力和主观幸福感的定义看，情绪智力主要是指个体加工和处理情绪信息和情绪性问题的能力，而主观幸福感是个体对生活世界的一种复杂的积极主观体验。从理论上讲，情绪智力高的个体有着较高处理情绪信息的能力，进而更好地利用积极情感（Salovey & Mayer,1990;Mayer & Salovey,1997;Salovey等,1999）。即如果个体能够对情绪性事件或情绪信息进行良好的加工，那么这可以使得个体在心理层面获得较多的积极感受，进而提升幸福和快乐。Salovey等（1995）考察了特质心境量表与消极心境和默想思维持续性的关系，结果发现对于每一个特质心境量表的分量表存在特定的预测效度。虽然发现情绪识别能预测个体回到消极心境的可能性以及能预测出在悲伤事件之后个体默想思维减少的倾向，但是注意和修复不能。Salovey等（1995）断定，情绪识别可能需要前提条件来进行心境和情绪的适应性监控和管理。这表明能够识别自己情感的个体，可能会很快地终止厌恶的默想过程，仅仅是因为他们的情绪是可以识别的。Engelberg和Sjoberg（2004）认为准确觉知情绪信息的能力在理论上与个体对环境刺激的高反应性相关。在Mayer等（2000）的情绪智力定义中暗含着这样一个假设，情绪智力还包括注意情绪线索以更好地提取信息来达到对这种刺激内在平衡。Engelberg和Sjoberg（2004）的实证研究结果证实情绪智力可以部分的作为情绪反应性的指标。从生活实际看，如果个体在消极的时候能够积极主动地调节自己的情绪，在狂喜的时候能够理性对待自己的行为，在对目前的生活感到满足时重新评价自己，在人际关系出现挫折时及时地调节自己和他人的感受，在人际关系良好时积极地维持这种状态，那么这些心理操作毫无疑问能够提升个体的幸福感水平，对个体而言具有重要的生活意义。

另外,有几项研究为以上观点提供了充分的证据。Sy、Tram 和 O'Hara(2006)的研究发现个体的情绪智力对个体的积极情感和消极情感有直接效应,分别解释积极情感和消极情感24%和13%的方差,并且情绪智力对积极情感有着更强的解释力。Thoresen 等(2003)认为积极情感比消极情感更能预测重要的工作结果。积极情感是一种重要的人类力量资源(Isen,2003),并且积极情感能够影响人们的认知、感受和行为进而构建广泛的个人资源和人际资源(Fredrickson 等,2005)。情绪智力高的个体似乎能够很好地利用这些扩建策略以更好地适应工作环境。

可以从以上讨论推测,情绪智力高的个体能够很好地利用自己积极情绪所蕴含的力量,建立自己良好的个人资源和人际资源,进而提高自己的精神生活质量。

其三,情绪智力与生活满意度的关系。生活满意度是个体自己界定的标准对其生活质量的一种整体评价,是衡量个体精神生活质量或主观幸福程度的重要指标。对生活满意度概念的分析有两种取向:情感取向和认知取向。情感取向认为生活满意度是对积极情感和消极情感的综合权衡后的情感平衡(Bradburn,1969),认知取向认为生活满意度是个体对自己的整体生活或生活具体方面的评价(如家庭关系、健康状况、工作状态和休闲时间的多少等)(Diener,1984)。在20世纪后半期,Diener,Suh 等认为人们对主观幸福感的研究取得了巨大进步(1999)。首先,是社会学取向研究考察人口学变量(如年龄、性别、婚姻状况等)对生活满意的预测力。结果发现人口学变量仅能解释幸福感很小的变异(Wilson,1967)。其次,从心理学的角度考察个体的内在特征与生活满意度的关系(Costa & McCrae,1980)。结果发现稳定的人格特征与生活满意有着极大的联系,特别是外倾性和神经质能够预测一个人十五年后的生活满意水平(Costa & McCrae,1984)。

为了考察情绪智力对个体生活满意度的解释力,众多用自我报告的情绪智力问卷研究的结果证实了二者之间的关系。Martinez-Pons(1997)的研究发现,在特质心境量表上得分高的个体与较低的抑郁水平、较高的生活满意度以及较好的工作绩效相关。Palmer 等(2002)的研究发现情绪智力对生活满意的预测效力高于积极情感和消极情感,进一步分析发现情绪智力能够解释情感体验和人格特质不能解释的生活满意变异。这个研究结果表明情绪智力能够解释不归于人格特质的生活满意变异。最近的研究表明特质心境量表的情绪识别能够显著地预测生活满意的变异,并且这种预测力高于瞬时心境状态和人格特质(Extremera 等,2005)。Landa 等人(2006)考察了大学教师觉知到的情绪智力与生活满意之间的关系,结果发现教师特质情绪能力与生活满意之间极大的关联,进一步分析发现积极情感、消极情感和情绪识别是生活满意最重要的预测因子。

总的来看,个体的情绪智力水平与生活满意度之间存在实质性的关系,情绪智力是生活满意度另一个重要的预测指标。从相关研究看,个体的情绪信息加工能力能够极大解释生活满意度的变异,并且这种解释力高于人格特质和心境状态。

其四,情绪智力与社会适应的关系。依据情绪智力的定义,情绪智力是个体加工和处理情绪信息的能力。虽然众多研究者对情绪智力的操作定义有些许不同,但包含着共同的成分。总体而言,研究者的定义都在于处理自己、他人的情绪以及环境中情绪信息的能力,即情绪智力包括内省情绪智力、人际情绪智力和环境情绪智力三个有机成分(许远理,2004)。那么情绪智力与个体的人际关系以及社会适应有着极大的联系。前面提到情绪智力在理论上与人际关系质量以及职业上的成功有着重要关联。情绪智力应该包括对知觉到的情绪信号的处理以及在情绪性情景和社会自然情景中的适应能力,那么情绪智力理所当然与对情绪刺激的反应性和社会适应性有极大关联。在社会情景中,准确"读取"他人的情绪应该能够使自己获得更多的人际交往机会以及社会关系的长期保持。

相关的实证研究支持以上观点。Salovey 等(1995)的研究表明在情绪识别分量表上的得分能预测从消极心境的复原,以及在实验室中激发消极心境后引起的默想的思维。另外,在注意和修复分量表上的得分与低水平的症状报告、社会焦虑和抑郁相关(Salovey 等,2000)。研究还发现情绪注意和修复分量表与个体对人际关系和自我价值感的满意呈正相关。Sjoberg 和Engelberg(2001)的研究表明情绪智力高的个体体验到较少的孤独感,并且能在工作和家庭(休闲)之间保持更好的平衡。Engelberg 和 Sjoberg(2004)考查了情绪智力与情绪反应性和社会适应的关系,结果发现成功的社会适应与更准确的觉知他人的心境相关,这个结论进一步证实情绪觉知能力对社会水平的适应有着实质性的影响。

此外,对以上的分析还可以反向推测,情绪智力水平低的个体可能存在情绪加工效能低的问题,而这种心理特征可能进一步减少个体积极情感体验的强度、频率和持续时间,增加个体消极情感体验的强度、频率和持续时间,还可能降低对自己生活质量的整体评价以及人际适应、心理健康等心理问题。总之,个体的情绪智力水平与生活质量有着密切的联系,并且这种联系极有可能是实质性的。

中小学教师职业幸福感研究回顾

第一节　教师职业幸福感的概念内涵

一、教师职业幸福感的概念界定

教师职业幸福感是客观幸福感、主观幸福感和心理幸福感等幸福概念的外延，是针对教师职业的理论具体化，强调职业幸福感在实践领域的具体应用。

（一）职业幸福感

职业是个性发挥、任务实现以及维持生存和发展的连续性的人类活动。职业幸福感，是指主体在从事某一职业时基于需要得到满足、潜能得到发挥、力量得以增长所获得的持续快乐体验。

幸福是人生永恒的话题，每个人都在追求幸福。幸福又是多元的，满足不同的需要就会有不同的幸福。在成功人士心中，幸福或许就是努力拼搏后的巨大财富；在老人心中，幸福或许就是子女晚辈所给予的无限关爱；而在儿童心中，幸福也许就是无忧无虑的嬉戏玩耍。然而，最持久的幸福是工作的成功所带来的职业幸福。职业幸福与每个人的生命质量息息相关，是人获得幸福生活的重要源泉。那么，什么是职业幸福呢？职业幸福就是指主体在从事某一职业时基于需要得到满足、潜能得到发挥、力量得以增长所获得的持续的快乐体验。它是人们在工作过程中产生的对舒适、安全等的满意程度以及由此产生的心理愉悦感。这种心理感触，决定着个体工作创造力的发挥，在一定程度上也影响个体为之服务的单位和行业的发展。哈佛大学的一项研究表明，如果企业员工的职业幸福感增加5%，客户的满意度就会相应增加11.9%,企业组织效益会随之而提升2.5%。由此可见,职业幸福感的提高对组织的工作效率的提升会产生积极的影响。即员工在充分体验职业幸福感后,就会产生一种对组织的认同感,并感到工作是一种快乐,一种享受,从而带着愉快的心情,积极投入到工作中去。在这一状态下,从事这一职业的主体身心和谐、舒适、健康、愉快,不会因不良刺激感到烦扰,感受不到重压,对工作、学习,甚至命运都会有一种掌控的感觉,既对目前的生活状态非常满意,同时又对未来充满期待。

Wright和Cropanzan(2004)认为,职业幸福感是主观幸福感在工作场所中的反映,指雇员对工作积极的、消极的情感体验和认知评价。吴伟炯等认为职业幸福感就是较高的工作满意度和较低的离职意愿,较多的积极情感和较少的消极情感。葛喜平认为,职业幸福感是员工在其工作过程中,在满足自己各方面需求的同时,不断发挥自己的才能,最终实现人生价值,并赢得他人和自己的肯定,从而产生一种持久愉悦的精神状态。结合幸福感的定义本研究认为,职业幸福感是幸福感在工作领域的具体体现,是个体在从事的工作中,感受这个职业可以满足自己的需要,能够实现自身的理想和价值,从而产生持续的愉悦体验。

（二）教师职业幸福感

教师职业幸福感是教师在教学工作中可以使其职业理想自由地实现,其个体的需求得到满足,以及潜能得到发挥的持续快乐的体验,即教师在教育工作中的需要获得满足、实现自己职业理想、发挥自己的潜能并伴随着力量增长所获得的持续快乐体验。但是,对于教师职业幸福感的界定,是一个仁者见仁、智者见智的问题。

檀传宝(2002)认为,教师幸福就是教师在自己的工作中自由实现自己职业理想的一种教育主体生存状态。刘次林(2000)认为,作为幸福教育的教师,教育不是牺牲,而是享受;不是重复,而是创造;不是谋生手段,而是生活本身。有专家认为,教师职业幸福感即教师在职业生涯中,需要得到满足,潜能得到发挥,自我价值得到实现,得到外在和自我双重的良好评价的一种持续快乐的心理感受和精神状态。一般认为,教师的职业幸福是指教师本人对自己的职业充满激情、责任感和满足感,并能为实现个人的教书育人价值而积极进取的一种精神状态或体验,是教师在从事教育活动时由于需要得到满足、潜能得到发挥、力量得以增长所获得的快乐愉悦体验。

职业幸福感直接决定着教师的工作状态。在没有职业幸福感,充满着职业倦怠的教师心中,每天的教学活动是枯燥无味的、重复的、机械的,没有创造,没有收获。因为教师仅仅把教书当作谋生的手段。如果教师没有激情去创造去感悟,教育教学就会变成单调乏味的简单重复。相反地,把教书当作事业的教师则截然不同。因为这是他心甘情愿从事,愿意为之付出心血并不断收获快乐的职业。他不愿意自己仅仅是一种"春蚕到死丝方尽,蜡炬成灰泪始干"的悲凉形象。他把教育当作毕生的事业,在付出的同时,也在收获,而且是巨大的收获。在教学活动中他享受着学生进步带给他的幸福,同时也在其中感受到自我发展带来的幸福。看似平凡、平淡的教育工作,使他收获三重的快乐:学生的健康成长使他意识到自己生命的延续;家长与社会的认可与尊重使他看到自身的价值;品德灵魂的净化,使他永葆未泯的童心。这种因全身心投入而带来的愉悦感、成功感和幸福感是任何东西都比不上的。这就是教师职业的幸福。因此,在有着职业幸福感的教师的心中,工作是美丽的,忙碌是愉快的。他享受着教育、体验着幸福,也以自己的幸福观,向世人展示着什么是教师的职业幸福。

因此本书结合以上观点和对职业幸福感的理解,认为教师职业幸福感是指教师在从事教育教学工作时,感受到这个职业可以满足自己的需要,能够实现自身的理想和价值,从而产生持续的愉悦体验,是教师对工作各方面满意程度的认知评价,并由此产生以积极情感占优势的心理状态。虽然概念中也含有少部分心理幸福感和社会幸福感的成分,但本书更倾向于主观幸福感的内涵和结构。

(三)教师职业幸福感与教师幸福感的区别

"教师职业幸福感"仅仅比"教师幸福感"多了"职业"二字,虽然都是研究教师的幸福感,但严格来说,两者还是有区别的。第一,在研究范围上,教师职业幸福感限定了必须是工作中的幸福体验,而教师幸福感的范围则更加宽泛,集合了教师生活中的各个领域,其中也包括工作领域,因此可以理解为职业幸福感从属于幸福感。第二,在研究取向上,教师职业幸福感通常提取并融合了主观幸福感、心理幸福感和社会幸福感的核心成分,相对来说比较综合全面,而教师幸福感更趋向于单独研究这三种幸福感,其中教师主观幸福感的研究较多,其他幸福感较少;第三,在研究工具上,测量教师职业幸福感的工具必须仅针对工作中的幸福体验,而测量教师幸福感的工具则是以生活中的总体感受为主,不会具体到某些特定的领域。如果两者的测量工具互换,都会使研究的结果针对性不强,可靠性和准确性降低。

二、教师职业幸福感的理论模型

从幸福感的层次来看,职业幸福感是幸福感的二阶概念,而教师职业幸福感又是职业幸福感的具体化形式。从逻辑上来说,所有有关幸福感的理论都可作为教师职业幸福感的理论基础或主要参考。基于过往的幸福感理论,本课题依据以下几种理论模型作为研究的基础。

(一)主观幸福感模型

主观幸福感的三因素模型包括:生活满意度、积极情感和消极情感。对生活满意度的评价越高,感受到的积极情感越多,消极情感越少,则个体的主观幸福感越强。以下五种理论从不同的角度解释了主观幸福感的作用机制。目标理论:该理论认为主观幸福感的产生源于需求的满足和理想价值的实现;活动理论:该理论与目标理论截然相反,认为个体能否获得主观幸福感与所设定的目标是否实现没有本质的联系,实现目标的过程才是最重要的;人格理论:该理论认为人格特质对主观幸福感起决定性作用;判断理论:又称为社会比较理论,该理论强调个体与他人的比较,感觉优于他人,则会有幸福感;适应理论:该理论认为随着时间的推移,人们会适应好的或坏的事情,随之将不再对主观幸福感产生影响。

(二)心理幸福感模型

Ryff 等人提出了无特定背景的心理幸福感六维模型,包括:自我接受,能够意识、承认并接纳自己的不足,从而保持良好的状态;积极的人际关系,主动寻求并保持真诚、融洽的人际关系;自主性,能独立思考、自主决定、自我调整;环境掌控,能够有效适应、利用、控制或改变外部环境,使其符合自己的需要和个人价值;生活目标,对生活有目标和信念,能体会生活的意义;个人成长,激发自身的潜能,不断提升,实现价值,这是心理幸福感的核心成分。

(三)Warr 的职业幸福感模型

Warr 认为职业幸福感由四个主要维度(情感、抱负、自主性和胜任力)和一个具有整合前四个维度功能的第五维度组成。情感维度:由几对不同的情绪体验构成,如压抑-愉快、疲倦-活力、焦虑-满意等,情感维度是幸福感的核心成分;抱负:反映了对工作的兴趣和动机,是否有意愿从事有挑战的任务;自主性:对环境的掌控和保持自我态度、个性的程度,适中的自主性有利于提高幸福感;胜任力:应对困难的心理能力。

(四)Joan 的职业幸福感模型

Joan 等人提出了职业幸福感由五个维度构成:情感、职业、社会、认知和身心健康。情感维度:不仅包括不同的情绪体验,还新增了情感衰竭、工作满意度和组织承诺;职业维度:包含了与工作相关的动机、抱负、自我效能感、个人成就感、自主性、职业能力等方面;社会维度:包含去个性化和社会和谐两个概念,前者指对他人消极冷漠的态度,后者指在工作中保持良好的社会关系;认知维度:与 Maslach 的情感衰竭相似,但更多地反应在认知功能上的疲劳;身心健康维度:是否存在头痛、心情烦闷等身心疾病,身心健康通常与幸福感显著相关。

(五)Maslow 的人本主义幸福观

Maslow 以"需要层次论"作为理论基础,建构了一种以个人基本需要的满足为核心价值取向的人本主义幸福观。对幸福的本质、实现条件、个人思考幸福和建构个人幸福观的应有逻辑等方面提出了自己的看法,强调个人基本需要的满足为核心价值取向的人本主义幸福观。第一,"需要层次理论"的"需要"是个人的基本需要,因而 Maslow 所说的幸福也是指个人的幸福。第二,个人基本需要及其得到满足的层次性决定了个人幸福的层次性。第三,不同的人在某个特定时候所处的基本需要及其得到满足的层次往往不同,因此,不同的人在这个特定时候所达到的幸福通常也具有人际差异。第四,"需要层次论"并不贬低人的最基本需要,即生理需要,但它确实鼓励人们追求高级需要的满足,以不断增强他们对人生幸福的体验。第五,个人幸福为个人需要设置了价值边界。个人需要的合理性不仅在于它们能够得到心理学意义上的实证辩护,而且在于它们能够得到伦理学意义上的道德价值支撑。

三、教师职业幸福感的测量

国内教师职业幸福感的测量还没有形成统一的工具。有些研究者采用主观幸福感的测量工具,有些则采用综合幸福感或总体幸福感量表来测量,还有一部分研究者根据自身需求采用其他因素的量表作为职业幸福感的测量工具,但大多数研究者则是根据自己对职业幸福感的理解自编量表进行测量。研究者们往往根据自己研究方向和内容的需要,同时采用以上多种测量工具,从而使研究结果更加全面。

（一）主观幸福感量表

通过对已有研究的梳理发现,国内研究者多采用 Andrews 和 Withey 编制的人脸量表测量教师职业幸福感的总体状况。人脸量表由七幅表情各异的人脸组成,分别代表"非常幸福"到"非常不幸福",该量表通过非语言的形式,可以减少对语言理解不同所造成的误差,属于主观幸福感的测量工具。

（二）总体幸福感量表

有部分研究者采用苗元江编制的综合幸福感问卷或者段建华修订的总体幸福感量表,对教师职业幸福感进行测量。苗元江整合了主观幸福感和心理幸福感,编制了综合幸福感问卷（MHQ）,该问卷包含九个维度,分别是主观幸福感模块的三个维度和心理幸福感模块的六个维度,采用 7 点计分;另外还有一个幸福指数,从"非常痛苦"到"非常幸福",共 9 级评分。段建华修订了为美国国立卫生统计中心开发的总体幸福感量表（GWB）,修订后的量表题量压缩至 18 题,包含对健康的担心、精力、对生活的满足和兴趣、忧郁或愉快的心境、对情感和行为的控制、松弛与紧张共六个维度。

（三）自编教师职业幸福感量表

大多数研究者会根据各自的研究目的和需要,采用自编的教师职业幸福感量表进行测量。自编的量表针对性非常强,贴近教师的日常工作,测量结果也会更加合理和准确。不过在教师职业幸福感量表的结构上差异非常大,而且绝大多数自编量表并没有进行探索性因素分析和验证性因素分析,因此结果的真实性和可靠性都大打折扣。不过也有一些自编量表,编制的过程非常科学和规范,检验结果也达到了测量学的标准。胡小丽编制的教师职业幸福感量表,经探索性因素分析,确定了组织承诺、同事关系、工作吸引力、躯体健康、工作成效、工作动机和领导关系七个维度,共36个条目。总量表 α 系数达到了0.924,各分量表 α 系数均为0.63~0.89。经验证性因素分析,表明该模型可以接受。徐姗姗编制了中学教师职业幸福感问卷和影响因素问卷,将职业幸福感现状的测量和影响因素的测量进行了区分,其中职业幸福感问卷包括需要满足感、职业认同感、成效满意感、价值实现感和友好体验五个维度,共32个条目。经探索性和验证性因素分析、信效度检验后发现,自编量表的各项指标均符合测量学标准。

（四）其他因素组合的量表

还有部分研究者根据自己对职业幸福感概念的理解,采用能间接反映或影响职业幸福感水平的其他因素作为考察指标,如工作满意度、职业倦怠等。通过多个相关量表的组合,综合考察职业幸福感的整体状况。吴伟炯等人在研究职业幸福感时,便采用了工作投入量表、工作倦怠量表、离职意愿量表和工作满意度量表作为职业幸福感的测量指标。

第二节　中小学教师职业幸福感的现状及原因

一、教师职业幸福感的调查研究

通过文献分析发现,我国小学教师的职业幸福感总体状况并不乐观。杨金凤(2013)运用自编的调查问卷对学校135名教师进行了调查,对其中7名教师进行了访谈。调查发现小学教师中多于50%的教师在工作中没有或基本没有感觉到喜悦和兴奋;46.2%的教师不认为从事小学教育是一种享受;有84.8%的教师认为工作压力很大或比较大;有80.3%的教师认为自己的工作生活很累或比较累。武红梅(2015)的研究发现,小学教师的职业状态并不理想,约50%的被调查教师很少或没有职业幸福感体验,38%的教师对自己的工作有较高的满意度,12%的被调查教师对待职业幸福感的态度很模糊。学校经济条件好的教师的职业幸福感要高于贫困地区的教师。罗琼(2016)的研究发现,有50%以上的乡村小学老师很少有幸福感或者幸福感较低,偏远地区的小学教师很少体验到职业幸福感。

中学教师,其职业幸福感偏低。吴世学(2009)的研究发现,在所调查的教师人数中,不到20%的中学教师认为教学能够给自己带来幸福感,而超过36.3%的教师表示自己在工作中感受不到幸福。接近50%的中学教师对于幸福感并没有什么概念。贺晓龙(2011)的研究发现,只有10.7%的初中教师表示体验不到幸福感,其他教师还是能够感受到幸福感的存在的。张诗敏(2013)发现,中学教师的职业幸福感并不高,教育部门应该采取相应措施提高他们的职业幸福感。李吉(2014)的研究发现,所在学校为公办学校的教师,他们的职业幸福感要高一些,并且编制问题解决的教师职业幸福感更高。李欣(2015)在对中学初任教师职业幸福感的调查研究发现,半数以上的中学初任教师无法拥有职业幸福感。高中教师的职业幸福感指数处于中等水平。陈露丹(2015)的研究表明,收入不一样的高中教师在职业幸福感上有所差别,工资高的教师幸福感较高。而李虹(2014)的研究发现,高中教师的职业幸福感并不乐观。女教师对教师这个职业更为满意,更能在教学中获得幸福感;教师的职业幸福感随着学历的提高而增加。

二、教师职业幸福感的人口学特征

我国教师职业幸福感的取样范围并不广泛,多以区域性的调查研究为主,各地区的经济条件和发展状况都不太一样,再加上采用的测量工具并不统一,所以测量的结果也不尽相同。除了地域不同外,还可以从以下三个方面对教师职业幸福感的调查进行具体划分。

(一)按不同年级学段划分

我国教师职业幸福感的研究涉及小学、中学、高校、幼儿、中高职等教师,其中单独研究初中或高中教师的比较少,把中小学合在一起研究的也并不多。武红梅采用人脸量表对小学教师进行调查,结果表明小学教师的职业幸福感状态并不理想,有一半的教师很少或根本感受不到职业幸福。刘侠对上海市中学教师进行调查发现,中学教师的职业幸福感处于一般水平,有 32.4% 的教师在不同程度上觉得工作无聊乏味,有 86.5% 的教师在不同程度上感到工作压力大。

(二)按具体学科划分

不同学科的教学压力和学科地位都不一样,因此分学科进行细化研究,可以更精确地把握不同学科教师的职业幸福感状况。目前研究多集中在体育、音乐、英语、政治等学科上。温星对山西省中学体育教师进行问卷调查,结果表明山西省中学体育教师的职业幸福感现状不容乐观,仅有 8.9% 的体育教师感到非常幸福。曹京采用人脸量表和自编职业幸福感量表对高中政治教师进行调查,结果表明 74.2% 的高中政治教师感觉自己的职业幸福感较低,大部分政治教师对身心健康、工资福利和工作环境表示不满意。

(三)按特定人群划分

还有一部分研究者针对农村地区的教师、刚刚踏入岗位的教师、"80 后"教师等特定人群,进行了更为细致的研究。李欣对中学初任教师进行调查,结果表明中学初任教师的职业幸福感现状不容乐观,一半以上的初任教师无法感受到职业幸福。许赞对"80 后"小学教师进行问卷调查,结果表明"80 后"小学教师职业幸福感状况良好,能够感受到幸福的教师达 75.2%,处于中上等水平。罗琼对农村小学教师进行研究,发现有 2/3 的农村小学教师对目前的工作和生活状况感到不满意,缺少足够的职业幸福感。

三、影响教师职业幸福感的现实原因

通过对中小学教师职业幸福感的文献梳理后发现,影响教师幸福感的原因主要有以下几个方面。

(一)来自社会方面

社会对教育赋予了太多太高的期望。人们希望教育是万能的。在强调教育的超功能的同时,却忽略了社会本应有的教育功能。将所有的希望都寄托在教育甚至是个别教师身上。

另外,作为一个特殊的群体,社会对教师的要求又有别于其他社会群体。"学高为师,身正为范",社会要求教师在精神上必须是一个完人——时时刻刻提醒自己为人师表,万万不可放松自我约束。在物质上,社会又要求教师成为贫寒的表率,两袖清风方称得上是师德典范。而在学识上,社会更是对教师提出了高层次的要求。不仅要求他们上知天文下晓地理,而且要求他们紧跟时代和科技的发展,通晓一切。他们认为教师应该了解所有的问题。殊不知,知识经济和信息技术的飞速发展使知识、信息的普及化程度大大提高,教师早已不是学生获得外部信息的唯一渠道了。这样,社会对教师的高要求使广大教师不得不面对升学率、学生考分排队、家长期望以及管理方面的职称评定、实行末位淘汰的聘任制、学校奖金条例等多重压力。尤其是以新课程为载体的素质教育的全面推行,使传统的教育价值观发生着根本的变化,对教师素质提出了全新的要求,冲击着教师的心理。

总之,社会对教师缺乏信任、缺乏真正的关爱与同情。社会对教师的要求太高,广大教师不堪重压。再加上不善于调整,于是,教师就乱了方寸,找不到幸福感了。

(二)来自学生家长方面

学生家长同样对教师提出了比较高的要求。一些本应由家长行使的监护责任也成了教师的事情。如教师要负责学生的成长、教育、思想状态,甚至安全等,一个需要管理几十个学生的班主任所付出的艰辛自然可想而知了。然而,家长们似乎都在思想意识中形成了这样一种怪圈——学生天生就听老师的,这些养尊处优的学生只要一放到老师那里就会变得乖巧可人。所以,为了督促学生的学习,教师有时要面对家长的冷脸;为了学生的健康成长,教师有时要容忍家长的白眼;为了保护学生的安全,教师有时要承受家长的指责。有些家长在无形之中逃避了自己的责任与义务,在无意识之中转嫁了自己的困难与烦恼,却给广大教师带来了很大的压力与困扰。

(三)来自各级教育行政管理部门

各级教育行政管理部门对教师要求很严格。他们每提出一套方案,做出一个指示,第一线的教师必须立即跟上。否则,批评与呼吁就会接踵而至。就像减负,喊着减负的人不但不取消考试,反而让应试的难度越来越高。结果必然导致每个教师都变成超人——既要追求能力素质的培养,又要应付难度一点都不减的考试。学生们同样也非常苦恼,不但没有减负,反而增加了新的困惑——对提高个人素质无所适从。各级教育行政管理部门的管理者将尚未经过考证的方案,扔给了多重压力下生存的教师们。其实,各级教育行政管理部门必须清醒地认识到教育不是万能的,不能对教育要求太高,更不能给广大教师如此大的压力。

(四)来自学生方面

作为温室中长大的一代,部分学生敏感的性格使中小学教师不能再单纯依赖"严师出高徒"的古训。现在的学生要求愉快学习,鼓励学习,甚至是哄着学、求着学。导致中小学教师难以顺利引导学生努力学习。古人说"玉不琢,不成器"。面对一块天然的璞玉,一味地将它包裹、珍藏是没有意义的。要想让它成器,必须要用锋利的刻刀。细心地、一点一点地刻画,要用各种各样的工具去打磨、雕琢,才可以让它成为一件极富价值的艺术品,极有用处的器具。在这个过程中,璞玉一定是很痛苦的。教师教育学生也是这个道理。教师辛苦付出,才可以让自己的学生成长、成才。与此同时,学生也要付出相应的努力。只有师生双方而不仅仅只是教师一方努力,教育才可能成为成功的教育。

(五)来自教师自身方面

社会、家庭、各级教育行政管理部门以及学生形成了一种共识:教师必须在人格上是完人,在学问上是全能,在道德上是圣人。但这种要求与教师目前的现实条件实质上是有差距的。这种差距让教师对自己的个体价值产生了怀疑。很多教师发现即使他们再努力,也很难达到社会各方面对他们的要求。面对压力,部分教师不但不懂得调整,而且将这种压力泛化,在强大的压力面前难以自持,方寸大乱,找不到幸福也就成了一种必然。同时,长期形成的职业定势、职业心理使教师比其他任何职业更渴望、更需要得到人们的尊敬。这本身就是一种心理弱势的表现。而现实中得不到社会的理解,家长、学生的尊敬,或者这种理解与尊敬比他们想象的要少都会让他们感到不安,进而感到不幸。对自身价值认同的普遍下跌,缺乏理解,成就感丧失,这正是教师职业幸福感缺失的根本原因。事实上,职业幸福感的缺失已经严重影响了教师职业专长的发挥,从事教育工作的幸福从某种程度上来说已变得非常渺茫。

　　另外,不同地区的中小学教师在工作环境、教学设备的利用以及资薪待遇等方面都会有很大的区别,这也就容易使得处在偏远地区的部分教师产生不公平感,对教师工作失去激情,体会不到幸福感的存在。

第六章

河南省中小学教师职业幸福感的理论与实证基础

第一节 主观幸福感的三成分结构理论模型

Diener(1984)提出主观幸福感的概念描述人们对自己生活的主观评价。主观幸福感有三个主要特点:①主观性,即强调个体不论采用何种标准对自己的生活进行主观评价;②整体性,即个体对自己方方面面生活的整体评价;③情感性,即主观幸福感包括积极和消极情感评价而非只强调痛苦和机能不良。与这些特点一致,Diener认为主观幸福感由认知评价和情感体验两种成分组成,即个体对生活满意整体水平的认知判断以及对自己生活的积极和消极情绪反应的情感体验。因此,主观幸福感的三个主要成分是生活满意、积极情感和消极情感。这一表述被后来的主观幸福感研究者广泛采用。依据 PsycINFO 数据库和 CNKI 数据库,众多研究考察了与生活满意、积极情感和消极情感有关的主观幸福感,包括主观幸福感自我报告测量方法的信效度、主观幸福感的稳定性和延展性、预测因子以及主观幸福感在国家和社会水平的差异(Eid & Larsen,2008;Eid,& Larsen,2013;Diener,2012)。研究表明相对于主观幸福感水平低的个体,主观幸福感水平高的个体有着较低的心理疾病症状、更亲密的人际关系、更好的功能性健康状况、更好的适应性倾向、更加亲社会的功能以及更加自我增强的认知风格(Diener,2000;Lyubomirsky 等,2005;Pressman & Cohen,2005)。因此,高水平的主观幸福感被视为最优化人类功能的预测指标(Keyes,2005;Ryan & Deci,2001),一个重要的人类和社会目标(Diener,2000;Seligman,2000)。

大量研究主要依据主观幸福感的三成分构念,但很少有理论或实证研究阐明主观幸福感三成分结构的内涵。主观幸福感的结构指如何组织主观幸福感的三个主要成分,即三个主要成分如何构成、反映或联合产生称之为主观幸福感的假设构念。深入研究主观幸福感的结构对于我们理解主观幸福感的内涵、测量、数据分析方法、研究结果的解释等具有重要启发作用。已有研究者基于实证研究结果回顾了主观幸福感相关的结构,包括积极情感与消极情感的关系(Schimmack & Crites,2005),整体生活满意与具体领域满意的关系(Schimmack,2008),以及积极情感、消极情感和生活满意与主观幸福感的关系(Busseri & Sadava,2011)。Busseri 和 Sadava(2011)依据主观幸福感三个主要成分的内在组织特征分析了多个相互竞争的主观幸福感结构模型,但目前还不能提出一种最优化的主观幸福感结构。

一、主观幸福感的三独立成分模型

主观幸福感是生活满意、积极情感和消极情感三个独立的成分(图6-1)。即生活满意、积极情感和消极情感是三个独立的方面,应该分别评估和考察以全面地描述主观幸福感。如 Diener 和 Biswas-Diener(2002)认为生活满意、愉悦情感和不愉悦情感是独立的构念,强调幸福感主要成分的可分离性。Westerhof 等人(2006)认为主观幸福感是一个多维度的构念,生活满意、积极情感和消极情感是三个相关但独立的维度。探索性因素分析进行生活满意、积极情感和消极情感的多维测量时,所测量的每一个成分载荷于三个独立的因子,因此支持三成分的分离性。依据这个模型,对主观幸福感的研究需要三个独立的成分并汇总每一个成分的结果,在某个特定的调查中研究者可能仅研究其中的某个成分。例如 Steel、Schmidt 和 Schulz(2008)采用元分析方法考察了人格因素与主观幸福感的关系,结果以列表的形式分别呈现人格因素与生活满意、积极情感和消极情感的相关,显示人格因素与具体主观幸福感成分之间存在独特联系。

主观幸福感的三独立成分结构在实际的研究中很容易操作,但不清楚主观幸福感的意义。依据心理测量学标准,模型1中的主观幸福感不是一种心理构念(Bollen,2002),但能够简单地指代宽泛的研究领域(Pavot,2008)。这种结构还忽视主观幸福感成分间常常存在的协方差。基于很多研究常常分别呈现生活满意、积极情感和消极情感的相关因素和预测因子,本书也列表呈现此类结果。

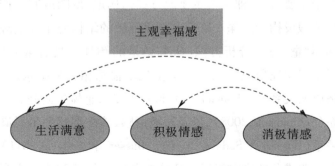

图6-1 主观幸福感的三独立成分模型

二、主观幸福感的层次模型

主观幸福感是由生活满意、积极情感和消极情感表现的层次构念(图6-2),即生活满意、积极情感和消极情感是高阶主观幸福感潜因子的三个一阶指标(Brunner 等,2012),主观幸福感成分有着共同的方差,而每一个成分有着独特的方差。在实际研究中需要使用主观幸福感的所有三个成分估计高阶主观幸福感潜因子以及生活满意、积极情感和消极情感的独特方差。例如Linley、Maltby 等人(2009)以及 Chen 等人(2013)考察了高阶主观幸福感潜因子(由生活满意、积极情感和消极情感指代)与表征心理幸福感构念的潜在因子之间的关系。

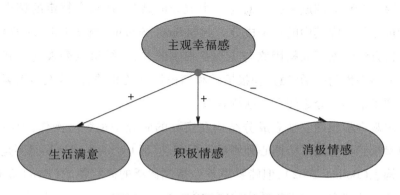

图6-2 主观幸福感的层次模型

主观幸福感的层次结构强调主观幸福感成分间的共同性以及每一个成分的独特性。因此,表现出基于共同方差把主观幸福感作为高阶因子,而其三个成分的独特方差源自高阶因子。但这种结构需要每一对主观幸福感成分之间至少存在中等程度的相关,包括研究者们一直在争论的积极情感与消极情感的关系问题(Schimmack,2008)。

三、主观幸福感的因果系统模型

主观幸福感是积极情感和消极情感影响生活满意的因果系统(图6-3),即生活满意是积极情感和消极情感的结果,其中积极情感和消极情感对生活满意独自起作用。此外积极情感和消极情感常作为其他变量影响生活满意的潜在中介变量(Schimmack 等,2002;Schimmack 等,2008),因果系统模型的基本假设在于人们依据情感信息进行整体生活满意评估(Kuppens 等,2008)。即积极情感和消极情感是基本情感倾向的指标,它们影响对生活事件的个人体验和反应类型,并最终影响生活满意判断。因此,有研究者认为生活满意是主观幸福感的本质(Davern 等,2007),可以预期高水平积极情感和低水平消极情感的联合体验导致最积极的生活评价。如 Kuppens 等人(2008)发现在跨文化样本中积极情感和消极情感对生活满意度的影响表现出文化差异。

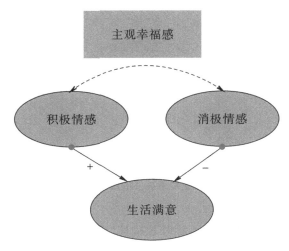

图6-3 主观幸福感的因果系统模型

依据主观幸福感的因果系统模型,可以使用结构方程模型对测量数据进行路径分析,即积极情感和消极情感预测生活满意,并考察其他变量对生活满意的直接效应和间接效应。如研究发现外倾性和神经质对生活满意的预测效应大部分是间接的,即受到积极情感和消极情感的中介(Schimmack, et al., 2008)。

四、主观幸福感的成分合成模型

主观幸福感是一个合成变量,由生活满意、积极情感和消极情感三个主要成分合并组成(图6-4),即测量所有三个成分,然后合并三个成分即得到合成(合计)主观幸福感变量,然后考察其他变量与这个合成变量的关系。如 Sheldon 和 Lyubomirsky(2012)采用源于生活满意、积极情感和消极情感的合成主观幸福感分数,并评估这个合成分数在三个时间点与积极事件体验和生活变化的评价等各种因素的关系。Garcia 和 Erlandsson(2011)考察了人格因素与合成主观幸福感变量的关系。

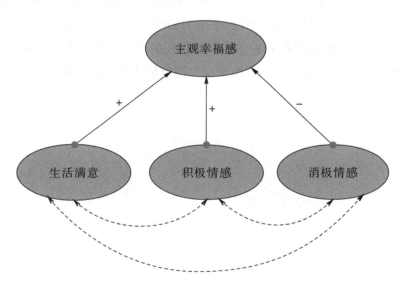

图6-4　主观幸福感的成分合成模型

这个模型用整体主观幸福感分数描述"高主观幸福感"是高生活满意、较多积极情感和较少消极情感的联合这个大众观点。但此结构框架忽视了主观幸福感成分的共同性,强调由成分的合成代替;有时研究者用合成主观幸福感分数作为高阶主观幸福感因子的替代(Sheldon & Hoon,2007),会产生合成主观幸福感分数意义的混淆。

第二节　主观幸福感三成分结构模型的验证

主要通过收集的横向数据资料检验主观幸福感三成分结构的四种模型。依据主观幸福感成分的相关性和独立性,并用其他变量对主观幸福感的预测效应来评估这些模型。考察年龄、收入、金钱态度、健康状况、居住环境状况等变量与主观幸福感的关系,并选择情绪智力变量考察对主观幸福感的预测效应。研究发现,情绪智力能够有效地预测主观幸福感,即情绪智力与更经常的体验积极情感、更高的自尊、更高的生活满意度和幸福感有关(Zeidner 等,2010;熊承清,刘永芳,2017)。最近的元分析表明情绪智力能够显著预测主观幸福感的得分(Sánchez-lvareza 等,2016)。

依据主观幸福感的三独立成分模型(M1),预测因子应该对各种主观幸福感成分有着独特的效应;依据主观幸福感的层次模型(M2),预测因子应该对主观幸福感潜因子有着直接效应,同时可能对独立于高阶主观幸福感因子的成分有着独特的效应;依据主观幸福感的因果系统模型(M3),预测因子应该对生活满意有着预测效应,可能存在对生活满意的直接效应和通过积极情感和消极情感的间接(中介)效应;依据主观幸福感的成分合成模型(M4),预测因子应该直接影响合成主观幸福感的分数。

一、研究方法

(一)被试

采用整群随机抽样法,在河南省范围内共发放问卷 600 份,回收有效问卷470 份。其中男性 284 名,女性 186 名;城市 233 名,县镇 237 名;高中学历及以下 256 名,大学学历及以上 214 名;年龄范围 16 ~ 66 岁(27.35±8.61 岁)。

(二)研究工具

1. 主观幸福感测量

生活满意测量。用 5 个题目测量个体对自己整体生活满意进行评价的得分,要求被试在李克特 7 点量尺上评价每个题目与自己的实际情况符合的程度(从"1 = 明显不符合"到"7 = 明显符合")。研究表明生活满意度量表是测量生活满意度有效而可靠的工具(熊承清,许远理,2009)。本书样本中的 Cronbach α 系数为 0.78。

积极情感–消极情感测量。20 个情绪词汇分别描述积极情感(10 个词汇)和消极情感(10 个词汇)。要求被试在高特曼 5 点量尺上评价自己在最近 30 天内体验这些感受的频率(从"1 = 没有"到"5 = 总是")。被试在积极情感量表的得分越高表明积极情感体验越多,在消极情感量表的得分越高表明消极情感体验越多。研究表明该量表能够可靠而有效地测量个体的情感体验水平(Watson 等,1988)。本书样本中积极情感和消极情感的 Cronbach α 系数分别为 0.83 和 0.80。

合成主观幸福感。将被试生活满意、积极情感和消极情感的原始得分标准化后,按照公式:主观幸福感 = 生活满意 + 积极情感 – 消极情感,得到主观幸福感的合成分数。分数越高表示个体的主观幸福感水平越高。

2. 预测变量

健康状况测量。被试在 4 点量尺上报告自己的健康状况(从"1 = 优"到"4 = 差")。

居住环境测量。被试在 4 点量尺上报告自己的居住环境条件(从"1 = 优"到"4 = 差")。

金钱态度测量。被试在 7 点量尺上回答"您认为一个人收入对他(她)的美好生活重要吗?"(从"1 = 非常不重要"到"7 = 非常重要")。

内省情绪智力测量。量表由 41 个题目组成,包含 6 个分维度,用以评价个体加工和处理自己情绪(情感)的能力,即感知与体验、表达与评价、调节与控制自己积极情绪和消极情绪的能力(熊承清,许远理,2013)。被试在 7 点量尺上评价每个陈述与自己的实际情况相符合的程度("1 = 非常不符合"到"7 = 非常符合")。本书样本中总量表的 Cronbach α 系数为 0.91。

（三）数据分析方法

采用 SPSS 22.0 软件对数据进行整理和描述性分析；采用 Harman 单因素检验法和验证性因素分析法进行共同方法偏差检验；采用 Amos21.0 对数据进行结构方程模型分析。

二、结果与分析

（一）共同方法偏差检验

将所有测量的条目进行探索性因子分析，结果表明 KMO 值为 0.88，Bartlett 值为 10 930.99，$p = 0.000$，因子未旋转共生成 17 个特征根大于 1 的因子，解释了 57.97% 的方差变异，其中第 1 个因子解释了 16.93% 的方差变异，低于临界值 40%。使用验证性因素分析进行共同方法偏差检验，设定公因子数为 1，结果发现数据与模型的各种拟合指数较差，$\chi^2/\mathrm{df} = 9.74$，$\mathrm{GFI} = 0.81$，$\mathrm{CFI} = 0.73$，$\mathrm{RMSEA} = 0.13$。总体上表明本研究数据不存在严重的共同方法偏差。

（二）变量的描述性统计分析

对所有测量的变量进行描述性统计和相关分析（见表 6-1）。从表中可以看出，被试的年龄、收入、金钱态度与主观幸福感各成分及合成主观幸福感的相关很小；自评健康状况、居住环境和内省情绪智力与主观幸福感各成分及合成主观幸福感存在不同程度的显著相关；主观幸福感各成分及合成主观幸福感之间也存在不同程度的显著相关。

表 6-1　变量的描述性统计和相关分析结果（$n=470$）

变量	M	SD	1	2	3	4	5	6	7	8	9
1. AGE	27.351	8.612									
2. INC	1.315	1.405	0.278***								
3. MV	5.402	1.182	0.022	0.063							
4. HES	3.046	0.729	−0.090	−0.064	0.010						
5. LE	2.581	0.759	−0.045	0.002	0.031	0.278***					

续表 6-1

变量	M	SD	1	2	3	4	5	6	7	8	9
6.EI	216.166	25.066	-0.018	0.010	0.070	0.119**	0.131**				
7.PA	31.485	6.498	0.003	-0.032	-0.056	0.132**	0.103*	0.426***			
8.NA	22.152	5.639	-0.058	-0.018	0.085	-0.089	-0.106*	-0.259***	-0.367***		
9.LS	18.317	6.279	0.104*	0.034	-0.070	0.173**	0.259**	0.346***	0.412***	-0.255***	
10.CWB	0.000	2.251	0.073	0.009	-0.094*	0.175***	0.208**	0.458***	0.790***	-0.720***	0.740***

注：$*p<0.05$，$**p<0.01$，$***p<0.001$；AGE=年龄，INC=收入，MV=金钱态度，HES=健康状况，LE=居住环境，EI=内省情绪智力，PA=积极情感，NA=消极情感，LS=生活满意，CWB=合成主观幸福感；收入单位：千元/月。下同

（三）主观幸福感三成分结构模型的检验

1. 主观幸福感的三独立成分模型

考虑到情绪智力量表和积极情感—消极情感量表的题目较多，在进行模型构建之前进行了项目组合以改善模型拟合（卞冉等，2007）。具体方法为：根据情绪智力量表的结构，分别计算 6 个分量表的总分作为总体情绪智力的观测指标；分别以积极情感和消极情感分量表的项目载荷大小为引导，首先把载荷最高的 5 个项目作为锚定项目，然后按照反方向加入次高项目进行平衡，最后积极情感和消极情感分别得到 5 个观测指标。为了增加模型与数据的拟合度，把内省情绪智力、积极情感、消极情感、生活满意作为潜变量，分别由各自在条目上的观测分数估计。以下模型计算同样依据以上方法。为了检验三独立成分模型，指定 6 个预测变量对生活满意、积极情感和消极情感有着直接的路径，并允许 6 个预测变量自由相关。结果得到模型与数据的拟合较差，$\chi^2 = 871.759$，df $= 271$，$\chi^2/df = 3.217$，$p = 0.000$，GFI $= 0.854$，CFI $= 0.849$，RMSEA $= 0.069$（90% CR 0.064—0.074）。依据残差间的修正指数大小（M.I. > 20）对模型进行修正。修正后的模型与数据的拟合较好，$\chi^2 = 568.420$，df $= 264$，$\chi^2/df = 2.153$，$p = 0.000$，GFI $= 0.914$，CFI $= 0.924$，RMSEA $= 0.050$（90% CR 0.044—0.055）。

表 6-2　主观幸福感的三独立成分模型和成分合成模型检验（n=470）

预测变量	M1			M4
	生活满意	积极情感	消极情感	合成主观幸福感
年龄	0.122**	0.025	−0.076	0.107*
收入	0.019	−0.057	−0.002	−0.006
金钱态度	−0.128**	−0.093*	0.125*	−0.141**
健康状况	0.124*	0.095	−0.063	0.101*
居住环境	0.239***	0.030	−0.070	0.129**
内省情绪智力	0.390***	0.458***	−0.309***	0.448***
R^2	0.290	0.235	0.129	0.271

由表 6-2（M1）可以看出，这个模型解释生活满意 29% 的方差。除收入外，其他预测变量到生活满意的标准化路径系数都达到显著水平；居住环境状况和内省情绪智力对生活满意的预测力最大。预测模型还解释积极情感23.5% 的方差；只有金钱态度和内省情绪智力变量的标准化路径系数达到显著水平。此外预测模型还解释消极情感 12.9% 的方差；只有金钱态度和内省情绪智力变量的标准化路径系数达到显著水平。这些结果表明生活满意、积极情感和消极情感有类似的预测因子（如金钱态度和内省情绪智力），但也存在明显的差异（如年龄和居住环境状况只能预测生活满意）。

2. 主观幸福感的层次模型

为了检验这个模型，把主观幸福感作为一个高阶潜变量，由生活满意、积极情感和消极情感 3 个一阶因子估计。然后考察 6 个预测变量对主观幸福感潜变量的预测效应，并允许 6 个预测变量自由相关。结果得到模型的拟合指标较差 $\chi^2 = 828.638$，df = 280，$\chi^2/df = 2.959$，$p = 0.000$，GFI = 0.867，CFI = 0.862，RMSEA = 0.065（90% CR 0.060−0.070）。依据残差间的修正指数大小（M.I. > 20）对模型进行修正。修正后的模型与数据的拟合较好，$\chi^2 = 588.612$，df = 275，$\chi^2/df = 2.140$，$p = 0.000$，GFI = 0.911，CFI = 0.921，RMSEA = 0.049（90% CR 0.044−0.055）。

表6-3　主观幸福感的层次模型检验（ n =470）

预测变量	高阶主观幸福感	生活满意	积极情感	消极情感
年龄	0.125*			
收入	−0.006			
金钱态度	−0.172***			
健康状况	0.136*			
居住环境	0.173**			
内省情绪智力	0.568***			
高阶主观幸福感		0.728***	0.721***	−0.528***
R^2	0.442	0.530	0.520	0.279

由表6-3可以看出,这个模型解释主观幸福感潜变量44.2%的方差。除了收入,其他4个预测变量的路径系数都达到显著水平。此外,主观幸福感潜变量分别解释生活满意度、积极情感和消极情感53%、52%、27.9%的方差。这些结果表明年龄、金钱态度、健康状况、居住环境质量和内省情绪智力能够显著预测主观幸福感。

3. 主观幸福感的因果系统模型

为了检验这个模型,把生活满意作为一个结果变量,把积极情感和消极情感作为中介变量。然后考察6个预测变量对生活满意度的直接效应,以及通过积极情感和消极情感变量对生活满意的间接效应,并允许6个预测变量自由相关。结果得到模型的拟合指标较差, $\chi^2 = 833.231$,df = 269, $\chi^2/df = 3.098$, $p = 0.000$,GFI = 0.863,CFI = 0.858,RMSEA = 0.067（90% CR 0.062 − 0.072）。依据残差间的修正指数大小（M. I. > 20）对模型进行修正。修正后的模型与数据的拟合较好, $\chi^2 = 558.389$,df = 263, $\chi^2/df = 2.123$, $p = 0.000$,GFI = 0.915,CFI = 0.926,RMSEA = 0.049（90% CR 0.043 − 0.055）。

表 6-4　主观幸福感的因果系统模型检验（n=470）

预测变量	积极情感	消极情感	生活满意		
			直接效应	间接效应	总效应
年龄	0.039	−0.085	0.114*	0.019	0.133*
收入	−0.043	−0.007	0.045	0.015	0.030
金钱态度	−0.097**	0.126*	−0.091*	−0.042*	−0.133*
健康状况	0.087	−0.060	0.084	0.034	0.118*
居住环境	0.028	−0.073	0.223***	0.015	0.238***
内省情绪智力	0.451***	−0.279**	0.208**	0.176**	0.384***
积极情感			0.350***		0.350***
消极情感			−0.066		−0.066
R^2	0.228	0.111	0.398		

由表 6-4 可以看出,这个模型可以解释生活满意度 39.8% 的方差,积极情感 22.8% 的方差和消极情感 11.1% 的方差。年龄、金钱态度、居住环境、内省情绪智力和积极情感对生活满意度有着显著的直接效应;金钱态度和内省情绪智力对生活满意还有着显著的间接效应,表明这些变量对生活满意度的作用受到积极情感的部分中介,但中介效应的大小存在差异。

4. 主观幸福感的成分合成模型

为了检验这个模型,合成生活满意和积极情感、消极情感的标准化得分得到主观幸福感的分数,然后考察 6 个预测变量对合成主观幸福感变量的效应,并允许六个预测变量自由相关。结果得到模型的拟合指标较差 $\chi^2 = 374.109$,df = 39,χ^2/df = 9.593,$p = 0.000$,GFI = 0.865,CFI = 0.788,RMSEA = 0.135（90% CR 0.123 − 0.148）。依据残差间的修正指数大小（M.I. >20）对模型进行修正。修正后的模型与数据的拟合较好,$\chi^2 = 134.182$,df = 34,χ^2/df = 3.947,$p = 0.000$,GFI = 0.957,CFI = 0.937,RMSEA = 0.079（90% CR 0.065−0.094）。

由表 6-2（M4）可以看出预测模型解释合成主观幸福感变量 27.1% 的方差。除了收入外,其他预测变量到合成主观幸福感变量的标准化路径系数都达到显著水平。

第三节　主观幸福感三成分结构分析

采用结构方程模型方法分析横向调查数据,同时考察了 Busseri 和 Sadav (2011)提出的四个竞争性的主观幸福感三成分结构模型。通过实证研究的结果直观地阐明每一个概念模型的强弱,这些信息对全面的理解主观幸福感的三成分结构有着重要的参考价值。

一、主观幸福感成分的相关性与独立性

本书的研究结果表明主观幸福感的三个主要成分相互关联但也部分独立。生活满意度、积极情感和消极情感的关联性表现在成分间的同时相关,即数据分析结果表明模型 2 中三个成分在高阶主观幸福感潜变量上有着较大的载荷以及模型 3 中积极情感和消极情感对生活满意度同时存在预测效应。此外,生活满意度、积极情感和消极情感三成分间也表现出独立性,即数据分析显示模型 2 中高阶主观幸福感潜变量能够解释生活满意度、积极情感和消极情感的独特方差以及模型 3 中积极情感和消极情感不能同时解释生活满意度的剩余方差。

本书研究的结果还表明主观幸福感的预测因子存在差异取决于不同的结构模型,即这些差异源于结构模型是否及如何处理主观幸福感成分的关联性和独立性。数据分析结果表明,模型 1 没有解释主观幸福感成分的关系,预测效应比其他模型更宽泛,但不清楚这种效应对每一个主观幸福感成分是否是独特的;模型 2 的结果显示每一个变量能够独特地预测主观幸福感成分的共同性;与模型 1 和模型 3 相比,模型 2 不能显示预测因子对生活满意的独特效应;与模型 3 相比,模型 2 还不能显示预测因子对积极情感和消极情感的独特效应。

模型 3 通过相关变量对生活满意度的预测解释三个主观幸福感成分之间的关系。模型计算的结果表明对生活满意度的预测比模型 1 更保守,但对积极情感和消极情感的预测效应类似于模型 1。此外,与相关中介模型研究结果一致,情绪智力和金钱态度通过积极情感和消极情感预测生活满意度。证实了幸福感的因果系统理论,即生活满意度是积极和消极情感的结果变

量,意味着某些重要预测变量与生活满意度的关系可能受情感体验的调节或中介。模型4强调合成主观幸福感分数替代主观幸福感成分,忽略预测变量对每一个具体成分的效应。因此依据这个模型,预测变量对合成主观幸福感变量的效应是否能够应用于每一个成分有待深入研究。

二、主观幸福感结构模型的可行性与综合性

本书研究表明把主观幸福感作为一种三成分概念进行综合的结构解释将有助于阐明生活满意度、积极情感和消极情感的关联性和独立性,在评估相关变量对主观幸福感的预测效应时还有助于处理主观幸福感成分的关联性和独立性。本书的实证研究结果为了解每一种结构模型的可行性提供了新的视角。

模型1　把主观幸福感概念化为三个分离的成分。导致的一个问题是在理解主观幸福感时直接忽略生活满意度、积极情感和消极情感之间存在的实质性关系。相关研究表明,这种忽略似乎对主观幸福感成分的纵向关系不那么重要。导致的另一个问题是如果阐明了三个成分之间的关系,涉及主观幸福感的预测因子相关的结果将更为详尽。因此,模型1中的主观幸福感三成分结构概念化是不充分的。

模型2　把主观幸福感概念化为一种层次构建,即主观幸福感是由生活满意度、积极情感和消极情感三个一阶因子构成的一个高阶潜变量。通过确定成分间的共同方差和独特方差在整体上调和生活满意度、积极情感和消极情感的关联性和独立性,进而理解主观幸福感的意义。三个成分在主观幸福感高阶潜变量的载荷小于1,表明独立于主观幸福感潜变量的每一个成分的方差是可靠的。还解释了主观幸福感潜变量和有别于主观幸福感潜变量的每一个成分的稳定性。总体上,这个模型整体上调和了成分间关联性和独立性的差异程度。因此,模型2对于理解主观幸福感三成分结构概念化是一种可行的方法。

模型3　把生活满意度概念化为主要的结果,而积极情感和消极情感联合影响生活满意度。这个模型通过把积极情感和消极情感作为生活满意的相关预测因子调和三个成分之间的关联性和独立性,同时还考察不能由积极情感和消极情感解释的方差。本书的研究结果支持这个模型,包括积极

情感和消极情感部分中介情绪智力和金钱态度对生活满意度的效应。此外,模型3在考察生活满意度的预测因子时,在预测模型中同时包含了积极情感和消极情感的测量导致弱化了预测因子对生活满意度的预测效应,与积极情感和消极情感的潜在中介作用相一致。但相关的纵向实证研究表明模型3不能完全解释积极情感和消极情感的共同方差和独特方差(Busseri,2015)。因此,模型3中主观幸福感三成分结构概念化对于横向研究预测生活满意度是一种可行的方法。

模型4 把主观幸福感概念化为一个合成构建,即由生活满意度、积极情感和消极情感合成一个单一的主观幸福感指数。模型4不能解释主观幸福感成分的关联性和独立性,也无法理解主观幸福感的意义。因此研究所得结果的含义不明确,即无法知晓生活满意、积极情感和消极情感的共同预测因子或独特预测因子,也不能比较预测因子对合成分数和每一个成分的预测效应。总体而言,模型4不能充分地解释主观幸福感三成分结构概念化。

三、主观幸福感结构模型对研究和理解主观幸福感的作用

本书通过不同的结构模型考察了包含三成分的主观幸福感概念并得到了不同的结果,包括预测变量对主观幸福感的预测效应。到目前为止,很少有研究系统地考察在不同的研究中所使用的主观幸福感结构模型的理论内涵和实证依据。为了更深刻的理解主观幸福感,本研究通过验证四种模型来说明采用每一种结构模型的含义。

与相关研究一致(Busseri,2015),本书也没有确定哪一种主观幸福感结构模型是最优的。事实上,基于每一种模型的统计拟合指数直接比较四种模型的优劣是不可取的,因为每一种模型都有不同的理论假设。例如模型2和模型3的统计拟合指数几乎是一样的,因为它们以不同的方式整体上解释生活满意度、积极情感和消极情感的关系。相反的,模型4不能与其他模型进行比较,因为其仅仅是一个合成分数而不是三个主观幸福感成分。但可以收集采用各种结构模型所得到的结果以及模型所得结果的异同,这些信息对于全面理解相关实证研究的结果至关重要。

第七章

河南省中小学教师职业幸福感的科学测量

第一节　河南省中小学教师职业幸福感测量工具的编制

一、河南省中小学教师职业幸福感的理论结构

　　教师职业幸福感是指教师在从事教育教学工作时,感受到这个职业可以满足自己的需要,能够实现自身的理想和价值,从而产生持续的愉悦体验。不管是对工作的认知评价(主观幸福感的研究范畴),还是自我价值的实现(心理幸福感的研究范畴),以及人际和谐的需要(属于社会幸福感的研究范畴),最终都主要体现为一种主观的心理感受(主观幸福感的研究范畴),因此本书基于对河南省中小学教师职业幸福感的前期调查研究,更多地倾向于主观幸福感的概念和内涵。从定义中可以看出,教师职业幸福感研究的内容更加丰富全面,整合了主观幸福感、心理幸福感和社会幸福感三大研究取向中的核心成分,因此最完整的量表结构应该是将三大幸福感各自的维度都融合进来,或者仅提取与职业幸福感定义有关的部分核心维度,从而形成有别于其他幸福感的结构。然而为了简化编制与测量的过程,本书决定采用主观幸福感的经典三维结构(生活满意度、积极情感和消极情感),同时提取了心理幸福感的核心成分——自我实现,以及社会幸福感的核心成分——人际和谐,但是将自我实现与人际和谐的内容以部分条目的形式融入三个维度中,而不再另外形成单独的维度。虽然本书采用了主观幸福感的结构,但是在其基础上进行了调整和丰富,使其不单单测量教师职业中的主观幸福感,还涉及了小部分心理幸福感和社会幸福感的成分。三维结构中的生活满意度涵盖了生活中所有领域(工作、婚姻、家庭、健康、经

济等)的满意度,而中小学教师职业幸福感主要考察的是教师在工作领域的幸福感,不考虑其他方面的幸福感,因此在本书中,生活满意度专指工作领域的满意度,为了以示区别,将生活满意度更名为工作满意度。所以最终确定教师职业幸福感的三因素结构为:工作满意度、积极情感和消极情感。

中小学教师职业幸福感的相关定义有这样几个。职业幸福感:是指中小学教师在从事教育教学工作时,对工作满意度的认知评价以及对工作中积极情感和消极情感的权衡。较高的职业幸福感就是拥有较高的工作满意度、较多的积极情感和较少的消极情感。工作满意度:是指中小学教师在从事教育教学工作时,对工作总体以及各个方面满意程度的认知评价。积极情感:是指中小学教师在从事教育教学工作时,感受到如愉快、自豪等积极的情感体验。消极情感:是指中小学教师在从事教育教学工作时,感受到如悲伤、焦虑、倦怠等消极的情感体验。

二、河南省中小学教师职业幸福感问卷条目的来源

主要结合以下三种方法来搜集和编制量表条目:一是文献搜集。搜集国内外相关研究文献,将有关教师职业幸福感、主观幸福感、工作满意度、职业倦怠等的量表,按照不同的维度进行系统性的分类汇总,形成 300 个条目的题目库,为后续初始条目的筛选、修改和优化提供丰富的来源,同时也能初步了解哪些因素对教师的职业幸福感影响较多,哪些维度是以往研究的重点。二是个别访谈。通过对(河南省)15 名一线中小学教师展开个别访谈,深入了解了中小学教师如何认知、理解职业幸福感这个概念,哪些因素对教师职业幸福感产生的影响较多,教师每天的工作内容和工作场景都有哪些,教师日常体验的积极和消极情感都有哪些等。每位教师的访谈时间不低于 30 分钟。通过个别访谈,可以更准确地了解教师的真实想法,为编制更加贴近教师工作场景的条目做准备。三是专家评定。根据教师职业幸福感的结构假设和操作性定义,将汇编后的初始条目分发给 1 位心理学教授,1 位心理学讲师,2 位心理学研究生,8 位中小学高级教师,由他们对初始条目进行审核、评定并提出修改意见。经过反复修改后,最终形成了含有 62 个条目的初始量表,包括工作满意度、积极情感和消极情感三个维度,每个维度各 20 题,外加 2 道测谎题。河南省中小学教师职业幸福感初始量表的

结构见表7-1。

表7-1　河南省中小学教师职业幸福感初始量表的结构

维度	所含条目	反向计分
工作满意度	a2、a5、a8、a11、a14、a17、a21、a24、a27、a30、a33、a36、a39、a43、a46、a49、a52、a55、a58、a61	a27、a61
积极情感	a1、a4、a7、a10、a13、a16、a19、a23、a26、a29、a32、a35、a38、a42、a45、a48、a51、a54、a57、a60	a4、a60
消极情感	a3、a6、a9、a12、a15、a18、a22、a25、a28、a31、a34、a37、a41、a44、a47、a50、a53、a56、a59、a62	a18、a22

工作满意度中涵盖了教师对稳定程度、工资待遇、晋升发展、自我实现、人际和谐等方面的内容,如 a5:我对教师工作的稳定程度感到满意;积极情感中涵盖了教师在工作中有可能感受的积极情感体验,如 a42:我对每一天的教学工作都充满期待;消极情感中涵盖了教师在工作中有可能感受的消极情感体验,如 a6:我越来越觉得教师工作单调枯燥、无聊乏味。涉及有关自我实现的部分则以条目的形式融入了三个维度中,如工作满意度中的 a2:通过教书育人,使我的人生价值得以实现;积极情感中的 a45:从事教师工作能为社会做出贡献,我感到很光荣;消极情感中的 a50:得不到领导的重视和赏识,我感到很郁闷。人际和谐部分亦是如此,如工作满意度中的 a14:我与学校领导关系融洽;消极情感中的 a37:学生上课不遵守纪律,我难以抑制自己的气愤。

三、初始问卷的施测

被试信息。在河南省信阳市、洛阳市 3 所中小学校(小学、初中、高中各 1 所),采用方便取样的方法对教师进行问卷初测,发放问卷共计 300 份,收回 260 份,按照筛选标准剔除无效问卷 43 份,最终得到有效问卷为 217 份。被试的人口学特征见表7-2。

表7-2　被试的人口学特征

学段	$n_{男}$	$M_{年龄} \pm SD$	$n_{女}$	$M_{年龄} \pm SD$
小学	2	36.50 ± 0.71	41	36.39 ± 5.74
初中	38	42.79 ± 6.12	49	40.08 ± 5.71
高中	44	43.11 ± 8.81	43	40.21 ± 8.53
总计	84	42.81 ± 7.61	133	38.98 ± 6.93

研究工具。个人基本信息,包括性别、年龄、学历、是否任教毕业班、是否担任行政职务等在内的共计10项人口学变量。自编中小学教师职业幸福感量表,共62个条目,其中2道为测谎题,三个维度每个维度各20题。量表采用5点计分,从"完全不符合"到"完全符合"分别用数字1到5表示。总体幸福感单题量表(general well-being scale,简称 GWBS):"总的来说,您有多幸福?"该量表采用7点计分,从"非常不幸福"到"非常幸福"分别用数字1到7表示,主要是为了检验自编教师职业幸福感量表的效标关联效度。为避免社会赞许效应,将初测问卷的名称改为"中小学教师调查问卷",采用不记名方式,以提高测量结果的真实性。

数据管理。部分问卷是由研究者利用老师大课间20分钟的时间,当面施测当面回收,部分问卷是联系个别老师,由他们在其学校或教学组里施测,最后统一回收。依据以下原则进行问卷筛选:大面积空白或有明显作答规律的问卷一律作废;漏答题目5个以上,或有重要信息缺失的问卷一律作废。测谎题全部为特别肯定的回答,如"我对学生从来没有生气过",如果回答是完全符合,则显然有撒谎的成分;部分描述相反的题目,回答却明显前后矛盾,如"我很享受教课带给我的乐趣"和"我厌倦天天给学生上课",若都选择了完全符合,则说明并未认真作答。用SPSS 22.0对筛选后的有效数据进行管理和描述性统计,并对数据进行项目分析、信度分析和效度分析,用AMOS 22.0对数据进行验证性因素分析。

四、初测量表的数据分析

初测量表的项目分析。使用 SPSS 20.0 计算各维度题目与各维度总分之间的题总相关,删除了 13 个相关系数小于 0.4 的条目,包括工作满意度的 4 个题目,分别是 a17、a27、a55、a61;积极情感的 2 个题目,分别是 a4、a51;消极情感的 7 个题目,分别 a3、a12、a18、a22、a31、a44、a56。见表 7-3。

表 7-3　初测量表的项目分析结果

工作满意度	r	积极情感	r	消极情感	r
a2	0.73***	a1	0.74***	a3	0.30***
a5	0.55***	a4	0.31***	a6	0.67***
a8	0.62***	a7	0.30***	a9	0.64***
a11	0.60***	a10	0.49***	a12	0.36***
a14	0.56***	a13	0.47***	a15	0.46
a17	0.32***	a16	0.45***	a18	0.23**
a21	0.62***	a19	0.66***	a22	0.21**
a24	0.52***	a23	0.45***	a25	0.70***
a27	0.24**	a26	0.56***	a28	0.52***
a30	0.67***	a29	0.53***	a31	0.28**
a33	0.68***	a32	0.56***	a34	0.60***
a36	0.42***	a35	0.75***	a37	0.68***
a39	0.54***	a38	0.60***	a41	0.72***
a43	0.59***	a42	0.64***	a44	0.37***
a46	0.60***	a45	0.68***	a47	0.63***
a49	0.51***	a48	0.66***	a50	0.55***
a52	0.56***	a51	0.32***	a53	0.45***
a55	0.35***	a54	0.64***	a56	0.16*
a58	0.52***	a57	0.73***	a59	0.72***
a61	0.25**	a60	0.54***	a62	0.73***

初测量表的验证性因素分析。在对初测量表进行完项目区分度筛选之后,利用 AMOS 20.0 对剩下的条目进行验证性因素分析。因为主观幸福感的三因素模型是经过大量研究验证过的经典结构,所以在本书中没有必要再进行探索性因素分析,而是直接进行验证性因素分析即可。为了使每个分量表里的条目尽可能多地涵盖教师的工作场景,使测量结果更加全面和精确,因此对三个分量表分别展开验证性因素分析。严格按照心理测量学的标准,逐题删除各分量表中因素载荷小于 0.4 的条目,每删除一题则重新运行程序,同时还兼顾各维度条目的数量以及内容上的均衡,最终又删除了17 个条目,包括工作满意度分量表里的 6 道题,分别是 a8、a30、a36、a39、a43、a58;积极情感分量表里的 8 道题,分别是 a7、a10、a13、a16、a23、a26、a29、a60;消极情感分量表里的 3 道题,分别是 a15、a47、a53。结合项目分析和 CFA 因素载荷分析两个步骤,最终形成了含有 30 个条目的职业幸福感正式量表,每个分量表各含 10 个条目。三个分量表所有条目的标准化载荷均为 0.45 ~ 0.81,且达到了极其显著的水平($p<0.001$),说明自编教师职业幸福感量表具有较好的结构效度。利用验证性因素分析考察教师职业幸福感三因素模型与数据的拟合程度。结果显示,教师职业幸福感三因素模型拟合度较好,三个分量表的 χ^2/df(卡方/自由度)均小于 3,GFI(拟合优度指数)、IFI(增量拟合指数)、CFI(比较拟合指数)均大于 0.9,RMSEA(近似误差均方根)均小于 0.08,表明工作满意度、积极情感、消极情感三个分量表是可以接受的三因素结构。教师职业幸福感三因素模型的拟合指数见表7-4。

表7-4　教师职业幸福感三因素模型的拟合指数

维度	χ^2	df	χ^2/df	GFI	IFI	CFI	RMSEA
工作满意度	78.90	35	2.25	0.94	0.92	0.91	0.076
积极情感	71.99	35	2.06	0.90	0.96	0.96	0.070
消极情感	68.95	35	1.97	0.94	0.96	0.96	0.067

初测量表的效标效度和信度分析。为了考察自编教师职业幸福感量表的效标关联效度,用 SPSS 22.0 分析了工作满意度、积极情感、消极情感和职

业幸福感总分与总体幸福感得分的相关。结果显示工作满意度（$r = 0.77$，$p<0.01$）、积极情感（$r = 0.84$，$p<0.001$）和职业幸福感总分（$r = 0.87$，$p<0.001$）与总体幸福感之间分别呈显著的正相关，消极情感（$r = -0.51$，$p<0.001$）与总体幸福感呈显著的负相关。同时职业幸福感及其各维度间也达到了显著的两两相关。表明自编职业幸福感量表具有良好的效标关联效度。为了考察自编量表的信度，用 SPSS 20.0 进行了信度分析，结果显示三个分量表的 α 系数为 0.81~0.89，总量表的 α 系数为 0.808，表明自编职业幸福感量表具有良好的信度。职业幸福感量表的信效度分析结果见表 7-5。

表 7-5　职业幸福感量表的信效度分析结果

维度	工作满意度	积极情感	消极情感	职业幸福感	总体幸福感
工作满意度	$\alpha = 0.82$				
积极情感	0.79***	$\alpha = 0.89$			
消极情感	-0.19**	-0.42***	$\alpha = 0.87$		
总体职业幸福感	0.78***	0.90***	-0.73***	$\alpha = 0.81$	
整体幸福感	0.77***	0.84***	-0.51***	0.87***	1

第二节　河南省中小学教师职业幸福感量表与同类量表的区别

一、与同类主观幸福感量表的区别

河南省中小学教师职业幸福感量表与同类主观幸福感量表的区别主要表现在以下三个方面。

其一，同类主观幸福感量表把对生活的认知评价命名为"生活满意度"维度，而本书针对的是生活中的特定工作领域，因此将其命名为"工作满意度"维度。因在维度的命名上有所区别，所以在量表的内容上也各有侧重。同类主观幸福感量表多以生活中的幸福体验为主，不针对特定的职业，用来测量教师的职业幸福感显然针对性不强,如:我期望着投入每一天新的生活。而本量表中的题目全部围绕教师教育教学工作中的真实场景和内心感受,有很强的针对性,如:我对每一天的教学工作都充满期待(a25)。

其二,同类主观幸福感量表中的情感体验部分(积极和消极情感)多以直接陈述词汇为主,如:高兴、愉快、愤怒、嫉妒等,面对十几个这样的情绪词汇,被试往往要先区分词汇的含义,还要联想最近与这种情绪有关的经历,才能做出判断。而本量表直接将情绪情感词汇场景化,使被试更容易做出判断,如:学校宽松的人文环境使我感到轻松自在(a15)。主观幸福感的情感量表多以一段时间内出现这种情绪的频率作为衡量标准,而本量表则是以某些情感体验的符合程度作为评估依据。

其三,本量表虽然采用了主观幸福感的三维结构,但不完全是测量主观幸福感的,因为在三个维度的条目中融入了自我实现(属于心理幸福感的研究范畴)和人际和谐(属于社会幸福感的研究范畴)的有关内容。如:通过教书育人,使我的人生价值得以实现(a4);我与学校领导关系融洽(a7)。

二、与同类职业幸福感量表的区别

河南省中小学教师职业幸福感量表与同类职业幸福感量表的区别主要表现在以下三个方面。

其一,同类职业幸福感量表往往选用工资待遇、职业认同、人际关系、自我实现等作为职业幸福感量表的维度,但这些往往又都是职业幸福感的影响因素,所以两者相互混淆。而且大多数自编量表并没有经过探索性和验证性因素分析去检验量表的假设结构,更有甚者连信效度都没有检验。而本量表采用的主观幸福感三维结构,是有大量理论依据和数据支撑的,并且经过了项目分析、验证性因素分析、信效度检验,各项指标均符合心理测量学标准,更具有说服力。

其二,同类职业幸福感量表中的条目多以认知评价为主,有关情感体验的部分非常有限,如:在学校里我得不到领导的重视和赏识。而本量表很好地平衡了认知评价与情感体验,增加并修编了不少有关情感体验的条目,如:得不到领导的重视和赏识,我感到很郁闷(a16)。

其三,同类职业幸福感量表各维度的题目数量参差不齐,有的维度题目特别多,有的维度仅达到了最低题目数量的标准。而本量表各维度题目数量比较均衡,每个维度各 10 题。

中小学教师职业幸福感量表包含工作满意度、积极情感和消极情感三个维度。每个维度各 10 条目,额外增加了 2 道测谎题,作为筛选问卷的参考依据,因此正式量表总共有 32 个条目。为避免规律作答,将各维度的题目排序打乱,形成新的题号。

第八章

河南省中小学教师职业幸福感量表的应用

第一节 研究方法与程序

一、研究被试

考察河南省中小学教师职业幸福感总体特点以及人口学变量与其职业幸福感的关系,用方便取样的方法在郑州、开封、安阳、信阳、南阳等地 30 所中小学(各地的小学、初中、高中各 2 所)教师中施测,发放问卷共计 4000 份,收回 3764 份,按照筛选标准剔除无效问卷 152 份,最终得到有效问卷为 3612 份,被试的人口学特征见表 8-1。

表 8-1 被试的人口学特征

学段	$n_{男}$	$M_{年龄} \pm SD$	$n_{女}$	$M_{年龄} \pm SD$
小学	308	32.50 ± 0.71	644	31.39 ± 5.74
初中	546	36.79 ± 6.12	728	35.08 ± 5.71
高中	714	38.11 ± 8.81	672	37.21 ± 8.53
总计	1568	35.80 ± 5.21	2044	34.56 ± 6.65

二、研究工具

个人基本信息表。包括被试的性别、年龄、学历、是否任教毕业班、是否担任行政职务等 10 个人口学变量。部分题目给出选项供被试直接选择,如性别等,部分题目则需要被试自己填写具体数值,如年龄等。考虑到经济收入的敏感性,有些被试不愿公开该信息,所以表中并未涉及,但鉴于中小学教师的收入与职称相对应,因此职称的等级可以间接反映收入的水平。

中小学教师职业幸福感量表。量表包含工作满意度、积极情感和消极情感 3 个分量表,每个分量表各 10 个条目,外加 2 个测谎题,共 32 个条目。量表采用 5 点计分,从"完全不符合"到"完全符合"分别用数字 1 到 5 表示。各分量表得分为该维度各题目得分之和,范围为 10 ~ 50。职业幸福感总分为三个分量表得分之和,其中消极情感维度的 10 道题反向计分。职业幸福感总分越高,说明个体在工作中越能感受到幸福;工作满意度分量表得分越高,说明个体对工作越满意;积极情感分量表得分越高,说明个体在工作中体验到的积极情感越多;消极情感分量表得分越高,说明个体在工作中体验到的消极情感越多。工作满意度和积极情感的得分越高,消极情感的得分越低,说明个体的职业幸福感越高。正式施测时的 α 系数为 0.805,各分量表的 α 系数均在 0.808 以上。

总体幸福感单题量表。GWBS 包含一个题目:"总的来说,您有多幸福?"量表采用 7 点计分,从"非常不幸福"到"非常幸福"分别用数字 1 到 7 表示,得分越高,说明越幸福。该量表用来考察自编职业幸福感量表的效标效度,同时也是对教师职业幸福感量表及其三个维度的补充测量,可以更全面地考察教师职业幸福感的整体水平。

三、数据处理

部分问卷是由研究者利用老师大课间 20 分钟的时间,当面施测当面回收,部分问卷是联系个别老师,由他们在其学校或教学组里施测,最后统一回收。依据以下原则进行问卷筛选:大量空白或有明显作答规律的问卷一律作废。漏答条目超过 5 个以上,或有重要信息缺失的问卷一律作废。测谎题全部为特别肯定的回答,如"我对学生从来没有生气过",如果回答是完全符合,则显然有撒谎的成分。部分描述相反的题目,回答却明显前后矛盾,如"我很享受教课带给我的乐趣"和"我厌倦天天给学生上课",若都选择了完全符合,则说明并未认真作答。用 SPSS 22.0 对筛选后的有效数据进行管理和描述性统计、独立样本 t 检验和单因素方差分析。

第二节 河南省中小学教师职业幸福感的总体特点

一、河南省中小学教师职业幸福感的总体水平与各维度的关系

河南省中小学教师职业幸福感的总体水平以职业幸福感及其三个维度的均分为衡量标准,同时以整体幸福感得分作为补充说明。职业幸福感总分、工作满意度、积极情感和消极情感的最低均分为 1 分,最高均分为 5 分,理论中值为 3 分,职业幸福感总分、工作满意度和积极情感的得分越高说明在工作中越能体验到幸福感,消极情感的得分越高说明工作中的幸福感越低。总体幸福感最低分为 1 分,最高分为 7 分,理论中值为 4 分,得分越高说明总体上越觉得幸福。

表 8-2 河南省中小学教师职业幸福感的总体分数($n=3612$)

维度	M	SD
工作满意度	3.38	0.70
积极情感	3.66	0.73
消极情感	2.81	0.83
总体职业幸福感	3.40	0.59
整体幸福感	4.58	1.16

由表 8-2 中的得分均值可以看出,工作满意度、积极情感、职业幸福感和总体幸福感得分均高于理论中值,消极情感得分低于理论中值,说明河南省中小学教师职业幸福感总体上处于较高水平。

二、河南省中小学教师整体幸福感的频次分布

从图 8-1 河南省中小学教师整体幸福感的频次分布可以看出,非常不幸福(84 人),占比 2.33%;比较不幸福(126 人)和有点不幸福(532 人),总体占比 18.22%;不能确定(1113 人),总体占比 30.81%;而有点幸福(987

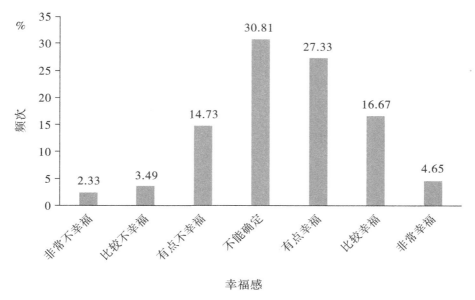

图8-1　河南省中小学教师整体幸福感的频次分布

人)和比较幸福(602人),总体占比44.00%;非常幸福(168人),占比
4.65%。此结果表明,非常不幸福和非常幸福的河南省中小学教师在实际的
职业生活中占比较小。综合职业幸福感和整体幸福感的调查结果,表明河南
省中小学教师的职业幸福感状况整体较为乐观,处于中等偏上的水平。

第三节　河南省中小学教师职业幸福感的人口学特征

一、河南省中小学教师职业幸福感在任教学段的差异

在任教年级学段上的差异分析。为考察河南省中小学教师职业幸福感
在年级学段(小学、初中、高中)上的差异,以职业幸福感及其三个维度为因
变量,以年级学段为自变量进行单因素方差分析。工作满意度、积极情感、
消极情感和职业幸福感在任教学段上存在显著差异。事后多重比较表明,
在工作满意度和积极情感上,初中教师的得分显著高于小学和高中教师的
得分;在消极情感上小学教师的得分显著高于初中和高中教师;在职业幸福

感上,初中教师的得分显著高于小学和高中教师的得分,高中教师的得分显著高于小学教师的得分,如图 8-2 所示。结合均值比较和事后检验,可以明显看出初中教师的职业幸福感水平最高,其次是高中教师,小学教师的职业幸福感水平最低。

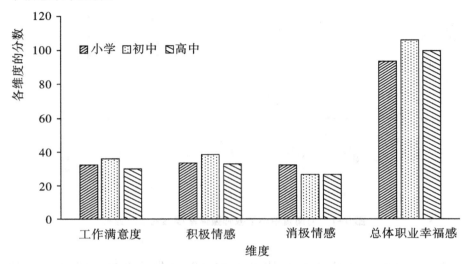

图 8-2　河南省中小学教师职业幸福感在任教学段上的分数

二、河南省中小学教师职业幸福感在学历上的差异

在学历上的差异分析。经单因素方差分析可知,消极情感和职业幸福感在不同层次的学历上存在显著差异,专科及以下学历的教师,其消极情感显著高于本科和硕士及以上学历的教师;拥有本科及以上学历的教师,其职业幸福感要显著高于专科学历的教师,如图 8-3 所示。工作满意度和积极情感在学历上并不存在显著差异。均值比较表明,职业幸福感随着学历层次的提升而呈上升趋势。

三、河南省中小学教师职业幸福感在是否任教毕业班上的差异

以职业幸福感及其三个维度为因变量,以是否任教毕业班为自变量进行独立样本 t 检验,考察职业幸福感在是否任教毕业班上的差异。消极情感和职业幸福感在是否任教毕业班上存在显著差异,任教毕业班的教师在职

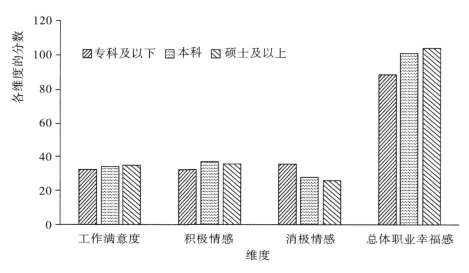

图8-3　河南省中小学教师职业幸福感在学历上的分数

业幸福感上的得分显著高于非任教毕业班的教师,在消极情感上的得分显著低于非任教毕业班的教师。工作满意度和积极情感在是否任教毕业班上不存在显著差异,但由均值比较可以看出,任教毕业班的得分均略高于非任教毕业班,如图8-4所示。

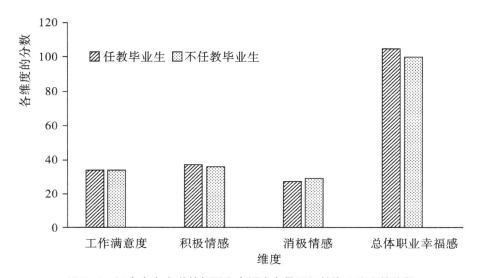

图8-4　河南省中小学教师职业幸福感在是否任教毕业班上的分数

四、河南省中小学教师职业幸福感在职称上的差异

在职称上的差异分析。经单因素方差分析可知,积极情感在不同水平的职称上存在显著差异,拥有中教(小教)一级职称教师的积极情感显著高于拥有中教(小教)二级及以下职称的教师。工作满意度、消极情感和职业幸福感在职称上并不存在显著差异。但通过均值比较可以发现,拥有一级职称的教师,其职业幸福感的整体水平要高于拥有高级和二级及以下职称的教师,而拥有高级职称的教师,其职业幸福感要略高于拥有二级及以下职称的教师,如图8-5所示。

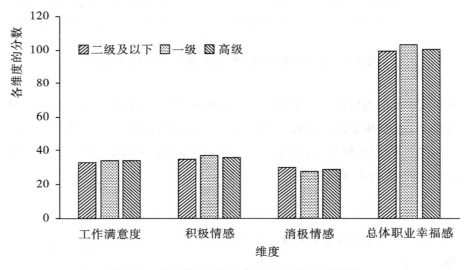

图8-5 中小学教师职业幸福感在职称上的分数

五、河南省中小学教师职业幸福感在课时量上的差异

在课时量上的差异分析。将课时划分为三个水平:10节及以内(占30.1%)、11~15节(占49.3%)、15节以上(占20.6%),并进行重新编码。经单因素方差分析发现,工作满意度在课时的多少上存在显著差异。周课时只有10节以内的教师,在工作满意度上显著高于周课时在15节以上的教师,周课时在11~15节的教师,在工作满意度上显著高于周课时15节以上

的教师,如图 8-6 所示。结合事后检验和均值比较表明,在工作满意度、积极情感和职业幸福感上,随着周课时数量的增加,得分逐渐降低,即课时越少,职业幸福感越高。

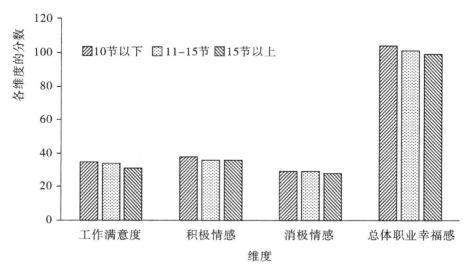

图8-6 河南省中小学教师职业幸福感在课时上的分数

第四节 河南省中小学教师职业幸福感的特征分析

一、河南省中小学教师职业幸福感的总体特点分析

采用自编河南省中小学教师职业幸福感量表和总体幸福感单题量表对河南省中小学教师进行问卷调查,结果显示工作满意度、积极情感和职业幸福感的得分均高于理论中值,消极情感的得分低于理论中值。总体幸福感的得分高于理论中值,其中对幸福感体验一般(不能确定)的占 29.9%,不同程度上能体验到幸福感(有点幸福、比较幸福、非常幸福)的占 54.7%,剩下15.4% 的教师是不同程度上感到不幸福的。结合职业幸福感和总体幸福感的得分可以判断出,本次调查的河南省中小学教师职业幸福感处于中等偏上的水平。

目前对于教师职业幸福感的现状调查存在两种观点:一种是中小学教师职业幸福感处于中等偏上的水平,另一种是中小学教师职业幸福感水平偏低,不容乐观。本书认为,所处的地域不同,经济条件、教育水平、人口特点都会有所不同,因此中小学教师职业幸福感也会存在一定的差异,而且测量工具并不统一,施测的年份也有先有后,所以有关中小学教师职业幸福感现状的结论不一致,也是在所难免的。相比之下,只有地域相同、施测年份接近,测量工具类似,这样的结论才具有可比性。李超在 2014 年采用人脸量表对来自河南省 18 个地级市的中学历史教师进行了问卷调查,结果显示幸福感水平一般的教师占 41.6% ,不同程度有幸福感(比较幸福、非常幸福)的占 35.9% ,不同程度幸福感缺失(不太幸福、非常不幸福)的占 22.5% ,河南省中学历史教师的整体幸福感状况处于中等水平。本书研究的结果与李超的结果较为接近,而且同为河南地区,施测的年份也相差不远,能大致反映河南地区中小学教师的职业幸福感水平,具有一定的参考价值。

二、河南省中小学教师职业幸福感的人口学特点分析

本书研究调查结果显示,河南省中小学教师职业幸福感在是否任教毕业班、年级学段、学历、职称和课时上存在显著差异,在性别、婚姻、是否担任行政职务、年龄和教龄上并没有显著差异。

(一)河南省中小学教师职业幸福感的任教学段差异分析

在任教年级学段上的差异。在以往的研究中,大多数是围绕小学和中学教师,直接针对中小学教师的研究较少,因此本书研究采用统一的测量工具对中小学(小学、初中、高中)教师展开调查,旨在探寻任教不同年级学段的教师,其职业幸福感水平谁高谁低。经分析可知,中小学职业幸福感及其三个维度在年级学段上均存在显著差异。初中教师的职业幸福感水平显著高于小学教师和高中教师,高中教师的职业幸福感水平又显著高于小学教师。在这三个年级学段中,初中教师的职业幸福感最高,小学教师最低。以往研究普遍认为小学教师的职业幸福感要低于中学教师,而在中学阶段,高中教师的职业幸福感要低于初中教师,本书研究与以往研究结论较为一致。首先中小学教师面对的学生群体,在年龄、认知水平、自我约束和管理能力

等多方面都存在非常大的差异,小学教师需要在学生管理、安全等方面更加操心,而中学教师在维持纪律等方面明显比小学教师轻松很多。小学教师虽然没有升学率的压力,但是工作更为机械烦琐、无聊乏味,自我成就感也无法通过成绩和排名来体现,因此职业幸福感较低。高中教师面对的是竞争激烈的高考,为了完成分数、排名、升学率等各项指标,超负荷的工作量和巨大的压力必然导致高中教师职业幸福感的降低。相比小学和高中教师,初中教师既不用面对那么大的升学压力,又不用在学生管理上太过操心,发展的需求和发展的空间也没有高中教师那么高,因此职业幸福感更高。

（二）河南省中小学教师职业幸福感的学历差异分析

在学历上的差异。本书研究发现消极情感和职业幸福感在不同层次的学历上存在显著差异,专科及以下学历的教师,其消极情感显著高于本科和硕士及以上学历的教师,拥有本科学历的教师,其职业幸福感显著高于专科及以下学历的教师。教师的职业幸福感随着学历层次的提高呈逐步上升趋势,而且学历的高低决定了岗位起点的不同和受重视程度的差异,受过高等教育的教师,在学习能力和适应能力上都较有优势,能够应对知识的更新和教育方式的变革,内心的优越感和自我价值感也会略高一些,因而职业幸福感更高。

（三）中小学教师职业幸福感在是否任教毕业班上的差异分析

在是否任教毕业班上的差异。本书研究没有具体考察中小学职业幸福感在各个年级（一年级、二年级等）上的差异,因为有些教师可能同时执教若干个年级,而是将具体的年级变成了考察是否任教毕业班,毕业班的教师可能会面临升学压力,而非任教毕业班的教师则暂时不用担心升学率的问题,因此换种角度考察年级差异也同样具有研究价值。以高中为例,若该教师选择了任教毕业班,则说明在教高三,若选择了非任教毕业班,则说明在教高一或高二。本书研究结果显示,消极情感和职业幸福感在是否任教毕业班上存在显著差异,任教毕业班的教师在职业幸福感上的得分高于非任教毕业班的教师,在消极情感上的得分低于非任教毕业班的教师。乔爽将小学各个年级分成了低年级组、中年级组和高年级组,研究发现职称与年级的交互作用显著,对于高级职称的教师来说,高年级组和低年级组教师的职业幸福感高于中年级组的教师。本书研究的结论与乔爽的结论有较为相似之处。造成任教毕业班比非任教毕业班的教师职业幸福感更高的原因,可以从以下三个方面来解释:第一,学生管理方面。非毕业班的多数学生玩性很大,调皮捣蛋难以管理,而毕业班的多数学生会将更多精力放在学习上,在各方面的自觉性都会有所提高,任教毕业班的教师在学生管理上不用太过操心,因此消极情感也会少很多,幸福感自然高一些;第二,个人成就感方面。毕业班的学生大考小考不断,虽然教师压力很大,但是看到学生成绩的提高,排名的上升,内心更多的是成就感和自豪感;第三,奖金福利方面。完成了既定的升学率指标,毕业班的教师会得到一定的奖金鼓励,还有优于非毕业班教师的福利待遇。因此任教毕业班的教师,其职业幸福感要优于非任教毕业班的教师。

(四)河南省中小学教师职业幸福感的职称差异分析

在职称上的差异。中小学教师实行职称与工资挂钩制度,职称提高一个级别,收入也会相应提升一个水平。考虑到收入的敏感性,在个人信息表中并未出现收入的调查选项,但可以通过职称对职业幸福感的影响,间接反应收入对职业幸福感的影响。因未评级和三级职称的教师特别少,所以将其与二级职称合并为二级及以下。在调查被试中拥有一级职称的教师占了近一半(49.6%),其次是高级职称(29.6%)和二级及以下职称(20.8%)的教师。经调查发现,积极情感在不同级别的职称上存在显著差异,拥有一级职称的教师,其积极情感显著高于拥有二级及以下职称的教师。姜玉明研究发现拥有小学一级职称的教师,其职业幸福感高于二级和高级职称的教师。徐姗姗考察了不同月收入在中学教师职业幸福感上的差异,发现得分呈"两头低,中间高"的趋势,月收入在四千元以上的教师,其职业幸福感反而低于月收入在三千到四千元之间的教师。本书研究与以上两人的研究结论较为一致,职称和收入对职业幸福感的影响趋势较为同步,均呈现"两头低,中间高"的态势。这可能是因为拥有一级职称的教师,在岗位、职务、收入、成就感等方面明显优于二级及以下职称的教师,因此职业幸福感更高。但并不是职称越高就越幸福,高级职称教师的职业幸福感反而没有一级职称的教师高。拥有高级职称的教师虽然比一级职称的教师收入高、地位高,但是工作负担、工作压力和期望值也会随之增加。高级职称的评选名额更少,难度更大,大部分教师都是经过多年的努力才评上高级职称,评上之后反而有所抱怨和懈怠,职业幸福感反而不如从前那么高了。由此可以看出职称和收入并不是越高就一定越幸福,当达到一定高度的时候,其他因素反而对职业幸福感的影响更大。

（五）中小学教师职业幸福感在课时量上的差异分析

在课时上的差异。本书研究考察了职业幸福感在课时上的差异,结果显示工作满意度在课时的多少上存在显著差异。周课时只有10节及以内的教师,其工作满意度显著高于每周教15节以上的教师,周课时在11～15节的教师,在工作满意度上显著高于周课时15节以上的教师。总的来看,随着周课时数量的增加,职业幸福感呈下降趋势,换句话说就是课时越少越幸福。本书研究与以往结论较为一致,于佳萍的研究发现周课时在10节以内的职业幸福感最高,周课时超过20节的职业幸福感最低。因为在现行的工资制度下,教师的工资是与职称挂钩的,而不是由课时量决定的,并不是多劳多得。如果拿着相同的工资,却要教比别人更多的课,自然会造成心理的不平衡,对工作产生不满,从而导致职业幸福感的降低。课时越少,工作负担越轻,工作压力越小,教师有更多的精力去处理工作中的各项事务以及提高职业技能。随着课时量的增加,教师整天忙于教课、备课、批改作业等教学任务,导致疲劳感加剧,倦怠感增强,消极情绪增多,职业幸福感下降。

第九章

河南省中小学教师自我情绪智力与职业幸福感的关系研究

在对中小学教师职业幸福感的访谈内容中、实证研究、人口学特征分析都表明,情绪智力和职业倦怠是影响教师职业幸福感的主要因素。为此,近几年几位研究生的硕士论文在这些方面积累了大量的研究成果。又鉴于情绪智力的整体概念过大、内容太多,而本书研究主要涉及的是教师主观幸福感,故仅使用自我情绪智力作为研究对象。

第一节 中小学教师的情绪智力与职业幸福感

一、情绪智力与职业幸福感的关系

近几十年来,积极心理学领域越来越多的实证研究关注个体的幸福问题。积极心理学一般指积极研究人类的力量和美德的科学领域。很多研究者依据这个视角提出把一些新的个体资源作为个体最优化功能和不同积极结果的重要决定因素。在这些积极个体差异的概念中,情绪智力作为预测变量研究人类某些重要生活标准和人类价值的功能成为很多理论和实证研究的主题。情绪智力指人们有效运用情绪所蕴含的丰富信息以适应性应对生活中压力事件的能力,或个体加工情绪或情绪性信息的能力。人们有效的知觉、表达、理解和调节心理痛苦,能够避免产生心理适应不良,增加更多的积极情绪体验,减少消极情绪体验进而获得更高水平的健康快乐。研究表明情绪智力与更经常地体验积极情感、更高的自尊、更高的生活满意度和幸福感有关。解读他人所表现出的情绪信息能够提升人际关系质量,利用情绪信息进行推理能够提升创造性、领导能力、销售业绩进而获得职业成功,利用加工情绪信息的能力提升生活满意度。个体对自己生活的积极和消极情绪反应所产生的情感体验以及对自己生活满意度的认知评价是主观幸福感的两个主要维度。幸福感的因果系统理论认为生活满意度是积极和消极情感的结果变量,意味着某些重要预测变量与生活满意度的关系可能受到情感体验的调节。相关研究发现情感体验在情绪智力与心理痛苦之间的中介作用,外向性和神经质对生活满意度的预测效应受到积极情感和消极情感的影响。

二、情绪智力对教师职业倦怠和工作满意度的影响

教师是实现教育大计的重要领导者,关于教师情绪智力与其相关因素的实证研究有很多。姚计海(2013)通过调查研究发现,中小学教师的情绪智力与职业倦怠之间存在显著的负相关关系。谢天麟(2013)研究发现,中小学教师情绪智力与职业幸福感之间呈显著正相关。张诗敏(2013)研究表明高情绪智力的个体容易获得幸福感。王朝伟(2015)对中学教师情绪智力、应对方式与工作倦怠的关系进行了研究,表明中学教师情绪智力与工作倦怠中情绪衰竭呈现负相关性。有研究表明教师情绪智力对教师的工作绩效有显著的预测作用。教师的工作绩效随情绪智力水平的增高而有所提升。教师情绪智力通过降低他们的压力反应,进而可以提高他们的工作绩效。教师情绪智力对教师的积极职业心态有着积极的影响。茹学萍的研究中也提到了教师情绪智力对教学效能感起着直接的影响作用。李明军的研究表明,教师情绪智力的高低影响着他们对教师工作的满意度。

综上所述,当前关于中小学教师情绪智力的相关研究中,研究最多的是教师的自我效能感、心理资本、工作倦怠以及工作满意度等方面的研究。针对中小学教师情绪智力与职业幸福感的实证调查近几年才开始出现,得出的结果也不太一样。因此,本书研究以许远理的情绪智力三维结构模型为理论基础,来探究中小学教师自我情绪智力对其职业幸福感的影响。

第二节　河南省中小学教师自我情绪智力量表的编制与测量

一、自我情绪智力的界定和量表条目的编制

（一）自我情绪智力的界定

情绪智力是个体加工情绪信息和解决情绪性问题的能力,而中小学教师自我情绪智力指中小学教师加工自己情绪信息和处理情绪性问题的能力。将中小学教师自我情绪智力理论的操作性定义界定为:中小学教师感知和体验、表达和评价、调节和控制自己积极和消极情绪信息的能力。中小学教师自我情绪智力主要包括以下六种情绪能力。

1. 中小学教师感知和体验自己积极情绪的能力

其操作定义界定为:"中小学教师对引起自己积极情绪的生理状态和对外界积极情绪信息刺激引起的积极情绪、情感、感情的感知和体验的能力"。

2. 中小学教师感知和体验自己消极情绪的能力

其操作定义界定为:"中小学教师对引起自己消极情绪的生理状态和对外界消极情绪信息刺激引起的消极情绪、情感、感情的感知和体验的能力"。

3. 中小学教师表达和评价自己积极情绪的能力

其操作定义界定为:"中小学教师对引起自己积极情绪的生理状态和对外界积极情绪信息刺激引起的积极情绪、情感、感情进行适当地表达和评价的能力"。表达自己的积极情绪、情感、感情包含中小学教师把自己的积极感受通过面部表情、声音、身势、姿态和动作表达出来,通过口头语言和书面语言把自己的积极情感描述出来;评价自己的积极情绪、情感、感情包含对自己积极情感意义的评估、反思和解释情感产生的原因。

4. 中小学教师表达和评价自己消极情绪的能力

其操作定义界定为:"中小学教师对引起自己消极情绪的生理状态和对外界消极情绪信息刺激引起的消极情绪、情感、感情进行适当地表达和评价的能力"。表达自己的消极情绪、情感、感情包含中小学教师把自己的消极感受通过面部表情、声音、身势姿态和动作表达出来,通过口头语言和书面

语言把自己的消极情感描述出来;评价自己的消极情绪、情感、感情包含对自己消极情感意义的评估、反思和解释情感产生的原因。

5. 中小学教师调节和控制自己积极情绪的能力

其操作定义界定为:"中小学教师有意识地对自己内外部积极情绪信息刺激引起的积极情绪、情感、感情,调节和控制在有利于个人需要、他人需要和环境需要的适应范围之内的能力"。主要表现在中小学教师对自己积极情绪的感知、体验、表达和评价施加的影响。

6. 中小学教师调节和控制自己消极情绪的能力

其操作定义界定为:"中小学教师有意识地对自己内外部消极情绪信息刺激引起的消极情绪、情感、感情,调节和控制在有利于个人需要、他人需要和环境需要的适应范围之内的能力"。主要表现在中小学教师对自己消极情绪的感知、体验、表达和评价施加的影响。

(二)量表条目的编制

1. 查阅相关资料

为了编制中小学教师自我情绪智力量表,本书研究查阅了大量关于教师的著作和相关文献。由于编制量表的施测人群为中小学教师,所以必须了解到教师的工作环境、人际关系以及与学生之间的互动状态,这样才能够使量表更加可信。通过搜集文献,从杨晓萍编制的中学教师情绪智力问卷和刘衍玲编制的中小学教师情绪工作问卷中筛选出部分合适的条目,结合中小学教师自我情绪智力的每个因素的操作性定义,整理修订之后使这些条目更加符合教师的工作场景。为了使条目能够贴切地反映中小学教师在工作中的情绪状态,利用互联网信息,搜集汇总可能会引起教师情绪的各种场景,例如学生在课堂上顶撞教师,教师会有什么样的情绪表现;面对领导同事的误解,教师会怎样处理这些局面等。这些素材不仅丰富了量表的内容,也更真实地反映了教师的情绪状态。除此之外,本研究还借鉴了我国学者王才康和许远理编制的关于情绪智力量表的条目,通过对部分条目的修改,使其符合中小学教师的日常工作场景。经过对文献资料的汇总、网络信息的收集以及对已有情绪智力量表条目的修改,共编制了包含120个条目的量表。

2. 心理学专业学生的建议与修改

通过前期资料的搜集与整理,将编制好的120个条目分发给心理学专业的研究生帮忙进行评阅。让他们根据中小学教师自我情绪在智力的各个维度的操作性定义,逐一对现有条目进行比对,并根据自己在中小学学习期间与教师的互动场景以及中小学教师可能会出现的情绪状态对条目进行修改,删除不太适合中小学教师的条目以及对那些文字陈述太长或语意不明的条目进行修正。最终保留了82个条目,一共包括六个维度,每个维度共有13个条目,又参考明尼苏达多项人格测验条目中的测谎题,编制了4个测谎题,一共形成了82个条目。

二、中小学教师自我情绪智力量表的施测

(一)施测对象与统计工具

随机抽取河南省中小学教师为施测对象,共发放问卷400份,回收364份,剔除16份不按要求作答的问卷之后,最终进行录用的问卷为348份。其中小学教师85人(24.43%),初中教师123人(35.35%),高中教师140人(40.22%);男性教师121人(34.77%),女性教师227人(65.23%)。

所有数据采用SPSS20.0和AMOS20.0进行处理。

(二)数据结果分析

1. 量表的项目分析结果

由于量表已经有维度结构假设,且根据每个维度的操作性定义收集和编制的量表条目,因此在已有的维度结构下采用同质性检验来筛选量表的条目。个别题目与总分的相关越高,说明该题目与整体量表的同质性越高。因此采用SPSS20.0计算量表的各个条目与总分之间的相关。4道测谎题目不参与分析,结果显示有7个条目没有达到显著相关的水平,因此将这7个条目删除,分别为3、19、24、27、37、57、68,如表9-1所示。

2. 量表的验证性因素分析

经过同质性检验,将剩下的71个条目进行验证性因素分析考察量表的结构效度。刘云红指出在进行验证性因素分析删减条目的原则主要有:删除因素载荷在该维度上小于0.4的条目;根据修正指数结果,删掉修正指数

较大的条目。除了要考虑因素载荷的大小之外,还要思考题目所代表的意义。通过验证性因素分析,最终形成了包括 25 个条目的正式量表,结果见图 9-2。

表 9-1　项目分析结果

感知和体验自己积极情绪的能力(PSP)		感知和体验自己消极情绪的能力(PSN)		表达和评价自己积极情绪的能力(ESP)		表达和评价自己消极情绪的能力(ESN)		调节和控制自己积极情绪的能力(RSP)		调节和控制自己消极情绪的能力(RSN)	
A1	0.433**	B2	0.358**	C3	0.099	D4	0.338**	E5	0.378**	F6	0.364**
A7	0.429**	B9	0.388**	C9	0.470**	D10	0.476**	E11	0.370**	F12	0.339**
A13	0.526**	B14	0.327**	C15	0.457**	D17	0.410**	E18	0.432**	F19	0.045
A20	0.509**	B21	0.498**	C22	0.559**	D23	0.321**	E24	0.208	F25	0.337**
A26	0.525**	B27	0.099	C28	0.484**	D29	0.439**	E30	0.510**	F31	0.315**
A33	0.468**	B34	0.382**	C35	0.504**	D36	0.388**	E37	0.043	F38	0.427**
A39	0.355**	B40	0.310**	C41	0.508**	D42	0.384**	E43	0.508**	F44	0.382**
A45	0.424**	B46	0.385**	C47	0.497**	D49	0.434**	E50	0.419**	F51	0.316**
A52	0.512**	B53	0.302**	C54	0.475**	D61	0.381**	E56	0.501**	F57	0.057
A58	0.372**	B59	0.384**	C60	0.593**	D67	0.447**	E62	0.370**	F63	0.368**
A64	0.380**	B65	0.336**	C66	0.461**	D73	0.502**	E68	0.067	F69	0.359**
A70	0.511**	B71	0.310**	C72	0.513**	D80	0.480**	E74	0.348**	F75	0.364**
A76	0.447**	B77	0.347**	C78	0.589**	D55	0.497**	E81	0.450**	F82	0.379**

注:* $p<0.05$,** $p<0.01$,PSP=感知和体验自己积极情绪的能力、PSN=感知和体验自己消极情绪的能力、ESP=表达和评价自己积极情绪的能力、ESN=表达和评价自己消极情绪的能力、RSP=调节和控制自己积极情绪的能力、RSN=调节和控制自己消极情绪的能力,下同。

为了进一步检验量表的结构效度,本书研究采用验证性因素分析的方法检测建构模型与收集的数据之间的拟合程度,模型拟合度的指标一般有:近似误差均方根 RMSEA、χ^2/df、拟合优度指标 GFI、比较拟合指数 CFI、增值拟合指标 IFI 等指标。其中 GFI、CFI、IFI 等的拟合指数的值应该大于 0.9 为

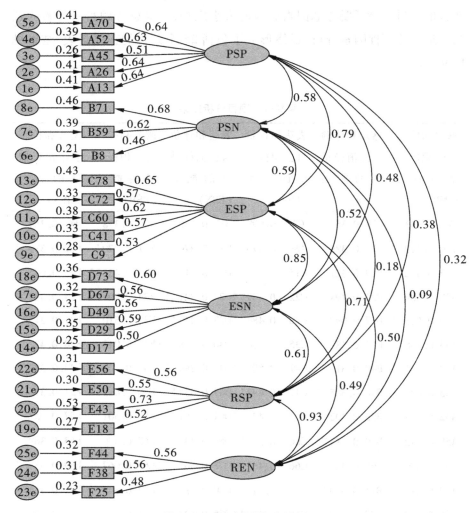

图 9-2　验证性因素分析结果

最好,RMSEA 的值小于 0.05,χ^2/df 的值应小于 3。本书研究中整体量表的拟合指数见表 9-3。

表 9-3　正式量表的拟合指数

χ^2	df	χ^2/df	GFI	CFI	IFI	RMSEA
456.54	260	1.76	0.903	0.906	0.908	0.047

表9-3 的结果显示,各个拟合指数都达到了心理统计学的要求,说明编制的中小学教师自我情绪智力量表具有很好的结构效度。

3. 量表各维度之间的相关分析

通过对总量表和各维度进行相关性分析,结果显示,各维度之间的相关系数大部分都在处于 0.319～0.602,各维度与总量表的相关系数都处于 0.556～0.849,各个维度之间既有相关又各自独立,都达到了显著性水平,符合心理学的测量标准。具体结果见表9-4。

表9-4 量表各维度之间的相关分析

量表	PSP	PSN	ESP	ESN	RSP	RSN
PSP	—					
PSN	0.421**	—				
ESP	0.580**	0.427**	—			
ESN	0.353**	0.352**	0.602**	—		
RSP	0.272**	0.143**	0.491**	0.404**	—	
RSN	0.209*	0.043	0.319**	0.295**	0.538**	—
TS	0.694**	0.556**	0.849**	0.759**	0.690**	0.553**

注:TS=总体自我情绪智力,下同

4. 量表的信度分析

因为教师教学任务比较繁忙,找不到太多的教师进行问卷的作答,所以没有对量表进行重测。在研究中只采用 Cronbach's α 系数和分半信度来检验量表的信度。具体结果见表9-5。

表9-5 量表的 Cronbach's α 系数和分半信度系数

量表	Cronbach's α 系数	分半信度	题项
TS	0.875	0.830	25
PSP	0.750	0.801	5
PSN	0.634	0.654	3
ESP	0.726	0.716	5

续表 9-5

量表	Cronbach's α 系数	分半信度	题项
ESN	0.701	0.687	5
RSP	0.693	0.726	4
RSN	0.645	0.545	3

从表 9-5 可以看出,量表各维度的 Cronbach's 系数都为 $0.634 \sim 0.750$,总量表的克伦巴赫系数达到了 0.875,符合心理学的测量要求。各维度的分半信度都分布为 $0.654 \sim 0.801$,总量表的分半信度为 0.830,说明自编的中小学教师自我情绪智力量表信度较好。

5. 自我情绪智力的问卷结构

该研究在参阅大量相关资料的基础上,结合自身对中小学教师自我情绪智力的理解,借鉴国内学者许远理对情绪智力三维结构理论的建构,构建了中小学教师自我情绪智力的结构模型。在此基础上,编制了关于中小学教师自我情绪智力量表。在编制量表初始条目初期,参阅了国内学者许远理关于情绪智力自陈量表的条目并结合当代中小学教师所处的工作环境,初步搜集和编制了 120 个初始条目。经过专家指导和建议以及研究生同学的修正和删减,最终形成了包括 82 个条目的初始量表。由于本书该研究已经有维度结构假设,在对项目进行区分度筛选之后进行了验证性因子分析。验证性因子分析结果显示模型的各项拟合指数都符合心理学的统计标准,最后得到了包括有 6 个维度,共 25 道题目的正式量表。所以本书该研究建构的中小学教师自我情绪智力量表结构合理且符合心理学要求。

三、小结

其一,自编的中小学教师自我情绪智力量表具有很好的信效度,共有 25 个题项,包含六个维度,采用李克特五点计分法,总分越高说明自我情绪智力水平越高。

其二,通过对中小学教师自我情绪智力量表的结构进行验证性分析,说明了中小学教师自我情绪智力量表包含六个维度的结构是合理的,达到了统计学的要求,可以作为测量工具使用。

第三节　河南省中小学教师自我情绪智力的特征

一、中小学教师情绪智力描述性统计

中小学教师的情绪智力得分为 3.89,高于中值分 3。情绪智力六个维度的得分为 3.67 ~ 4.26,且都高于中等水平。河南省中小学教师情绪智力的总体得分见表9-6。

表9-6　河南省中小学教师情绪智力的总体得分

维度	M	SD
感知与体验积极情绪	4.26	0.58
感知与体验消极情绪	3.70	0.67
表达与评价积极情绪	3.96	0.67
表达与评价消极情绪	3.78	0.64
调节与控制积极情绪	3.80	0.69
调节与控制消极情绪	3.67	0.71
总分	3.89	0.45

二、中小学教师自我情绪智力在人口学变量上的差异分析

为了分别探究不同性别、是否任教毕业班以及婚姻状况不同的中小学教师在自我情绪智力上的差异,该研究采用独立样本 t 检验,结果如表9-7所示,

表9-7　自我情绪智力在性别、是否任教毕业班及婚姻状况上的差异比较($M±SD$)

变量		PSP	PSN	ESP	ESN	RSP	RSN	TS
性别	男	20.88±3.09	11.34±2.15	19.50±3.31	18.81±3.16	15.29±2.80	11.26±2.24	97.06±12.69
	女	21.52±2.79	10.99±1.94	19.96±3.35	18.95±3.23	15.13±2.72	10.89±2.07	97.43±10.46
	t	-1.91	1.51	-1.20	-0.39	0.49	1.51	-0.28

续表9-7

变量		PSP	PSN	ESP	ESN	RSP	RSN	TS
是否	是	21.25±2.96	11.00±2.02	19.74±3.32	18.71±3.21	14.97±2.81	10.91±2.12	96.59±11.19
毕业班	否	21.40±2.80	11.29±2.01	19.95±3.40	19.27±3.18	15.58±2.56	11.20±2.14	98.69±11.25
t		-0.44	-1.21	-0.54	-1.49	-1.93	-1.18	-1.61
是否	是	21.33±3.03	11.07±2.09	20.13±3.26	19.15±3.10	15.32±2.69	10.98±2.20	97.98±11.38
结婚	否	21.23±2.59	11.19±1.84	18.99±3.44	18.26±3.39	14.82±2.84	11.09±1.94	95.57±10.75
t		0.29	-0.50	2.81**	2.29*	1.51	-0.39	1.76

由表9-7可知,中小学教师自我情绪智力及其各维度并不存在性别上的差异,即中小学教师自我情绪智力并不因性别不同而有所差异。是否任教毕业班的中小学教师在自我情绪智力及其维度上均没有显著差异。婚姻状况在表达和评价自己积极情绪能力维度上存在显著差异($t=2.81$, $p<0.01$),已婚教师表达和评价自己积极情绪能力维度上的得分要高于未婚教师表达和评价自己积极情绪能力维度上的得分。婚姻状况在表达和评价自己消极情绪能力维度上存在显著差异($t=2.29$, $p<0.05$),已婚教师表达和评价自己消极情绪能力维度上的得分要高于未婚教师表达和评价自己消极情绪能力维度上的得分。

该研究采用单因素方差分析的方法分别探讨中小学教师自我情绪智力在任教年级和学历上的差异,方差分析结果如表9-8所示。

表9-8　自我情绪智力在任教年级和学历上的差异比较(M±SD)

		PSP	PSN	ESP	ESN	RSP	RSN	TS
任教年级	小学	21.36±3.03	11.58±1.97	20.01±3.55	19.33±3.32	15.75±2.65	11.56±2.04	99.58±11.40
	初中	21.12±2.71	11.08±2.01	19.87±3.35	19.28±2.83	15.44±2.40	10.99±2.07	97.80±10.49
	高中	21.42±3.00	10.85±2.02	19.63±3.22	18.32±3.37	14.61±2.98	10.70±2.18	95.54±11.57
F		0.36	3.29*	0.35	3.82*	5.27**	4.18*	3.46*

续表 9-8

		PSP	PSN	ESP	ESN	RSP	RSN	TS
学历	专科及下	21.12±3.11	11.49±1.82	19.88±3.26	19.36±3.21	15.77±2.56	11.46±1.92	99.07±10.83
	本科	21.28±2.87	10.96±2.08	19.73±3.45	18.66±3.11	14.96±2.78	10.86±2.19	99.20±10.07
	硕士及上	22.67±1.68	10.87±1.96	20.47±2.10	19.67±4.27	14.87±2.85	10.67±2.19	97.31±11.24
	F	1.85	2.34	0.37	2.00	3.00	2.73	1.99

由表 9-8 可知,中小学教师自我情绪智力总分及各维度不存在学历上的显著差异,而中小学教师自我情绪智力总分及部分维度上在任教年级上存在显著差异。此后进行多重比较,结果如表 9-9 所示。

表9-9　对任教年级进行事后多重比较结果

	任教年级	任教年级	p
PSN	小学	初中	0.088
		高中	0.011
	初中	高中	0.374
ESN	小学	初中	0.926
		高中	0.026
	初中	高中	0.017
RSP	小学	初中	0.794
		高中	0.013
	初中	高中	0.045
RSN	小学	初中	0.063
		高中	0.004
	初中	高中	0.281

续表9-9

	任教年级	任教年级	p
	小学	初中	0.272
TS	初中	高中	0.011
		高中	0.111

表9-9结果显示,在感知和体验自己消极情绪能力维度上,小学教师与高中教师之间有着明显的差异性,且小学教师得分高于高中教师。

在表达和评价自己消极情绪能力维度及调节和控制自己积极情绪能力维度上,小学教师的得分显著高于高中教师的得分,初中教师的得分显著高于高中教师的得分。

在自我情绪智力总分及调节和控制自己消极情绪能力维度上,且小学教师的得分显著高于高中教师的得分。

该研究采用单因素方差分析的方法分别探讨中小学教师自我情绪智力在年龄和教龄上的差异,方差分析结果如表9-10所示。

表9-10 自我情绪智力在年龄和教龄的差异比较(M±SD)

变量		PSP	PSN	ESP	ESN	RSP	RSN	TS
	20岁以下	21.09±3.21	9.64±1.63	18.45±3.93	17.55±3.62	14.82±2.96	9.36±1.80	90.91±12.64
	21~30	21.40±2.78	11.40±1.90	19.62±3.52	18.75±3.23	14.97±3.08	11.29±1.97	97.43±11.13
年龄	31~40	21.06±3.18	10.76±2.11	19.78±3.27	18.68±3.31	15.03±2.52	10.65±2.30	95.96±11.04
	41~50	21.48±2.78	11.26±1.85	19.97±3.08	19.52±3.10	15.57±2.06	11.21±1.89	99.00±10.73
	50岁以上	21.59±2.52	11.50±2.35	21.32±2.70	19.95±2.19	16.36±3.05	11.50±2.34	102.23±11.80
	F	0.35	3.34**	1.73	1.84	1.66	3.53**	2.74*
	0~2	21.51±2.54	11.31±1.84	19.56±3.70	18.93±3.20	15.11±3.06	11.11±2.01	97.54±12.08
	3~5	21.59±2.63	11.27±1.95	19.23±3.24	18.27±3.31	14.79±3.10	11.19±1.97	96.33±10.31
教龄	6~10	20.40±3.86	11.17±2.19	19.98±3.92	18.98±3.68	15.25±2.68	11.12±2.39	96.90±14.00
	11~20	21.63±2.49	10.72±2.04	19.81±3.00	18.71±3.04	14.58±2.42	10.61±2.17	96.34±9.07
	21年以上	21.28±2.85	11.19±2.03	20.32±2.92	19.51±2.86	15.86±2.49	11.15±2.06	99.32±10.92
	F	1.94	1.05	0.96	1.29	1.72	0.98	0.86

由表9-10可知,不同教龄的教师在自我情绪智力总分及其各维度上并没有显著差异。不同年龄的教师在感知和体验自己消极情绪能力、调节和控制自己消极情绪能力以及自我情绪智力总分上存在显著差异,此后进行多重比较,结果如表9-11所示。

表9-11 对教师年龄进行事后多重比较结果

	年龄(岁)	年龄(岁)	p
		21~30	0.005
		31~40	0.074
PSN	20岁以下	41~50	0.014
		51岁以上	0.012
		21~30	0.004
		31~40	0.052
RSN	20岁以下	41~50	0.008
		51岁以上	0.006
	21~30	31~40	0.018
		21~30	0.063
		31~40	0.151
TS	20岁以下	41~50	0.028
		51岁以上	0.006
	31~40	51岁以上	0.016

多重比较结果显示,在感知和体验自己消极情绪能力和调节和控制自己消极情绪能力维度上,年龄在20岁以下的教师与其他年龄阶段的教师都存在显著差异,且51岁以上的教师在这两个维度上的得分最高。年龄在21~30岁的教师与31~40岁的教师在调节和控制自己消极情绪能力维度上存在显著差异,且年龄在21~30岁的教师在该维度上的得分较高。在自我情绪智力总分上,年龄在20岁以下的教师与41~50岁、51岁以上的教

存在显著差异,且 51 岁以上的教师在该维度上的得分最高。任教 31~40 岁的教师与 51 岁以上的教师存在显著差异,且 51 岁以上的教师在该维度上的得分较高。

第四节　河南省中小学教师自我情绪智力与职业幸福感的关系

一、中小学教师自我情绪智力与职业幸福感的相关分析

如表 9-12 所示,中小学教师自我情绪智力与职业幸福感呈显著正相关,相关系数为 0.65。自我情绪智力与消极情感呈显著负相关,与工作满意度和积极情感呈显著正相关。

自我情绪智力的六个因素和职业幸福感的三个因素之间,职业幸福感中的消极情感与自我情绪智力的六个因素都呈现负相关,其相关系数为 -0.38~ -0.30,工作满意度和积极情感与自我情绪智力六个因素呈显著正相关,相关系数为 0.28~0.39。

表 9-12　中小学教师自我情绪智力与职业幸福感的相关分析

维度	工作满意度	积极情感	消极情感	职业幸福感
感知与体验积极情绪	0.31***	0.34***	-0.30***	0.42***
感知与体验消极情绪	0.32***	0.35***	-0.30***	0.43***
表达与评价积极情绪	0.33***	0.39***	-0.36***	0.48***
表达与评价消极情绪	0.28***	0.30***	-0.38***	0.44***
调节与控制积极情绪	0.33***	0.37***	-0.36***	0.47***
调节与控制消极情绪	0.33***	0.37***	-0.30***	0.44***
总分	0.46***	0.51***	-0.49***	0.65***

二、中小学教师自我情绪智力与职业幸福感的回归分析

为了进一步验证中小学教师自我情绪智力与职业幸福感中有相关关系的

维度存在何种因果关系,该研究以自我情绪智力的各个因素为自变量,以职业幸福感及其各个因素为因变量,来进行回归分析。结果如表9-13所示。

表9-13 中小学教师职业幸福感对自我情绪智力的回归分析

变量	β	t	R^2	F
工作满意度			0.213	22.152**
PSP	0.188	1.953		
ESP	0.123	3.397**		
RSP	0.131	3.265**		
RSN	0.213	2.152*		
积极情感			0.265	29.412**
PSP	0.184	3.290**		
ESP	0.170	2.792**		
RSP	0.140	2.385**		
RSN	0.233	4.306**		
消极情感			0.245	26.497**
PSP	−0.167	−3.272**		
PSN	−0.143	−2.633**		
ESN	−0.239	−4.523**		
RSP	−0.172	−3.040**		
职业幸福感			0.428	48.741**
PSP	0.225	4.552**		
ESP	0.112	1.887		
ESN	0.192	3.802**		
RSP	0.185	3.556**		
RSN	0.250	5.228**		

为了进一步考察中小学教师自我情绪智力对职业幸福感的预测效应,以自我情绪智力的各个因素为自变量,以职业幸福感及其各个因素为因变

量进行回归分析。

工作满意度对各因素的回归分析。结果发现,以工作满意度为因变量,感知和体验、表达和评价自己消极情绪能力这两个维度未进入方程,进入方程的四个因素共解释了因变量21.3%的方差。通过标准化系数可知,调节和控制自己消极情绪能力对工作满意度的影响最大。建立中小学教师的工作满意度的回归方程如下:

工作满意度=0.188 * 感知和体验自己积极情绪的能力+0.123 * 表达和评价自己消极情绪的能力+0.131 * 调节和控制自己积极情绪的能力+0.213 * 调节和控制自己消极情绪的能力

积极情感对各因素的回归分析。结果发现,以积极情感为因变量,感知和体验、表达和评价自己消极情绪的能力两个因素未进入方程,进入方程的四个因素共解释了因变量26.5%的方差。通过标准化系数可知,调节和控制自己消极情绪的能力对积极情感的影响最大。建立中小学教师的积极情感的回归方程如下:

积极情感=0.184 * 感知和体验自己积极情绪的能力+0.170 * 表达和评价自己积极情绪的能力+0.140 * 调节和控制自己积极情绪的能力+0.233 * 调节和控制自己消极情绪的能力

消极情感对各因素的回归分析。结果发现,以消极情感为因变量,表达和评价自己积极情绪的能力和调节和控制自己消极情绪的能力两个因素未进入方程,进入方程的四个因素共解释了因变量24.5%的方差。建立中小学教师的消极情感的回归方程如下:

消极情感=-0.167 * 感知和体验自己积极情绪的能力 - 0.143 * 感知和体验自己消极情绪的能力 - 0.239 * 表达和评价自己消极情绪的能力 - 0.172 * 调节和控制自己积极情绪的能力

职业幸福感对各因素的回归分析。结果发现,以职业幸福感为因变量,感知和体验自己消极情绪的能力未进入方程,进入方程的五个因素共解释了因变量42.8%的方差。建立中小学教师的职业幸福感的回归方程如下:

职业幸福感=0.225 * 感知和体验自己积极情绪的能力+0.112 * 表达和评价自己积极情绪的能力+0.192 * 表达和评价自己消极情绪的能力+0.185 * 调节和控制自己积极情绪的能力+0.250 * 调节和控制自己消极情绪的能力。

第五节 河南省中小学教师自我情绪智力与
职业幸福感的关系讨论

一、自我情绪智力与教师职业幸福感的关系讨论

本书该研究采用相关分析与回归的方法探究中小学自我情绪智力与职业幸福感的关系。通过分析结果可知,教师的职业幸福感与自我情绪智力之间有着非常显著的正相关关系。

为了进一步探究两者之间究竟怎样相互影响,又进行了回归分析。结果可知,自我情绪智力六个维度中,五个维度都进入了回归方程,且对职业幸福感的预测力为 0.428。这说明教师自我情绪智力中五个维度能够更多地影响教师的职业幸福感。探其原因,可能是由于教师作为一名传道授业解惑者,职业属性要求教师在教育工作中要对自己情绪状态有着很好地的觉察和调适能力。能够很好地处理自己情绪性问题的教师,才会有着较高的自我情绪智力,这样的教师不仅在自己的情绪性问题上能够较好的应对,在与领导同事以及家人朋友相处时也能够表现得很好。

教师整天面对的是学生,与学生关系的好坏,直接关系着自己的教学成绩和教学心态。学生的成长与发展与教师有着千丝万缕的关系,情绪智力高的教师在与学生交流时,能够敏锐地觉察到学生的心理、情绪等各方面的变化以及需求,他们能够采取相应的教学技巧和沟通技能适应学生的这些变化,与学生成为亦师亦友的关系。这种关系打破了传统的僵硬的师生关系,学生在教师面前可以放下顾忌,不再害怕教师,可以大胆地表达自己新的想法和观念。学生身处宽松愉悦的学习氛围,不仅促进了学生的学习,也促进了教师与学生之间的交流。教师在和谐的课堂氛围中也会感到轻松愉快,从教学中能够体验到工作带给自己的幸福。

教师的自我情绪智力的提高也有助于家庭和睦和人际关系的发展。家庭和人际关系都是教师重要的社会支持系统,家人和朋友是教师最坚强的后盾。自我情绪智力高的教师在与家人发生矛盾时,能够及时调整自己的

情绪处理家庭的矛盾,不至于使矛盾扩大化,并且能够向家人表达自己的想法和观点。这样的教师能够很好地处理家庭关系,得到家人的支持与理解,有利于教师在学校心无旁骛地展开教学工作。

教师也应该处理好人际关系,扩大自己的生活圈。朋友是可以相互欣赏和相互感知的,在工作中遇到不开心的事情时,朋友可以成为最好的倾听者。通过这些方式教师可以及时排解工作中产生的不好情绪,有助于职业幸福感的获得。这些都说明了教师自我情绪智力水平对职业幸福感的获得有一定的促进作用,因此,要想提升教师的职业幸福感,除了呼吁教育部门减轻老师们的教学压力、增加津贴外,更需要教师自身提升自我的情绪智力水平,这样教师才能够在更大程度上获得职业幸福感的满足。

二、研究总结与建议

(一)研究总结

其一,自编的中小学教师自我情绪智力量表具有较好的信效度,适合作为测量中小学教师自我情绪智力的工具。其二,中小学教师自我情绪智力整体发展较好,且自我情绪智力及各维度在部分人口学变量上存在显著差异。其三,中小学教师职业幸福感高于平均水平。其四,中小学教师自我情绪智力与职业幸福感总分及工作满意度和积极情感维度呈显著正相关,与消极情感呈显著负相关。其五,中小学教师自我情绪智力能够显著正向影响其职业幸福感。

(二)建议

由于自我情绪智力水平能够正向预测教师的职业幸福感,也即自我情绪智力高的中小学教师比自我情绪智力低的中小学教师能够更多地体验职业幸福感,对其所从事的职业更加认可和满足。因此,在某种程度上,提高教师的自我情绪智力水平,可以相应的提高他们的职业幸福感。鉴于此,本书该研究提出以下几条建议。

其一,由于教师的教学任务重,很容易出现一些不好的情绪,在与学生接触的过程中,产生的各种情感不能够及时地得到缓解,从而降低了教师的自我情绪智力水平。学校应该开设相应的咨询室,针对他们在教学过程出现的各种情绪问题进行咨询。这样可以有效地减缓老师的不良情绪,使他们学会妥善处理自己的各种情绪问题。

其二,许多学生家长认为自己的孩子没有得到很好的发展都是学校教师的责任,这种偏见无形中给学校教师增添了许多压力。由于学生家长对教师缺少相应的了解与沟通,仅仅凭借自己孩子成绩的好坏评价一名教师的优秀与否,这对教师来说是不公平也是不合理的。学校应举办一些见面会,请学生家长共同参加孩子的校园学习过程,熟悉孩子的学习环境,真切体会孩子的校园生活以及教师在整个教学过程中担任的角色。通过彼此的沟通与交流,学生家长能够全力支持教师的教学工作,也使得教师在教学岗位上能够更加的尽心尽力,把自己的所学所能教授给学生。教师在培养学生的同时,也成就了自己。

其三,学校教师之间应该组织一些经验交流会。教师的经验交流可以促进教师之间情感的联络,增加教师之间的情谊。教师由于工作的原因,人际关系方面比较狭窄,通过和其他教师的接触,可以增大教师的交友范围。这样不但在工作可以相互帮助,在生活中也可以相互理解,解决教师之间的人际关系问题。不仅如此,通过交流,教师也能意识到自己在工作中处理欠缺的部分,借鉴其他教师在解决情绪性问题时所使用的有效方法,从而提高自己处理问题的能力。

其四,教师由于职业的限制,在学生面前应表现出更多的积极情感,这也限制了他们消极情感的感知、表达和控制。但是教师并非圣人,都会有自己的脾气,适当地发泄和表达,能够缓解教师压抑的负性情绪,这有益于教师身心的健康发展,提高教师的教学质量。学校管理者也应该加强对教师的工作和生活的关心和鼓励,帮助教师改变生活单调的局面,开设丰富的文艺、娱乐等方面的健康休闲活动,使教师也走出教室,感受生活中不一样的风景。尽量为教师提供更好的工作环境和生活环境,关心教师们的职业发展。这样教师才能够在工作中获得尊重,感受到工作带给自己的幸福。

其五,教师应该保持一个开放的心态,不断地学习。教师应该以包容的心态去学习新的知识,紧跟着时代发展的脚步进行教学活动。教师只有主动了解中小学生在不同成长阶段的心理特点,缩小教师和学生之间存在的鸿沟,才能真正走近学生。只有乐于不断学习的教师,才能拥有开放的心态,体验到为师者的快乐,才能以不同的视角来看待问题,以平和之心看待生活和工作中的不尽人意之处,才会真正适应不断发展的教育环境,享受到教师职业的幸福。

第十章

河南省中小学教师职业倦怠与职业幸福感的关系研究

在该研究对中小学教师职业幸福感的访谈内容中、实证研究、人口学特征分析都表明,职业倦怠和情绪智力是影响教师职业幸福感的主要因素。本章介绍有关中小学教师职业倦怠与幸福感关系的一些研究。

第一节　教师职业倦怠研究回顾

一、教师职业倦怠的含义

（一）职业倦怠的含义

随着人们对职业倦怠的关注,越来越多的研究者开始趋向于从综合的角度去研究职业倦怠,目前在国际上普遍认可且应用最广泛的是 Maslach 和 Jackson 提出的定义,即职业倦怠是指在以人为服务对象的职业领域中,个体的一种情绪衰竭、去个性化和低成就感的心理综合征。情绪衰竭是指个体的情绪和情感过度消耗,处于极度疲惫的状态,工作热情丧失、动力衰退,在工作中感到高度紧张、烦躁易怒。情绪衰竭是职业倦怠的核心部分,属于个体对压力的评估;去个性化是指个体以一种消极、否定、冷漠、麻木的态度对待服务对象或周围同事,在与他人的互动中,倾向于将对方视为无生命、无感情的事物。去个性化也称非人性化或人格解体,属于个体对他人的评估;低成就感是指个体在工作中的胜任感和自我效能感降低,消极评价工作的意义和价值的倾向,属于个体对自我的评估。Maslach 的职业倦怠三维理论模型在该领域的研究中占据主导地位,且已被证明具有跨文化、跨区域的稳定性,该研究也将采用 Maslach 关于职业倦怠的理论构想。

(二)教师职业倦怠

教育行业也是一种典型的以人为服务对象的行业,随着教育改革浪潮的推进,家长对孩子教育的重视,教师工作压力逐渐增大,教师的职业倦怠问题也日益突显。本书该研究结合国内外学者的众多观点,在 Maslach 三维理论背景下确定教师职业倦怠的定义为:教师职业倦怠是职业倦怠在教育行业的具体体现,是教师在长期教育教学工作压力下,在工作中持续的疲劳以及在与他人相处时产生各种矛盾和冲突而导致的情绪、态度和行为的衰竭状态。教师职业倦怠同样包含情绪衰竭、去个性化和低成就感,情绪衰竭,是指教师的情绪情感处于极度疲劳的状态,工作热情丧失,情绪紧张、烦躁易怒、精疲力竭,情绪资源过度消耗;去个性化,是指教师以一种消极、否定、冷漠、麻木的态度对待学生或同事,通常表现为尽可能疏远学生,将学生视为没有感情的事物,经常对学生发火等;低成就感,是指教师在工作中成就感的降低,对自己消极评价的增强,有较强的挫败感,不愿再付出努力,认为工作没有价值和意义等。

二、教师职业倦怠的理论模型

国外学者在职业倦怠的理论研究上取得了丰硕的研究成果,形成了一些较成熟的理论和模型,比较经典的有以下五种:习得性无助理论、工作匹配理论、资源保存理论、社会胜任模型和付出—回报失衡模型。

(一)习得性无助理论

该理论是由美国心理学家 Seligman(1967)在研究动物时提出的。习得性无助是指人或动物接连不断地受到挫折,便会感到自己对于一切都无能为力,丧失信心,陷入一种无助的心理状态。

在现实生活中,那些长期经历失败的儿童,久病缠身的患者,无依无靠的老人。他们身上常常会出现"习得性无助"的特征:当一个人发现无论他如何努力,无论他干什么,都以失败而告终时,他就会觉得自己控制不了整个局面,于是,他的精神支柱就会瓦解,斗志也随之丧失。最终就会放弃所有努力,真的陷入绝望。因"习得性无助"而产生的绝望、抑郁和意志消沉,是许多心理和行为问题产生的根源,而且不在少数。如果教师在工作中不管多努力却只能收获低成就感时,便会心灰意冷、放弃努力,以消极的心态对待工作,教师的习得性无助便由此产生。习得性无助容易引发职业倦怠。

(二)工作匹配理论

该理论是由 Maslach 和 Leiter(1997)提出的,他们认为职业倦怠是由于个体和工作不匹配导致的。职业倦怠因工作而起,直接影响工作准备状态,然后又反作用于工作,导致工作状态恶化,职业倦怠进一步加深。它是一种恶性循环的、对工作具有极强破坏力的因素。因此,如何有效地消除职业倦怠,对于稳定员工队伍、提高工作绩效有着重要的意义。

员工与工作在以下六方面越不匹配,就越容易出现职业倦怠。工作负荷:如工作过量;控制:控制中的不匹配与职业倦怠中的无力感有关,通常表明个体对工作中所需的资源没有足够的控制,或者指个体对使用他们认为最有效工作方式上没有足够的权威;报酬:可以指经济报酬,更多的指生活报酬;社交:比如员工和周围的同事没有积极地联系(有可能由于工作把个体隔离或者缺乏社会联系,但同时工作中与他人的冲突影响严重);公平:由工作量或报酬的不公平所引起,评价和升迁的不公平容易带来情感衰竭;价值观冲突:员工和周围的同事或上司价值观不一致。

工作不匹配理论提倡对职业倦怠的干预训练项目,应该放在对工作不匹配的转变上。这就不仅需要对员工个体进行训练,更强调在管理上的训练。管理上的训练,是指改变上述六个工作不匹配中的一个或多个,这就非常需要组织的配合。只有员工个体和组织干预双管齐下,才可能收到满意的效果。

(三)资源保存理论

资源保存理论(conservation of resources,COR)认为个体在所持资源受损失或资源投入和回报失衡情况下会产生倦怠。资源保存理论是关于倦怠过程的重要理论,最初由 Hobfoil(1988)提出,从工作要求和资源的角度对职业倦怠加以解释是该理论的突出特征。工作要求与工作资源作为倦怠的两个潜在心理过程,分别与倦怠的不同维度存在高相关,工作要求过高及工作资源缺乏容易导致倦怠。工作要求主要包括角色模糊、角色冲突、压力事件、过重的工作负担和紧张的工作气氛等;工作资源则包括时间、精力、能力、机会等。与工作要求相关的因素是造成情感耗竭和去个性化。

(四)胜任力模型

胜任力模型,是企业管理方法。在一个组织中,不同岗位的职务所要求员工具备的胜任力内容和水平是不同的;在不同组织和不同行业中,相同的或类似的工作岗位上,员工的胜任力特征也不尽相同。因此,我们把担任某一个特定的任务角色所必须具备的胜任力总和称为胜任力模型(competency model)。

胜任力模型是指能和参照效标(优秀的绩效或合格绩效)有因果关系的个体的深层次特征。这一概念包括三个方面的含义:深层次特征、因果关系和效标参考。深层次特征是指个体潜在的特征能保持相当长一段时间,并能预示个体在不同情况和工作任务中的行为或思考方式,其基本层面为深层的动机、特质、自我形象、态度或价值观,浅层的知识和技能。因果关系指胜任力能引起或预测行为或绩效,一般说来,动机、特质、自我概念和社会角色等胜任力能够预测行为反应方式,而行为反应方式又会影响工作绩效,可表述为意图—行为—结果。效标参考是指胜任力能够按照某一标准,预测效标群体的工作优劣,效标参考是胜任力定义中一个非常关键的内容。一种胜任力如果不能预测有意义的差异,与参考的效标没有明显的因果关系,则不能称之为胜任力。

Harrison(1983)指出,职业倦怠与自我工作胜任感有关。如果个人体验到较强的工作胜任感,那么往往会提高其助人动机;反之,若未能达到预期的助人目标,则可能产生工作倦怠感,降低助人动机。该理论模式的突出优点在于提出了社会胜任能力在工作倦怠中的作用与意义。

(五)付出—回报失衡模型

Siegrist(1986)从社会交换理论的角度提出了工作倦怠的“付出—回报失衡模型”。他指出,当“投入”超过“产出”时,往往容易产生工作倦怠。该模型认为工作中付出和回报的失衡容易导致员工的身心健康问题,并提出了三种理论假设。该模型的测评量表可测出个体是否处于付出—回报的失衡状态,是否有超负荷的工作表现。近年来,该模型在国外工作倦怠研究中已得到较广泛运用,充分表明了其较强的解释合理性。Brissie 等也发现,教师的个人回报感越强,工作倦怠水平越低。

从具体的实证研究来看,Bakker 和 Killmer 等研究发现付出—回报不平衡的个体其情感衰竭程度显著增高,与非个性化、低工作满意度正相关,付出回报不平衡和过度承诺对情感衰竭、低成就感的交互作用显著。付出回报不平衡的所有维度得分都可以预测情绪耗竭。国内研究者在这方面也得出相似的结论。有人研究显示,工作付出增加,情绪耗竭得分也增加,工作付出、过度承诺均与情感耗竭得分呈正向,即加重情感耗竭程度;增加工作回报可降低去人性化得分,而过度承诺可增加去人性化得分。李歆瑶以中学教师为研究对象,证实付出—回报不平衡与情感衰竭显著相关。付出—回报不平衡和职业倦怠情感衰竭成分有较为密切的关系。

三、教师职业倦怠的研究现状

(一)教师职业倦怠的现状调查

国内在教师职业倦怠方面的研究,与国外相比起步较晚,但在短短十几年里,也取得了不少研究成果。教师职业倦怠研究的对象范围越来越广泛,涉及中小学教师、高校教师、幼儿教师、中高职教师等,而且人群越来越细化,如具体到某些学科(英语、体育等)的教师、特岗教师、农村教师、青年教师等。但我国教师职业倦怠在取样范围上多以区域性调查研究为主,因此教师职业倦怠的现状也略有差异。符源才对广西中小学教师进行问卷调查,发现中小学教师职业倦怠程度不高,三个维度以及职业倦怠总分均处于低等水平。吕邹沁对湖南省 1901 名中小学教师进行抽样调查,发现情绪衰竭、成就感低落以及职业倦怠总分略高于理论中值,人格解体维度则低于理论中值。总体来看,不同地区的教师职业倦怠差异程度并不是特别严重,但在不同维度的得分上存在一定的差异。

(二)教师职业倦怠的产生根源

国内外学者对教师产生职业倦怠的根源进行了探索和研究,总的来说可以概括为三个方面,即社会因素、组织因素和个人因素。社会因素:随着社会、家长对教育重视程度的不断加强,教师肩上的责任也越来越重,工作压力与日俱增。当社会对教师过高的期望与教师个人的社会地位和经济基础之间出现矛盾,当教师对工作的付出与回报长期不平衡,教师的工作积极性将受到打压,从而产生职业倦怠;组织因素:教师长期在学校里工作,必然会受到工作环境、学校政策、领导管理等的影响。研究表明,工作负担、工资待遇、角色冲突、角色模糊、组织公平、组织支持、自由程度与自主权等因素,都与教师职业倦怠的产生有着紧密的联系。随着互联网的飞速发展,学生问题日益严重,学生越来越难管理,无形中增加了教师的倦怠情绪;个人因素:不同特质的教师个体在面对相同的工作环境时,产生的职业倦怠水平也会存在一定的差异。除了性别、年龄、教龄、婚姻、学历等人口学变量会对职业倦怠产生不同程度的影响外,个体的人格特质、自尊水平、自我效能感等因素,也与教师职业倦怠息息相关。

（三）教师职业倦怠的关系研究

在教师职业倦怠相关变量的关系研究中,可以分成两大类:一类是教师职业倦怠前因变量研究,一类是结果变量研究。

教师职业倦怠前因变量研究,是将职业倦怠作为结果变量,探索影响职业倦怠的各种因素及其作用机制,前因变量的研究成果更为丰富,研究较多的有以下几个方面:①人口学变量。学者们普遍认为性别、年龄、学历等人口学变量对职业倦怠有不同程度的影响,但尚未形成统一的结论,在不同的研究中还是会存在差异。②工作/职业压力。国内外学者一致认为长期处于高强度的工作压力下,容易产生职业倦怠的现象。③社会支持。研究证实社会支持的不断提高,有助于缓解职业倦怠的现象。闫芳芳研究指出职业压力、社会支持与职业倦怠两两之间存在显著相关,职业压力和社会支持的不同维度对职业倦怠具有一定的预测作用。

教师职业倦怠结果变量的研究相对来说较少,主要集中在心理健康、离职倾向等方面,探讨职业倦怠对这些变量的影响。郑银佳等人研究得出职业倦怠与心理健康（SCL-90 量表得分越高,说明心理健康水平越低）呈显著正相关,职业倦怠对心理健康有极其显著的正向预测作用。张倩雯发现职业倦怠与离职倾向呈显著正相关,职业倦怠对离职倾向有正向的预测作用,能解释 56.2% 的变异量。

（四）教师职业倦怠的负面影响

教师职业倦怠不仅会阻碍个人的身心健康和职业发展,还会对学生、学校和社会带来负面影响。其影响可以归纳为以下三方面。

1. 对个人的影响

长期的职业倦怠势必会对个人的生理、心理和行为产生负面影响。生理上表现为极度疲惫、头晕头痛、失眠多梦等症状；心理上表现为情绪紧张、烦躁易怒、失落无助；行为上表现出自我孤立，对他人态度冷漠，冲突增多，与学生、同事、家人的人际关系逐渐恶化。

2. 对教学的影响

教师产生职业倦怠后会对工作失去热情，课堂教学敷衍了事，教学质量大打折扣。教师对学生缺少耐心和关心，多少都会对学生的学习动机和成绩产生潜移默化的影响，严重时还会造成心灵的伤害。

3. 对社会的影响

职业倦怠会使教师与学校、同事、家长、学生之间的关系逐渐恶化，造成负面的社会影响。

教育的发展离不开优秀的教师队伍，但职业倦怠会造成人才的流失，教师无法尽到合格教师应尽的职责，会对社会造成不利的影响。

四、教师职业倦怠与职业幸福感

有关职业幸福感与职业倦怠的关系研究较少，且多为理论层面的探讨。已有研究也多集中在高校和幼儿教师上，很少针对中小学教师。因为在该研究中教师职业幸福感量表是基于主观幸福感的三维结构编制而成，所以主观幸福感及其各维度与职业倦怠的关系也能间接反映出职业幸福感与职业倦怠的关系。

(一)职业幸福感与职业倦怠的关系研究

职业幸福感与职业倦怠是两种截然相反的心理体验，普遍认为缓解职业倦怠有助于提升职业幸福感，而提升职业幸福感同样也有助于缓解职业倦怠。林贵东、陈丽霞调查发现高校教师的职业倦怠与职业幸福感呈显著负相关，且相关性较强。

(二)主观幸福感与职业倦怠的关系研究

主观幸福感与职业倦怠的关系研究较多一些，中小学、高校、幼儿教师等均有涉及。方雄对城市中小学教师进行研究发现,中小学教师职业倦怠与主观幸福感呈显著负相关,且对主观幸福感有负向预测作用。宋志斌研究发现职业倦怠中的情绪衰竭和低成就感维度,对中学教师幸福感的联合预测量达到了44.9%。两者之间的关系研究,多是以职业倦怠作为预测变量,探讨职业倦怠对主观幸福感的影响,而王楠在其研究中,将主观幸福感作为预测变量,研究了主观幸福感对职业倦怠的预测作用,结果表明主观幸福感的三个维度能联合解释职业倦怠17.8%的方差。由以往研究的结论可知,主观幸福感与职业倦怠呈显著负相关,两者之间能相互负向预测。

(三)工作满意度与职业倦怠的关系研究

在该研究中工作满意度是从属于职业幸福感的认知维度,因此研究工作满意度与职业倦怠的关系,有助于深入了解职业幸福感与职业倦怠的关系。已有研究表明职业倦怠和工作满意度相互影响,职业倦怠是低工作满意度的结果,同时也可以是低工作满意度的原因。谢文超的研究发现中职教师的工作满意度及其各维度与职业倦怠及其各维度之间存在显著的负相关,工作满意度对职业倦怠具有一定的负向预测作用。张建人等人对1821名中小学教师展开大规模调查,同样得出了与以往研究一致的结论。姚正丽以职业倦怠各维度为预测变量,经回归分析发现,职业倦怠对工作满意度具有一定的预测作用,能解释其46.1%的变异量。由此也证实了工作满意度和职业倦怠能够相互负向预测。

(四)积极情绪与职业倦怠的关系研究

在本书该研究中积极情绪和消极情绪属于职业幸福感的情绪情感维度,目前针对积极情绪与职业倦怠关系的研究非常少,与消极情绪关系的研究几乎没有。丁亚坤的研究发现乡村小学教师的积极情绪与职业倦怠呈显著负相关,积极情绪在一定程度上能够改善并减轻职业倦怠现象。

教育行业作为一种典型的服务行业,服务于广大学生的教师群体随着工作压力的增大,更容易产生职业倦怠。而职业倦怠的产生往往伴随着较多的负面评价和消极情绪,很有可能会影响教师在工作中的幸福体验。因此该研究将针对河南省的中小学教师展开调查,旨在了解该地区中小学教师职业幸福感和职业倦怠的现状以及人口学特点,并探寻教师职业幸福感与职业倦怠的关系,以期待为中小学教师职业幸福感的提升,提供一定的理论依据和实证支持。

第二节　河南省中小学教师职业倦怠的特征

本书研究目的主要是考察河南省中小学教师职业倦怠的总体现状、人口学变量上的差异以及与职业幸福感的关系。研究被试来自河南省 15 所有代表性的中小学(小学、初中、高中各 5 所)。个人基本信息包括被试的性别、年龄、学历、是否任教毕业班、是否担任行政职务等在内的共计 10 项人口学变量。

采用教师职业倦怠量表(MBI-ES 中文版)。MBI-ES 是 Maslach 单独为测量教师职业倦怠状况而编制的,具有较强的针对性。该量表在世界范围内得到了广泛的认可,具有良好的信效度以及跨区域和跨文化的稳定性。MBI-ES 共 22 道题,包含三个维度:情绪衰竭(1、2、3、6、8、13、14、16、20,共 9 题)、去个性化(5、10、11、15、22,共 5 题)和低成就感(4、7、9、12、17、18、19、21,共 8 题)。在本书该研究中采用 5 点计分,从"非常不符合"到"非常符合"分别用数字 1 到 5 表示,其中低成就感维度的 8 道题为反向计分。各维度得分和职业倦怠总分越高,说明职业倦怠程度越严重。该量表在该研究中的 α 系数为 0.895。

随机抽取教师进行施测,发放问卷共计 450 份,收回 407 份,按照筛选标准剔除无效问卷 52 份,最终得到有效问卷为 355 份。被试的人口学特征见表 10-1。

表 10-1　被试的人口学特征(M±SD)

年级	男	女	年龄(男)	年龄(女)
小学	9	65	36.33±5.07	34.74±5.84
初中	53	58	40.51±6.84	39.64±5.98
高中	87	83	43.03±9.48	38.92±9.20
总计	149	206	41.73±8.56	37.80±7.67

该研究主要从以下三个方面的调查结果进行考察,包括中小学教师职业幸福感的调查结果(总体状况和人口学特点)、中小学教师职业倦怠的调查结果(总体状况和人口学特点)以及中小学教师职业幸福感与职业倦怠关系研究结果(相关分析和回归分析)。

一、中小学教师职业倦怠的总体状况

中小学教师职业倦怠的总体水平以职业倦怠总分及其三个维度的均分为测量标准。情绪衰竭、去个性化、低成就感和职业倦怠总分的最低分为1分,最高分为5分,理论中值为3分,3分以下说明职业倦怠的程度低,3~4分说明有中度的职业倦怠,4分以上说明职业倦怠的程度高。职业倦怠及其三个维度的得分情况见表10-2。

表10-2 中小学教师职业倦怠得分情况

维度	M	SD
情绪衰竭	3.04	0.82
去个性化	2.44	0.74
低成就感	2.33	0.67
职业倦怠	2.65	0.64

由表10-2得分可知,除了情绪衰竭的均分刚好介于理论中值的范围内,去个性化、低成就感和职业倦怠均低于理论中值,说明河南省中小学教师的职业倦怠总体水平较低,整体较为乐观。

二、中小学教师职业倦怠在是否任教毕业班上的差异

以职业倦怠及其三个维度为因变量,以是否任教毕业班为自变量进行独立样本 t 检验,结果如表10-3所示。去个性化($t=-2.29,p<0.05$)在是否任教毕业班上存在显著差异,任教毕业班的得分显著低于非任教毕业班。情绪衰竭、低成就感和职业倦怠在是否任教毕业班上不存在显著差异,但由均值比较可以看出,任教毕业班的得分均低于非任教毕业班。总体来看,任教毕业班的教师,其职业倦怠水平要低于非任教毕业班的教师。

表 10-3   教师职业倦怠在是否任教毕业班上的差异(M±SD)

维度	任教毕业班	非任教毕业班	t
情绪衰竭	26.54±6.88	27.71±7.58	−1.35
去个性化	11.47±3.75	12.46±3.62	−2.29*
低成就感	18.19±5.83	18.84±5.13	−0.98
职业倦怠	56.20±14.21	59.02±13.81	−1.71

三、中小学教师职业倦怠在年级学段上的差异

为考察中小学教师职业倦怠在年级学段(小学、初中、高中)上的差异,以职业倦怠及其三个维度为因变量,以年级学段为自变量进行单因素方差分析,结果如表 10-4 所示。情绪衰竭[$F_{(2,352)}=10.38$, $p<0.001$]、去个性化($F_{(2,352)}=15.30$, $p<0.001$)、低成就感[$F_{(2,352)}=15.16$, $p<0.001$]和职业倦怠($F_{(2,352)}=17.88$, $p<0.001$)在年级学段上均存在显著差异。经事后多重比较发现,在情绪衰竭上,小学教师的得分显著高于初中教师和高中教师;在去个性上,小学教师的得分显著高于初中教师,高中教师的得分也显著高于初中教师;在低成就感和职业倦怠上,小学教师的得分显著高于初中教师和高中教师,高中教师的得分又显著高于初中教师。结合事后检验和均值比较,可以明显看出小学教师的职业倦怠程度高于高中教师,高中教师又高于初中教师,三个年级学段当中,小学教师的职业倦怠程度最高,初中教师的职业倦怠程度最低。

表 10-4   教师职业倦怠在年级学段上的差异(M±SD)

维度	小学	初中	高中	F	事后比较
情绪衰竭	30.49±8.12	25.58±6.32	27.22±7.34	10.38***	1>2,1>3
去个性化	13.58±4.17	10.77±2.98	12.51±3.57	15.30***	1>2,3>2
低成就感	21.11±5.58	16.87±4.23	18.76±5.46	15.16***	1>2,1>3,3>2
职业倦怠	65.18±15.52	53.23±11.39	58.49±13.50	17.88***	1>2,1>3,3>2

注:1=小学,2=初中,3=高中

四、中小学教师职业倦怠在学历上的差异

经单因素方差分析可知,情绪衰竭$[F_{(2,352)}=3.71,p<0.05]$和职业倦怠$[F_{(2,352)}=4.13,p<0.05]$在不同层次的学历上存在显著差异,专科及以下学历的得分显著高于本科和硕士及以上。去个性化和低成就感在不同层次的学历上并没有显著差异。结合事后检验和均值比较可以看出,专科及以下学历的得分高于本科,本科学历的得分高于硕士及以上。总体来说,教师职业倦怠程度随着学历的提升而降低,专科及以下学历的职业倦怠程度最高,硕士及以上学历的职业倦怠程度最低,见表10-5。

表10-5 教师职业倦怠在学历上的差异(M±SD)

维度	专科及以下	本科	硕士及以上	F	事后比较
情绪衰竭	32.77±6.76	27.21±7.39	26.13±6.06	3.71*	1>2,1>3
去个性化	14.38±3.91	12.10±3.65	12.25±3.62	2.43	——
低成就感	21.77±6.77	18.57±5.26	17.25±4.89	2.55	——
职业倦怠	68.92±15.12	57.88±13.85	55.63±10.70	4.13*	1>2,1>3

注:1=专科及以下,2=本科,3=硕士及以上

五、中小学教师职业倦怠在职称上的差异

经单因素方差分析可知,去个性化$[F_{(2,352)}=3.91,p<0.05]$在不同水平的职称上存在显著差异,拥有二级及以下职称的教师,在去个性化上的得分显著高于拥有一级和高级职称的教师。情绪衰竭、低成就感和职业倦怠在不同水平的职称上并没有显著差异。从均值比较上可以大致看出,二级及以下职称的教师职业倦怠程度最高,其次是高级职称的教师,一级职称的教师职业倦怠程度最低,见表10-6。

表 10-6   教师职业倦怠在职称上的差异(M±SD)

维度	二级及以下	一级	高级	F	事后比较
情绪衰竭	28.00±6.92	27.05±7.48	27.52±7.63	0.46	——
去个性化	13.24±3.45	11.91±3.66	11.90±3.75	3.91*	1>2,1>3
低成就感	19.46±4.58	18.11±4.85	19.03±6.44	2.03	——
职业倦怠	60.70±12.83	57.07±13.49	58.46±15.33	1.79	——

注:1=二级及以下,2=一级,3=高级

六、职业倦怠各维度之间的相关分析和信度分析

对数据进行相关分析发现,情绪衰竭($r=0.881, p<0.01$)、去个性化($r=0.887, p<0.01$)和低成就感($r=0.784, p<0.01$)分别与职业倦怠总分达到了显著的正相关;情绪衰竭、去个性化和低成就感两两之间也达到了显著的正相关($r=0.432\sim0.704, p<0.01$),见表 10-7。进一步验证了教师职业倦怠量表(MBI-ES)具有较好的效度。

表 10-7   教师职业倦怠各维度之间的相关分析和信度分析

维度	情绪衰竭	去个性化	低成就感	职业倦怠
情绪衰竭	α=0.844			
去个性化	0.704**	α=0.696		
低成就感	0.432**	0.654**	α=0.791	
职业倦怠	0.881**	0.887**	0.784**	α=0.895

对正式施测的教师职业倦怠量表(MBI-ES)进行信度分析,结果发现情绪衰竭分量表、去个性化分量表和低成就感分量表的 α 系数分别为:0.844、0.696、0.791,职业倦怠总量表的 α 系数达到了 0.895,见表 10-7。进一步验证了教师职业倦怠量表(MBI-ES)具有良好的信度。

第三节　河南省中小学教师职业幸福感与职业倦怠的关系

一、教师职业幸福感与职业倦怠的相关分析

对教师职业幸福感和职业倦怠各维度得分进行相关分析发现(见表10-8):

(1)情绪衰竭与工作满意度($r = -0.296, p < 0.01$)、积极情感($r = -0.398, p < 0.01$)和职业幸福感($r = -0.664, p < 0.01$)分别呈显著负相关,与消极情感($r = 0.823, p < 0.01$)呈显著正相关。

(2)去个性化与工作满意度($r = -0.440, p < 0.01$)、积极情感($r = -0.571, p < 0.01$)和职业幸福感($r = -0.729, p < 0.01$)分别呈显著负相关,与消极情感($r = 0.696, p < 0.01$)呈显著正相关。

(3)低成就感与工作满意度($r = -0.569, p < 0.01$)、积极情感($r = -0.748, p < 0.01$)和职业幸福感($r = -0.769, p < 0.01$)分别呈显著负相关,与消极情感($r = 0.522, p < 0.01$)呈显著正相关。

(4)职业倦怠与工作满意度($r = -0.490, p < 0.01$)、积极情感($r = -0.648, p < 0.01$)和职业幸福感($r = -0.838, p < 0.01$)分别呈显著负相关,与消极情感($r = 0.819, p < 0.01$)呈显著正相关。

表10-8　教师职业幸福感与职业倦怠的相关分析

维度	工作满意度	积极情感	消极情感	职业幸福感
情绪衰竭	-0.296**	-0.398**	0.823**	-0.664**
去个性化	-0.440**	-0.571**	0.696**	-0.729**
低成就感	-0.569**	-0.748**	0.522**	-0.769**
职业倦怠	-0.490**	-0.648**	0.819**	-0.838**

二、教师职业幸福感与职业倦怠的回归分析

通过相关分析可知,教师职业幸福感与职业倦怠之间存在显著的负相

关,但为了进一步验证两者之间的因果关系和预测效应,以职业倦怠的三个维度为自变量,以职业幸福感及其三个维度为因变量,采用逐步多元回归分析法,探讨教师职业倦怠各维度对职业幸福感总分及其三个维度的预测作用。

(一)多重共线性诊断

该研究主要采用 TOL(容忍度)和 VIF(方差膨胀因子)对回归方程进行多重共线性检验。如果 TOL 小于 0.1,VIF 大于 10,说明自变量间可能存在共线性问题。纵观以下回归分析中的检验指标,$TOL = 0.354 \sim 0.572 > 0.1$,$VIF = 1.748 \sim 2.829 < 10$,说明自变量间存在多重共线性问题的可能性非常小。

(二)工作满意度对职业倦怠各维度的回归分析

根据对方程总变异的贡献大小,低成就感、去个性化依次进入方程,对工作满意度有显著影响$[F_{(2,352)} = 87.165, p < 0.001]$,联合解释变异量的 33.1%。标准化系数分析显示,低成就感对工作满意度的影响最大,其次是去个性化。见表 10-9。建立中小学教师工作满意度标准化回归方程如下:

$$工作满意度 = -0.491 \times 低成就感 -0.118 \times 去个性化$$

表 10-9　工作满意度对职业倦怠各维度的回归分析

预测变量	β	t	TOL	VIF	R^2	$\triangle R^2$	F
低成就感	-0.491	-8.522***	0.572	1.748	0.323	0.323	87.165***
去个性化	-0.118	-2.053*	0.572	1.748	0.331	0.008	

(三)积极情感对职业倦怠各维度的回归分析

根据对方程总变异的贡献大小,低成就感、去个性化依次进入方程,对积极情感有显著影响$[F_{(2,352)} = 235.009, p < 0.001]$,联合解释变异量的 57.2%。标准化系数分析显示,低成就感对积极情感的影响最大,其次是去个性化,见表 10-10。建立中小学教师积极情感标准化回归方程如下:

$$积极情感 = -0.655 \times 低成就感 -0.143 \times 去个性化$$

表 10-10　积极情感对职业倦怠各维度的回归分析

预测变量	β	t	TOL	VIF	R^2	$\triangle R^2$	F
低成就感	-0.655	-14.204***	0.572	1.748	0.560	0.560	235.009***
去个性化	-0.143	-3.097**	0.572	1.748	0.572	0.012	

(四)消极情感对职业倦怠各维度的回归分析

根据对方程总变异贡献的大小,情绪衰竭、低成就感、去个性化依次进入方程,对消极情感有显著影响[$F_{(3,351)} = 296.708, p < 0.001$],联合解释变异量的71.7%。标准化系数分析显示,情绪衰竭对消极情感的影响最大,其次是低成就感,最后是去个性化,见表10-11。建立中小学教师消极情感标准化回归方程如下:

消极情感 $= 0.669 \times$ 情绪衰竭 $+ 0.150 \times$ 低成就感 $+ 0.127 \times$ 去个性化

表 10-11　消极情感对职业倦怠各维度的回归分析

预测变量	β	t	TOL	VIF	R^2	$\triangle R^2$	F
情绪衰竭	0.669	16.697***	0.502	1.990	0.677	0.677	
低成就感	0.150	3.984***	0.570	1.753	0.711	0.034	296.708***
去个性化	0.127	2.667**	0.354	2.829	0.717	0.006	

(五)职业幸福感对职业倦怠各维度的回归分析

根据对方程总变异贡献的大小,低成就感、情绪衰竭、去个性化依次进入方程,对职业幸福感有显著影响($F_{(3,351)} = 324.122, p < 0.001$),联合解释变异量的73.5%。标准化系数分析显示,低成就感对职业幸福感的影响最大,其次是情绪衰竭,最后是去个性化,见表10-12。建立中小学教师职业幸福感标准化回归方程如下:

职业幸福感 $= -0.527 \times$ 低成就感 $- 0.327 \times$ 情绪衰竭 $- 0.155 \times$ 去个性化

表 10-12　职业幸福感对职业倦怠各维度的回归分析

预测变量	β	t	TOL	VIF	R^2	$\triangle R^2$	F
低成就感	−0.527	−14.468***	0.570	1.753	0.592	0.592	
情绪衰竭	−0.327	−8.429***	0.502	1.990	0.726	0.134	324.122***
去个性化	−0.155	−3.346**	0.354	2.829	0.735	0.009	

第四节　河南省中小学教师职业倦怠的特征分析

一、中小学教师职业倦怠的总体现状

采用教师职业倦怠量表对河南省中小学教师展开调查,结果显示除了情绪衰竭的均分刚好介于理论中值的范围,去个性化、低成就感和职业倦怠均低于理论中值,说明河南省中小学教师的职业倦怠水平处于较低的程度,整体较为乐观。情绪衰竭的得分要高于去个性化,去个性化的得分要略高于低成就感。说明中小学教师在教育教学工作中能够获得一定的成就感,实现自我价值,并且与学生和同事的关系较为融洽,但是在工作中仍能感觉到一点疲惫不堪、紧张烦躁和热情衰退。

陈曦在 2015 年对河南地区中学教师的职业倦怠水平进行调查发现,职业倦怠三个维度的得分均未超过理论中值,说明河南地区中学教师的职业倦怠水平并没有想象中那么严重。宋志斌在 2016 年调查发现河北地区中学教师的职业倦怠水平也不高,职业倦怠总分低于理论中值,情绪衰竭维度的得分要高于其他两个维度。

因此本书该研究与以往相同或相近地区的调查结果一致,中小学教师的职业倦怠水平普遍不是很严重,作为职业倦怠核心成分的情绪衰竭,要比去个性化和低成就感稍微严重一些。

二、中小学教师职业倦怠的人口学特征分析

该研究调查结果显示,中小学教师职业倦怠在是否任教毕业班、年级学

段、学历和职称上存在显著差异,在性别、年龄、教龄、婚姻、是否担任行政职务和课时上并没有显著差异。

(一)中小学教师职业倦怠在是否任教毕业班上的差异

从该研究的结果来看,去个性化在是否任教毕业班上存在显著差异,非任教毕业班的得分显著高于任教毕业班的得分。去个性化主要反映了教师对学生、同事的态度和关系,而任教毕业班和非任教毕业班教师的差异也多集中在学生管理上。毕业班的学生面临升学问题,从学生本人到家长,在最后一年都会格外重视学习,将更多的精力放在学习上。对于毕业班的教师而言,则不用花费大量的时间和精力用于维持纪律,相对于非毕业班来说学生更好管理,对学生的消极态度也会随着成绩的提高而有所缓解,去个性化的程度将会有所下降。并且毕业班的学生在经历了大考小考之后更容易出成绩,教师的自我成就感便会油然而生。因此任教毕业班的教师,其职业倦怠程度要低于任教非毕业班的教师。

(二)中小学教师职业倦怠在年级学段上的差异

职业倦怠及其三个维度在不同的年级学段(小学、初中、高中)上存在显著差异,在情绪衰竭上,小学教师的得分显著高于初中教师和高中教师;在去个性上,小学教师的得分显著高于初中教师,高中教师的得分也显著高于初中教师;在低成就感和职业倦怠上,小学教师的得分显著高于初中教师和高中教师,高中教师的得分又显著高于初中教师。总的来说,在三个年级学段当中,小学教师的职业倦怠程度最高,初中教师的职业倦怠程度最低。小学生调皮好动、难以管理,班级纪律和学生管理往往是小学教师较头疼的一部分,因此去个性化维度得分较低。小学没有升学率作为考核指标,整体教学难度不大,挑战性不高,因此小学教师的成就感较低。小学教师的工作虽然压力不大,但是较为机械单调、琐碎无聊,因此更容易产生疲劳感。从以上三个维度去分析,可以明显看出小学教师的职业倦怠水平要高于中学教师。在中学阶段,高中教师比初中教师的工作压力更大,心理负担更重,因此更容易烦躁易怒、身心俱疲,从而对学生和同事的态度变得较为消极,工作上产生挫折感,个人成就感降低,因此高中教师的职业倦怠程度要比初中教师更严重一些。与职业幸福感正好相反,初中教师的职业幸福感最高,职业倦怠则最低。

(三)中小学教师职业倦怠在学历上的差异

该研究发现情绪衰竭和职业倦怠在不同层次的学历上存在显著差异,专科及以下学历的得分显著高于本科和硕士及以上。总体来看,教师职业倦怠程度随着学历层次的提升而呈下降趋势,专科及以下学历的职业倦怠程度最高,硕士及以上学历的职业倦怠程度最低。专科及以下学历的教师多集中在小学,而小学教师的职业倦怠程度比中学教师要高,因此不难理解专科及以下学历的教师职业倦怠程度较高。学历越高,岗位起点、受重视程度也会相应提升,在工作中更能感受到自我成就感和价值感。硕士及以上学历的多为青年教师,其学习能力和适应能力都较强,能快速适应知识的更新和教学方式的转变,工作积极性更高,因此职业倦怠程度最低。

(四)中小学教师职业倦怠在职称上的差异

从研究结果可以看出去个性化在不同级别的职称上存在显著差异,拥有二级及以下职称的教师,其得分显著高于拥有一级和高级职称的教师。二级及以下职称的教师,在收入、地位、成就感等方面都不如一级和高级职称的教师,做着相同或更辛苦的工作,但是回报却远远低于职称级别更高的教师,久而久之更容易产生职业倦怠。但从均值比较来看,并不是职称越高职业倦怠程度就越低,在本书该研究中高级职称的教师,其职业倦怠得分反而比一级职称的教师要略高一点。这可能是因为职称越高,社会、学校对其期望越高,工作负担和心理压力反而要比一级职称的教师要高,所以更容易产生倦怠感。还有可能是因为高级职称的评比难度大,机会少,大部分教师历经千辛万苦才评上了高级职称,当评上之后,在工作中反而产生了懈怠,加剧了职业倦怠感。

第五节　河南省中小学教师职业幸福感与职业倦怠的关系

一、中小学教师职业幸福感与职业倦怠的相关性

　　该研究通过相关分析发现,教师职业倦怠与职业幸福感之间存在着显著的反向变化关系,即职业倦怠及其各维度分别与职业幸福感总分、工作满意度和积极情感呈现显著的负相关,而与消极情感呈现显著的正相关。换句话说,当职业倦怠及其各维度处于较高水平的时候,消极情感则较多,积极情感则减少,工作满意度降低,职业幸福感整体水平处于较低的状态。王楠研究发现主观幸福感及其下属的生活满意度和积极情感维度,分别与职业倦怠及其各维度呈显著负相关,消极情感维度与职业倦怠及其各维度呈显著正相关。张艳秋、戴玉琴等人同样采用主观幸福感三维结构研究主观幸福感与职业倦怠的关系,均得出此结论。林贵东等人虽未采用主观幸福感的三维结构,但同样得出了职业幸福感与职业倦怠呈显著负相关的结论。本书该研究与以往研究结论保持高度一致,均认为教师职业幸福感与职业倦怠呈显著负相关。

二、中小学教师职业倦怠对职业幸福感的预测效应

　　该研究通过逐步多元回归分析发现,职业倦怠各维度能够显著负向预测职业幸福感,联合解释量达到了73.5%;职业倦怠各维度能够显著正向预测消极情感,联合解释量达到了71.7%;职业倦怠中的低成就感和去个性化维度能够显著负向预测工作满意度和积极情感,联合解释量分别为33.1%和57.2%。耿玉平研究发现,职业倦怠中的情绪衰竭和低成就感能够显著负向预测主观幸福感,联合解释42.5%的变异量。宋志斌同样发现职业倦怠中的情绪衰竭和低成就感维度,对中学教师幸福感的联合预测量达到了44.9%。

　　本书该研究与以往结论相一致的是低成就感和情绪衰竭对教师职业幸福感的预测能力较强,与以往研究不同的是去个性化在本书该研究中进入了回归方程,对职业幸福感也有一定的预测作用,但相比于其他两个维度,

去个性化对职业幸福感的影响最小。而且本书该研究中职业倦怠各维度对职业幸福感的预测量达到了 73.5%，比以往研究中的预测效应要高。产生结论不完全一致的原因，可以从以下两个方面来解释：其一，可能是样本不同所造成的差异。不同地区的经济条件和发展状况各有差异，不同学校的福利待遇和管理制度也不尽相同，不同教师的性格特点和教学水平更是千差万别，因此职业倦怠对职业幸福感的预测效应或多或少都会有所差异；其二可能是测量工具有所不同。以往研究多采用主观或总体幸福感测量教师的职业幸福感，而本书该研究采用的是自编中小学教师职业幸福感量表，完全是结合教师教育教学工作中的真实场景编制而成，针对性更强。而教师职业倦怠量表也是专门为教师群体开发的，同样具有针对性，因此本研究中职业倦怠与职业幸福感的相关性更高，预测的解释量更大就不难理解了。

在现实工作中，职业倦怠感较严重的教师一般职业幸福感都不会太高。教师如果在工作中感到非常疲惫，与学生或同事的关系相处不融洽，在工作中体会不到成就感，则会对工作产生抱怨和不满，因而产生更多的消极情绪，久而久之就会觉得工作一点都不幸福。与此相反，如果教师觉得工作轻松有趣，能够实现自己的价值，并且能受到学生的尊敬和同事的欢迎，那么自然会对工作感到满意，心情愉悦，从而产生更多的职业幸福感。这也从另一层面告诉我们，缓解和消除职业倦怠的滋生，有利于提高职业幸福感。

第十一章

提升河南省中小学教师职业幸福感的外在途径

幸福不能从天而降,获得幸福和感受幸福是一种需要磨砺和培养的能力与职业操行。教师是否经常体验到职业的幸福,与教师的世界观、教育理想、思想境界、人生目的、价值取向、情感能力、心理调节、认知态度等密切相关,也与外部环境支持(如教育行政、社会、学校、家庭等)有关。因此,提升老师的职业幸福感既有主体的认知因素,又有情感成分;既要遵循幸福感形成的基本规律,又要符合教师的专业发展特点;既要树立崇高的教育理想和信念,又要确立科学的人生观、价值观;掌握必需的专业知识和技能,不断提高教师对幸福的辩证认识,培养教师发现、创造、享受幸福的能力;同时还需要政府职能部门和社会提供幸福资源、良好环境和外在支撑。

第一节　政府和教育行政部门的政策支持与经费投入

一、政府和教育行政部门提供支持

政府和教育行政部门要切实支持和关心教育、关心教师,提高教师待遇,完善对学校、对教师的评价机制。各级政府和教育行政部门在教师职称评定系列及选优评模中要建立健全科学合理的评价制度,要评选出德才兼备的优秀教师、特级教师,鼓励教师走专业化之路;要认真落实教育部有关教师、教育的各项方针政策,不断提高教师待遇和各项津贴;要建立定期表彰奖励制度,增强教师的荣誉感和成就感,形成尊师重教的良好风尚,为教师幸福感的产生营造良好的社会氛围。同时,相关职能部门应当采取切实有效的措施,通过制定相关政策和制度,维护教师的合法权益,建立全员育人的机制,减轻中小学教师过重的精神负担和工作压力,要关心教师业务和政治上的进步;支持教师进修,提高和发展自己,还要尽力改善教师的生活福利待遇,及时解决各种困难,从而使教师充分感受应有的尊严和幸福。教师教书育人工作艰苦而崇高、平凡而伟大,教师职业幸福感的提升需要一系列主、客观条件,除了老师本身的主观努力外,还需要社会提供必要的幸福资源和外在支撑,各级政府职能部门还要多渠道提醒家长和社会应当予以真诚的理解、尊重和积极的支持、帮助。

二、政府要加大对教育的投入

我国基础教育近年来发展水平显著提升,经费投入逐年增长。2018 年基础教育经费总投入 29 251 亿元,比 2012 年增加 74.1%。统计数据显示,2018 年全国国内生产总值超 90 万亿元,国家财政性教育经费占比约为 4.11%。1993 年,《中国教育改革和发展纲要》首次提出了国家财政性教育经费投入占 GDP 比例要达到 4% 的目标。这一目标已在 2012 年实现,并已连续 7 年保持在 4% 以上。尽管如此,我国基础教育的教育财政投入还是显得捉襟见肘。一般来说,公共教育经费占国民生产总值比重的大小,既可以反映政府对教育的"努力程度",又能较准确地反映教育在国家发展中的战略地位。

一百多年前美国教育家杜威描述美国当时的教育状况乡村教育成为公共耻辱,而城市的孩子不道德地被堆集在一起。教育资源投入的严重不足使得优质教育资源匮乏,应试教育愈演愈烈。谁也不愿在起跑线上被淘汰,但最后输在起跑线上的往往是弱势群体,是欠发达地区、低收入群体、农村地区的孩子。

教育投入严重不足,政府预算比例太低,大部分中小学都比较困难,教师收入普遍低于当地公务员。学校又必须正常运转,无奈之下,贫困的教育只能向社会、向家长伸手。于是,各地纷纷出台了各种收费政策,各级教育行政主管部门也颁发了各种关于收费的文件。应该说,学校、教育部门在不同程度上的确是存在着收费混乱、搭车收费等不合理现象。但是,我们不得不承认教育的贫困、教育投入的严重不足是产生这些问题的根源。

教师作为独立的生命个体,必须要通过物质利益的满足,即衣食住行等必要的生活条件的满足求得生存和发展。物质利益、物质价值的实现是教师幸福的前提条件和根本保障。物价上涨,教师的工资待遇增长幅度却相对滞后,其生活质量无疑会受到很大的影响。没有坚实的物质基础,由它决定的上层建筑——工作积极性,即便再努力,又能高到哪里去呢? 只能是教师的一己良知,一身重任,于道德力量的感召下,无奈而吃力地推动自己前行罢了。

在相关的访谈研究中,有几位被访者这样说:

我的工作是需要报酬的,我不可避免地要和社会上的相关职业进行比较。当我发现我付出的多,得到的少,而相关职业付出的少而得到的多的时候,我的心理就会失去平衡,我就会对这个职业产生厌倦,幸福感指数就会降低。

即使我的工资待遇低,我依然懂得从事教师职业应该有基本的良心,那就是对得起学生。然而,当教育发展到完全依靠教育工作者的良心才能推动的时候,我觉得这不是我,而是这个职业的不幸。

我是个普通教师,我不会跪在报酬前工作,但是没有报酬,没有公平合理的报酬的工作,我的身体真的没有足够的力量站起来。

凡此种种,无一不在警示着我们。国家要站在发展的高度上,用科学发展的眼光和实实在在的态度为教师创造良好的工作环境,加大对教育投入,提高教师对其职业的幸福度。

第二节　学校的合理规章和管理者的社会支持

英国学者 Holmes 曾指出"教师是充满奉献的职业,但是不要因此而忽视我们的生活维度,特别是对于如幸福感这样的维度,忽视这些将是愚蠢的行为"。学校怎样为教师职业幸福感提供有力支持和优质服务呢?

一、建立健全学校的规章制度,建立科学、合理的评价机制

制度有约束和激励两个功能。建立健全规章制度,使学校管理科学、有

序,乃是学校管理应该追求的境界之一,要通过制度的建设形成这样一种风气,在工作时间大家都谈论的是教育教学话题。如果老师在一起经常谈论一些鸡毛蒜皮,甚至低级下流的事情,久而久之就会变得庸俗无聊。教师希望和欢迎能以务实的作风,在学校创设民主、和谐的环境,让大家心情舒畅,和睦共处,自我约束而又自我完善。学校应多一点尊重少一点强制,多一点信任少一点疑虑,多一点自由少一点"不许"。让学校成为实现教师生命价值的绿洲,让教师在"燃烧"自己的同时发展自己,使教师真正感到学校是他们发展的最佳环境,是他们人生价值实现的摇篮,是他们最向往的地方。

建立科学、合理的评价机制,使每位教师都能找到切实可行的工作目标,能够极大地激发教师的工作积极性,挖掘内在动力,教师的精神风貌会焕然一新,也会大大提高教师的幸福感。

(一)建立科学、合理的职称评聘机制,提高二级教师(职称)的幸福感

职称关系到每位教师的切身利益,是学校工作中较为重要的问题之一。晋升高一级职称,可以增加经济收入,增强幸福感的物质基础。二级教师多是年轻教师,是学校的骨干力量,承担着大量的工作,可是工作量和工作能力与职称不相符。很多优秀的二级教师苦于名额有限,评上一级职称但是聘不上。针对此问题,一方面教育主管部门要增加职称的人数,尽量使具备充足条件的教师聘得上。另一方面,学校也要多做努力,为本校教职工积极向上级部门争取名额,尽量减少评上而聘不上的问题。

(二)建立科学、合理的评优机制,提高普通教师(相对于优秀)的幸福感

首先,评优树先对每位教师都有着不可替代的激励作用。评为优秀的教师幸福感程度明显高于普通教师。学校在制定评价机制时,不能用一把尺子衡量不同能力和特长的教师,要考虑到老、中、青教师,不同岗位教师的各种实际情况,要本着"注重发展"的指导思想进行教师评价。例如,年终优秀评先时,往往平日承担较大工作量的青年教师不占优势,为此学校要全面制定评价方案,充分考虑每个群体的具体情况,使每位教师都能找到发展的目标,前进的方向。比如,班主任方面设置首席班主任、优秀班主任等;青年

教师方面设置青年教师带头人、教坛新秀等;为一线教师设置学校名师、学科带头人、教科研先进个人等;后勤服务人员设置劳动模范、服务标兵等。奖项的设置注意梯度,使每位教师都能找到自己的定位。

其次,对每位教师的评价应是基于其现有水平,对工作的态度和未来的发展需求及其可能性展开的。对教师的评价要公平、公正、公开,减少教师间的不良竞争。例如,年终的优秀教师评选活动中,学校要明确告知每一位教职工的评选标准与评选细则,不能出现走过场、假选举、暗箱操作的情况。这种评选应是榜样性的评选,在不同年龄段、不同责任岗位树立先锋模范作用的评选。

(三)创新评价机制,发掘教师的创业潜能

学校以发展的眼光对教师进行评价,不看已有成绩,不看"固有能力",而是看"输出的能力",看当下对学校做出的贡献。促使教师不断积极挑战自我,促使资深教师摆脱惰性,"不吃老本,要立新功"。为了避免追求教学成绩的过度竞争,学校应坚持德育为先,构建"面向全体、全方位育人、全面发展"的教育模式,实施"捆绑式评价",将全体教师分配至各班,共同承担教育的责任。一个学生出了问题,班主任和任课教师们"评优""评先"共同受影响,这样促使教师必须加强合作,自觉关注每一个学生。

二、学校要实行人本化管理,为教师创建和谐的工作环境

和谐的工作环境是实现学校发展目标的重要条件。一个和谐的团队能产生强大的凝聚力和向心力,能调动各方面的积极性,有效地克服发展道路上的各种困难和障碍,促进学校的快速发展。相反地,不合谐的工作环境不仅会极大地危害教师的身心健康、专业发展,而且会严重影响整个学校的发展。"如果教学管理脱离发挥教师积极性的基本动因,采取行政滥控手段,或完全依靠规章制度约束,就必然僵化教学管理过程,削弱甚至扼杀教师的积极性和创造性。"

因此,学校管理者尤其是校长应高度关注教师的生存状态,实行人本化管理,为教师创造一个和谐、良好的工作环境。

(一)切实保障教师的合法权益

为了保障教师的权益,我国制定了一系列的法律法规,如《教师法》《教

育法》《义务教育法》《教师资格条例》等,这些法律法规的出台,为教师权益的保障提供了法律依据。但是,在现实生活中,仍有不少侵害教师合法权益的现象存在。而教师作为行政管理的相对人,处于弱势地位,权益难以得到很好的维护。所以,学校坚持依法治校,切实保障教师的合法权益,使教师真正感受到学校对教师的关爱。

保障教师的休息权。现在高中基本上都要求教师星期一至星期五全程坐班。每个星期十几个课时的工作量,早晚自习的辅导,星期六、星期天的补课……老师们基本上没有自己的生活空间了。这种长期连轴转、高强度的工作状况,不但直接导致教师工作质量下降,甚至让教师产生厌倦、懈怠的心理。最后造成教师精疲力竭地工作,学生厌烦疲劳地学习。所以,作为学校管理者一定要保障教师的休息时间,不要让教师成为一群精疲力竭的人。

建立公平、公正的评价机制。任何领域的不公平,都会引起严重的后果。人们总存在这样一个心理:不患贫而患不均。中学教师这个团体又是一个特殊的群体。他们中的大部分是高学历、高水平、高层次的人。如果他们一旦感觉到自己的付出被给予了不公正的评价,他们的内心就会非常"痛苦",更加谈不上"幸福"、每个教师都渴望被尊重,渴望被公平、公正地对待。因此,大多数教师对学校的内部公平都很关心。他们最直接的想法就是在学校里工作能被信任和尊重,并受到平等的待遇。公正公平会增加人们的幸福感,当自我的努力得到了领导、同事、学生公正公平的评价时,对老师们会产生极大的激励作用,反之,教师的态度就是消极、不满意和抱怨。为此,学校的各种事项必须坚持公平、公正、公开的原则。各种评优要按照绩效考核成绩的高低由评优晋职委员会按层层推荐选拔的原则确定上报人选,并在全校公示等。

实行民主化管理。学校要加强民主治校,实行开放的、人性化的民主管理。在学校管理中要重视教师的参与意识和创造意识,使教师的才能得到充分发挥,个性得到完善发展。在管理中应体现教师在学校事物中的主人翁地位,让教师通过各种方式和渠道参与学校的管理。通过参与管理决策,激发教师主人翁意识和工作责任感,激发教师的主动精神,提高教师的自我价值感,同时参与学校管理,增加了管理的透明度和可信度,增强了教师对学校工作的认同感,使全体教师对学校的管理更具信任感和归属感,使学校领导与教师形成一个整体,使每个教师认识到个人的成长、发展与学校事业的发展是密切相关的。

因此,要充分发挥教代会的作用,尊重教师的民主决策权利,出台的各种规章制度必须按规定的议程,经教代会讨论通过后方能实施。同时设立"工会小组""财务监督小组""物资采购小组""职工互助会"等组织参与学校的管理。根据各校的实际情况还可以设立"校长网上热线""校长信箱",让教职工对学校各方面的情况以网上发帖子、留言或书信的形式向校长直接提意见。对于教职工提出的意见,无论正确与否,校长都必须予以回复,赋予教师更多地自主权和发言权,让教师能更多地参与学校事务的决策。同时,学校还可通过一些人性化的方法,人文的关怀,让教师对学校产生亲近感和归属感,进而提升工作的幸福感。如在教职工生日时送上鲜花、蛋糕,召开家属座谈会慰问教师家属,支持"关心下一代协会"开展的各项活动,关心教师子弟的成长,组织教师外出旅游、参观学习,组织春节团拜会等。

总之,学校管理者要切实保障教师的各项合法权利,实行人本化管理。这样,既能解决问题,把矛盾控制在萌芽状态,又能让教师感到自己被重视,充满幸福感地舒心工作。

(二)教育部门和学校应为教师营造良好工作氛围

政府职能部门应加大投入,尤其是对基层教育。改善教学设施,完善教学设备,增加教育资金,提高办学条件和广大教师的福利待遇,使教师都乐于教学,提高教学的积极性。对教师的能力与业绩进行客观、公正评价,在职称评定方面规范操作,建立一套合理透明的薪酬回报体系,并关注教师工作体验,通过组织文化建设、氛围建设、精神奖励等活动多种渠道提供全方位回报。提高管理水平,加强领导管理职能,重视学校管理的实施力度,发挥民主集中的作用,吸引广大教师积极参与学校管理,为教师开展各项工作营造一个良好的工作氛围。借鉴并吸收先进的绩效管理经验,确立教师工作的目标和方向,通过适当的指导、反馈为教师提供支持。

三、管理者应关心和关注中小学教师的中、微观需要

当下的教师身上承载了过多来自社会的各种期许,他们也许会不堪重负。教师首先是凡人,不仅有像住房、工资、社会地位等宏观需要,更多的是中、微观需要,获得个体与其职业的幸福。

(一)减轻教师过重的负担

谈到教师的工作量,其他行业的人往往只看到教师有双休日和寒暑假,因而片面地认为教师的负担很轻,工作非常轻松。实际上,教师的工作量是相当大的,负担也是很重的。首先,组织教学和批改作业占据了他们大量的时间;其次,保障学生的安全,关注每一个孩子的健康发展,为其提供有效的帮助和有针对性的教育,这也是教师义不容辞的责任。另外,教师的业务学习和专业成长同样需要耗费大量的时间。调查显示,有52.3%的老师认为"工作很累",超过40%的老师认为自己每天的工作时间远远超过8小时,而且是经常的现象。"超负荷"工作已成为中小学教师群体的一种普遍现象。调查还显示,40岁以上教师,有65.3%的人患有一种以上的慢性病。同时,过重的工作压力已成为中小学教师心理不健康的主要原因。一个人不可能在有限的时间里做无限多的事情。因此,广大教师不得不终日行色匆匆,埋头苦干。有些中小学老师甚至经常把工作带回家加班。教师可以自由支配的时间少之又少,更谈不上休闲和娱乐。因此,作为学校的管理者应重视这种现象并采取相应的措施加以解决。

(二)对教师进行必要的工作培训

培训不仅指教师日常教学培训,还指对教师的心理健康培训。教育部门与学校应通过正规渠道与方式为教师提供如何应对压力等方面的培训,以帮助教师有效应对压力,把压力负面效应降到最小化。如设立心理健康培训,开设人际沟通、设计职业生涯等免费课程,或开通心理访谈与咨询热线,及时了解教师的心理状况,帮助教师调整好自己的心态。

(三)用荣誉激励教师上进

心理学理论告诉我们,在正确的价值观引导下,人的期望值越高,激励的力量就越大,就越注重自己的工作进步与发展,越主动乐意干具有社会价

值和竞争性的工作。激励力量（动力）＝效价×期望值。可见，要使中学教师忠诚于教书育人事业，充分发掘其工作潜力，提高其工作动力，就必须丰富其期望感，提高其期望值。心理学家还认为，为获得某种利益而工作，精神报酬比物质报酬更有刺激性。因此，学校应多给教师创造荣誉目标。如优秀教师、优秀青年教师、最受学生欢迎的教师、校级名师、优秀教育工作者、教学能手、教坛新秀、校级优质课教师等，给教师以荣誉，从精神上对教师予以激励，将使教师的工作动力成倍增长。教师获得荣誉的过程是教师内在向上精神激发的过程，也是学校蓬勃风尚孕育的过程。在各种各样的评优中，教师从一个成功迈向另一个成功，感受了成功的喜悦，提升了职业幸福的指数。同时，教师有了职业荣誉感，并用这种荣誉感去感染学生，学生就能感受到智慧的灿烂，知识的闪光，整个学校蓬勃的风尚也得以形成。

（四）以真心疏导教师心理

和谐的人际关系是构建和谐校园必不可少的，也是影响教师职业幸福感的重要因素。每个人的工作就像流淌的一条小河，难免会遇到礁石阻碍或泥沙堵塞。遇到了怎么办？当然需要自己努力搏击，同时也热切盼望着有人来疏导。教师都是知识分子，同时也是普通人，面对困难，面对问题，同样需要真心的疏导。因此，学校管理者应关注教师的身心健康，为教师的幸福人生奠基。

采取心理对话的方式，真心疏导教师心理。学校要通过全体职工大会、年级组会议、行政会议、专题讲座、座谈讨论会、个别交流等方式，帮助教师树立正确的职业幸福观，理解幸福的内涵在于心境、在于道德的自我完善。

利用现代信息技术，为教师提供沟通的平台。如可以与电信部门协调好，开通教师内部网，实行网内免费通话除电话外，还可以通过手机短信、微信、e-mail、QQ等进行沟通。学校可以在网上建立论坛，通过发帖子的方式沟通信息；还可以通过组建QQ、微信聊天群等方式，加强教师之间的交流，创建和谐的人际关系氛围。同时，还要注意管理层与管理层之间，不同学科组和年级组之间的沟通，根据信息的不同特点选择不同的沟通渠道，减少由缺乏沟通或沟通不良造成的破坏性冲突。

建设好"教工之家"，定期开展形式多样的集体活动。活动是教职工最有效的交流和理解方式之一。活动可以创造轻松愉快的氛围，让不同身份和地位的人处在平等的交流平台上，敞开心扉，产生心灵与心灵的碰撞。活动也可以使教师之间、领导之间、教师与领导之间增进理解，增强教师的归属感和集体主义精神，使学校组织更具凝聚力。如定期组织教职工进行体育比赛，可以让教师在锻炼身体的同时，加强了解和交流；开展丰富多彩的文艺活动，可以使教师心情愉悦，快乐地工作坚持每年为教职工进行一次体检，可以使教师有病早治，无病安心。用心灵关爱教师，教师一定会用智慧关爱工作。

（五）学校要提供条件使教师有成就感

真正能激发教师工作热情与事业追求的，是学校管理者注重培养教师的成就感。学校应经常开展各种竞赛评比活动，如优质课比赛、说课比赛、演讲比赛、优秀论文评选、优秀教案评选、优秀课件评选等，为教师提供展示教学艺术和个人才能的机会与平台。定期开展校学科带头人评选，开辟"教师论坛"，通过个人经验介绍、专题汇报等，引导教师的专业化成长，鼓励教师成才。建立研究型的教师团队，学校每年通过正规途径公开出版教师论文集，促使教师自觉实现由"教书匠"向"学者型"教师角色的转变。充分利用评优评先等考核时机，为教师提供公开展示自己工作业绩的舞台，不隐藏，不虚拟，在互相"比拼"中接受大家的集体评议，激发教师工作成就感和自豪感。在学校网站、校报、橱窗上开设"教师风采"专栏，一一为其配上彩色照片和事迹简介，向学生、家长、社会等大力推介学校教师，使他们了解每位教师的工作业绩，提升教师的职业幸福感。不忘利用表彰会、庆典会、家长会等一切机会向上级主管部门、各级媒体、学生家长进一步推介优秀教师，使他们切实感受各级领导和社会群众的广泛关注，有压力更有动力。

学校管理者只有培养教师的成就感，不断满足他们渴望尊重、希望成功的心理需求，用人文的东西去唤醒教师内在的激情和自觉的追求，使每一位教师找到合适的价值定位，才能让教师少依赖奖金、福利等外在报酬，而将工作热情长期维持在较高水平上。

（六）关注中青年教师的成长

中青年教师是学校教师队伍的生力军，是学校的新鲜血液，发挥好中青年教师的承上启下作用,对学校的发展有着至关重要的影响。所以,教育主管部门、学校应该重视中青年教师的成长与发展。

关注中青年教师的业务成长,提高他们的幸福感。中青年教师往往是学校中承担工作任务量较大的群体,学校要以中青年教师的业务发展为抓手,带动教师队伍整体水平的提高。第一,选派优秀中青年教师外出考察、学习,参加专家讲堂、名师培训等,以提高理论水平。校内经常开展名师介绍、经验交流、基本功比赛、课堂教学大赛等活动,给中青年教师提供学习的机会。第二,学校多举办"业务比武""师德在我心中""读书交流"等丰富多彩的活动,提高中青年教师的积极性,创设积极向上的学习氛围。第三,建立及时、合理的激励机制。通过评先树优、大会表彰、奖品颁发等办法激励教师的肯干精神,以带动教师的整体素质,使教师们体会成长的快乐。

关注中青年教师的生活和健康,提高其幸福感。在这个物欲横流的社会,面对外界各种诱惑,学校要广开门路,筹措资金,提高福利待遇以应对激增的物价、抬高的房价。部分中青年教师面临结婚、买房、抚养子女、赡养老人等压力,学校应力所能及地以单位的名义出面解决,真正为教职工消除后顾之忧。另一方面,学校可以组织形式多样的活动,如灵活多样的运动会、朗诵比赛、校园歌唱比赛等,通过一系列健身娱乐活动,使教职工走出办公室,加强锻炼,增强身体素质,同时又可以使长期紧张的精神得到放松。

四、构建"和谐合作,共同发展"的学校文化,营造"以人为本"的职业环境

和谐的学校文化,在管理上首先应该体现"刚性规章制度,柔性管理方式"的工作原则。好环境带来好心情,好心情带来好老师,好老师带出好学生,好学生又反过来提高教师的幸福感。

第一,学校管理必须要建章立制,确立行为规范,这是管理刚性的一面。刚性制度保证学生有学生的日常守则,教师有教师的行为规范,议事有议事的规章制度,用人有用人的客观标准。毕竟,制度管理可以管出规范,管出高效,但管不出智慧,管不出幸福。而智慧才是教育事业的核心力量,幸福才是师生生命中最为重要的东西。因此,学校管理更要有柔性的一面,要尊重人、关心人、理解人、以人为本,要激发所有教师的工作积极性,让他们感

受到自己是学校的主人,付出的劳动不仅是为他人、为学校,更主要是在为自己工作。教师有自己的价值和尊严,有自己的理想和追求。久而久之,教师的淡泊之志、敬业之心、爱生之德就会逐渐升华。

第二,这样的校园文化,必须有"宽而有度,和而不同"的思想做基础。为什么具有职业倦怠感最多的是中小学老师?特别是中学教师,依然在升学率的重压下喘息。令人担忧的是,现在,我们大力提倡学生要有个性,鼓励学生要有独立见解,提出要培养他们敢于创新、乐于创新、善于创新的品质,但是我们却用许多教条来禁锢教师,连教师的备课要先备什么、后备什么,有些什么具体的步骤,内容上必须包括哪些要素都规定得非常死板。这样做,对刚入职的教师也不无帮助,但其弊端也是显而易见的。在这样一种环境中,评价教师的标准被异化,长此以往,教师的学术意识被淡化,思想棱角被磨平,难免沦为"教书匠"。事实上,一个平庸的"教书匠"非但不能培养出创新型学生,而且自己也会在日复一日、年复一年的工作中对职业心灰意冷,甚至麻木不仁!作为学校领导虽然无力改变中学教师的工作性质,但可以改变学校的小环境,营造不断创新的氛围,让教师的工作充满成就感。有一句话说得好让教育充满思想,让教学蕴含学术。在这种思想的指导下,要提倡兼容并包,以宽广的胸怀容纳他们。只有在这样一种环境和氛围中,每一个教师作为独立个体才可能找到属于自己的发展领域而专注其中,乐此不疲。教师的个性、学识素养和生活经历各不相同,使教师各具特点。作为校长,必须因势利导,鼓励教师们发挥各自特长,并帮助他们拓展自己的优势,形成各自不同的教育教学风格,而不是用一种固定和僵化的模式标准来衡量他们。当一个教师感觉到教育充满思想,教学蕴含学术之后,这个教师就真正成熟了。一个成熟的教师,就是一个从自己的工作中体会到价值,寻找到快乐,并乐于为之付出真感情的教师,就是一个愿意、也能够用心灵去感悟,用心灵去付出,并能够升华教育的情怀,收获一份淡定和从容,一份豁达和洒脱,一份属于自己的成就和幸福的教师。而一个校长,就是要让所有教师愿意这样去做,能够这样去做,乐于这样去做,让广大教师的心理永远保持在既积极进取又从容不迫的状态之中。

第三,创设民主和谐的人文环境。和谐,意味着师生都有一种积极进取的生命状态,这种生命状态,是超越于良好学业成绩之上的。拥有了这种生命状态,师生才可能舒展开自己的心灵,收获真正的幸福。幸福就是成长,是身心全面发展的过程。学校应该是师生共同经历生命成长、共享教育幸福的文明场所。教师们都认同的情景是:我们要精彩工作,我们更要精彩生活!教师比较好的生存状态和精神面貌是精力充沛、信心十足、情绪饱满、活力四射,并感到育人工作的价值和意义,感到幸福和有成就感。教师不仅仅是一个有着丰富学科知识的教书匠,更应该是一个有着丰富人文内涵,一个举手投足渗透着文化芳香,一个能在课堂上游刃有余、挥洒自如的学者;是一个能通过自己优良的人格魅力去感染学生的教育者。因此,学校不仅要关注教师的业务状态,更要关注教师的生活状态和生命状态。

以人为本,首先是以教师为本,在工作和生活中,处处让教师感觉到尊重,感受到关怀。这样,教师自然会感受到幸福,他们才会将自己的感受传递给自己的学生;才能以尊重换得尊重,以关怀感染关怀,以幸福塑造幸福。努力把学校办成师生共同成长的乐园和学园。学校应该秉持"让孩子拥有幸福童年,让教师品味精彩人生,让师生共同走上幸福之路,让校园成为师生和谐共生的生态园"的办学宗旨。树立"教育——为了人的幸福"的办学理念和"享受教育的幸福、追求教育的卓越,为学生终身发展服务"的教育理念。让教师成为幸福的教师,让学生成为幸福的学生,让家长成为幸福的家长……

第四,创建丰富的教师文化。增强教育人生的魅力,需要激发教师的教育激情,消解教育中的职业倦怠感,需要变革单一的训练式教育教学活动,需要关注教师的细节,需要经营一种丰富多彩的教师文化。有生命活力的学校教育生活,特别是教师的生活。尊重教师的人格、教师的自我价值实现需要,是学校教师文化建设的基本要求。学校教育应通过学校教育活动设计一系列管理策略,确立学校中的教师文化。引领教师体验教育人生的幸福和意义,为教师体验自身成功的教育生涯创造必要的条件。从某种意义上说,教师文化集中体现了学校的品位,反映了学校的教育观念和教育行为的先进性程度。教师的"教师观"、教师的学校教育生活方式、教师之间的人际关系等反映了学校的"教师文化"状况。教师文化建设是学校文化的重要内容。教师团队拥有什么样的教育观,以及教师处理教育教学问题的思维方式状况,反映了学校的观念文化,体现了学校的行为文化。教师文化建设既需要有核心教育哲学和教育价值观,也需要有对教师细节的关注和经营。细心、细致、细微、细节,事无巨细;小节、小事、小处、小点,以小见大。让教师感受环境之美,让教师感到生活之美,让教师感到事业之美,让教师感到成功之美。不断提高教师待遇,评选优秀教师,送教师外出学习,培养名师、特级教师等,根本目的在于加强教师文化建设,即重建教师的观念文化,而教师的教育思想和信念,乃教师文化之根。

第三节　促进教师的职业发展动力

防止教师的职业倦怠,使之对教育工作始终充满激情,一方面要有创新评价机制,通过制度约束的外力驱动,使教师产生危机感和紧迫感,变压力为动力;另一方面,要引入激励机制,努力为教师提供创业的舞台,让教师不断走向成功。同时,还要不断进行榜样激励,激发教师的成就欲望,从而产生较强的内驱力。

一、搭建专业发展平台,引领教师走向成功

学校应建立"宽领域、多层次、高品质"的教师专业发展模式。根据教师不同发展阶段心理需求的变化,设计多层次的教师专业发展方案建立以岗位学习、行动研究为主要形式的进修制度,激励教师参加各类研讨和竞赛活动,致力于打造学习型、专家型教师群体。教师专业发展不仅源于新的教育理念,更是教育规律的内在要求。"术业有专攻"就是指专业自身的独特性、专业自身的内在要求。教师专业发展要求教师具备专业精神、专业人格、专业观念和专业能力。教育本质上是培养人的活动,人的发展是教育的根本目的。尊重人、理解人、发展人,是教育的全部内涵。因此,从总体上说,教育精神就是人本精神、发展精神。无论是促进教师专业发展,还是提高教育教学质量,抑或是提升学校形象,都需要关注教师发展的细节。教师专业发展的路径是多元的,培养、培训是教师专业发展的外生力量;而教师自身的修炼则是一种最具活力的内在源泉。修炼的根本目的在于修德、修心、修情、修性、修行。教师的修炼在于确立教育理想,达成教育信念;锤炼教育行动,提升教育教学能力;修炼教育生活,感悟教育人生。

杜威(Dewey)曾说"教育即生长",这个观点言简意赅地道出了教育的本义。也就是说,教育的主要目的就是关注人的成长。学校在关注学生健康成长的同时,也要重视教师的成长。目前在我们国家,有许多教师还处在懵懂状态,甚至是麻木状态,浑浑噩噩,得过且过。说到底,这不过是在荒废、煎熬自己的青春和生命。

二、打破常规,让创造性思维激昂士气

爱尔兰诗人叶芝(Yeats)曾说:"教育不是灌满一桶水,而是点燃一把火。"学校可通过评选"名师""十佳教师""师德标兵""我最喜欢的老师""教学能手""教坛新秀"以及职称评定等活动,也可通过课题研究成果展示,专题教研会等活动,为教师的成名、成功搭建广阔的平台等,让每一位教师走向成功。对于教师的每一次进步,每一次小小的成功,不断进行榜样激励。利用各种会议、媒体、专栏宣传优秀者的先进事迹,引领他们不断尝试成功,激发教师实现自我价值的精神追求。每年利用教师节或开学典礼,为优秀教师献花,让他们觉得人生价值能在教坛上得到体现。

三、学校要力求建立一支积极高效、乐观向上的教师团队

教师身在其中,就常会被愉悦的氛围和团队的幸福所感染。学校要给教师宽松和谐的环境和发展空间,大力促进教师的职业发展,为教师创造大量培训与考察的机会,积极向外推荐教师的论文和教育教学成果。在福利上向一线教师倾斜,解决老师在生活上的后顾之忧。组织各种活动,把关心延伸到教师的家人,并营造优秀的校园文化,以此增强教师工作的内驱力。如果要建立一支充满活力的教师队伍,对于任何一个学校而言,高昂的精神士气都非常重要。教育是一份重要的职业,作为校长,应体会到,每位教师的行为效力决定着整个学校的教育教学成果。由此意识到建立一支积极进取、乐观向上的教师队伍的必要性和迫切性。作为教师,应认识到,要想有效地影响学生,就必须迎接超过我们预想的挑战,每天以积极、热情的心态工作,这对师生都至关重要。

四、从教师的心态入手,塑造良好的精神风貌

管理的核心是人。在学校,教师的行为效力直接影响着学校发展。艾森豪威尔说"领导是一门艺术,它让人们去做你想让他们做的事情,而且他们乐于去做。"一个良性发展的学校,教师团队不管是"正确地做事"还是"做正确的事",前提都应该是彼此悦纳。愉悦的工作环境,良好的工作氛围,以教师为中心的领导可以提升团队的凝聚力和战斗力;发现优秀教师,利用其"连锁效应"的无形影响力可以提升教师的精神状态和工作热情。针对不同教师的发展需求,建立共同愿景,让从教者达成共识,塑造坚定的职业信念。该研究,在有些中小学校,教师职业认同感、使命感和幸福感水平不高、职业倦怠等问题比较突出。因受各种因素的制约,很多管理者常常只顾眼前,缺少长远规划和行之有效的管理艺术。

教育是一门职业,也是一项事业,更是一种生命历程。作为学校的领导,要关注教师能否在教书育人的每一天中体验教育教学的幸福,要引领教师从快乐地感受每一天做起、从学生的成长中感受教育的幸福,从教师自身的专业成长中感悟教育的幸福,应该运用一切可以利用的激励因素,帮助教师追求更高层次的幸福,从而最终有效地实现各种教育教学目标。我们认为,让学生享受教育的幸福,让教师在幸福的教育中成就自我,这是教育的一种境界。

第四节 优化教师的职业环境

职业情境舒适感指教师在职业环境中形成的一种对环境舒适的职业感觉。要优化教师职业情境舒适感的政策保障,就要致力于制定"创设学校工作条件,营造学校组织文化,寻求社会支持"三大对策,提升教师职业情境舒适感和幸福感。

一、优化教师职业情境的舒适感

(一)创设学校工作条件

学校工作条件主要是指学校的物质文化,是学校师生创造的各种物质

设施,是表层的学校文化。优秀的校园文化总是通过学校环境、文化设施等物质呈现。良好的学校工作条件是学校的无形资产,对于生活在其中的每位教师来说很重要。那么,如何创设学校工作条件?

1. 要加强学校硬件建设的保障

要重视各级各类学校图书馆、校园网、人文景观等校园文化设施建设,特别要重视农村中小学建设,目前农村中小学教学条件虽然有了很大改善,但与城市中小学相比,显得相对落后,农村学校对硬件建设,常显得力不从心。有一位受访老师这样说道:"学校文化需要布置,环境很重要,这是基础。比如音乐教师希望有个音乐功能的教室,体育教师希望拥有好的体育场所。不过,农村学校硬件建设很艰辛,学校经费紧张,需要去争取各种资源。学校要想弄个基本建设投资,需要不断地跑,不断地争取,有时连亲朋好友、家长资源都用上了。"

2. 政府部门要重视优化学校环境的政策保障

良好的工作条件是教师全身心投入工作的前提,政府部门要建章立制,优化学校周边环境管理,要营造宁静有序、治安良好的周边环境。要努力为教师营构安心愉悦的环境,开放社会教育资源,如图书馆、科技馆等,让教师和学生享受利用社区资源,优化教师工作条件。因为工作条件是教师追求幸福、获取幸福的要素之一。

(二)提升学校组织文化

组织文化是学校竞争力的核心,为教师发展提供良好的平台。学校组织文化要重点围绕学校精神文化开展。学校精神文化,是学校文化深层表现形式,主要包括学校精神、学校价值观、学校形象三方面内容,这是一所学校区别于另一所学校的标志特征,并由此影响着学校教师的行为。那么,如何提升学校组织文化呢?

1. 要重视学校管理制度建设

通过学校制度建设,将校园文化与教师精神结合,这是学校组织文化的灵魂。学校要建立一个公正、公平的职称晋升评定、职位晋升制度。领导要关心教师的工作和学习,倾听教师声音,解决教师实际问题,满足教师实际需求,这样教师的幸福感就会提高。要重视学校组织中非正式组织的作用,非正式组织中教师蕴藏的感情因素,应重视因势利导,增强教师的向心力和凝聚力。有位受访老师认为:学校层面,要创造教师的幸福感,让教师工作在舒适的自然生态环境中,要有舒适的文化气氛,更要关心教师的晋升,教师业务要提高,就要注重教师的有效学习。

2. 教师参与学校治理

要重视教师自治能力的发挥,要把学校管理转变为学校治理,树立教师主人翁的治理理念,鼓励教师参与学校的管理与创新,把过于集中在学校的教育教学权放给教师,把管理变为更多的对话,扶持多元教学,鼓励有效教学,鼓励教师脱颖而出,这样才能激发教师使命感,提升教师幸福感。因为高品位校园组织文化,才能催生高品位的幸福教师。

(三)寻求社会外部支持

社会支持是指教师的合理诉求能得到外界的支持。社会支持是来自外部的支持性行为,这种行为可以提高教师的幸福感,使教师免受不利环境影响。那么,如何寻求社会外部支持?

1. 社会各界要支持教育公益事业

学校就是教书育人的地方,要支持鼓励教师能够独立自主,纯粹地从事教育教学活动。然而,现实社会给教师太多的压力,正如有位受访者所言:如果说教师不幸福的地方,那就是疲于迎接各类行政检查评比,多得不得了。因此要切实减轻教师压力,减少不必要的各类考核活动,尽量留出空余时间。让教师能自由安排时间,自由阅读、思考教育、运动休闲,这样教师精神可以放松,才能提升职业情境舒适感。

2. 切实提高教师的社会地位

教师社会地位不高,是教师在与其他行业经济待遇、社会权益、职业声望等方面比较中产生的,由此影响教师幸福感。提高教师的社会地位,要切实保障教师的权益,关键是落实《教师法》《教育法》《义务教育法》等法规,比如教师工资问题,与公务员工资持平,在有些地方,依然还是一句口号,挪用教育经费、拖欠教师工资仍存在。有位受访老师曾动情地指出:教师的福利待遇要适度提高,让教师有安心工作的环境。实际上,目前教师的工资,我看在当地最多属于中等水平,比工厂里的工人稍好。学校有对年轻的体育教师夫妻,两个人工资合在一起6000元左右,除了租房子、日常生活外,所剩无几,生活压力很大。

3. 切实提高社会对教师的信任度

要建立一个有效的社会支持网络,对教师职业形成良好的公共信任氛围。教育不是天堂,一定存在诸多不完善的地方,会产生一些负面影响。要对教师持合理的期望,要把教师从神坛上拉下来。教师是人,有喜怒哀乐,也有缺点,而且从国家选拔教师机制来看,也不是最优秀的苗子,无论是教师学历水平还是敬业精神,跟教育的需求之间存在矛盾。所以对教师要建立一种公共信任。相反,过度抨击,导致教师士气低落,进而会对教育产生负面打击。因此教育行政要为教师"护航",营造教师职业情境舒适感。

二、营造教师人际交往和谐感

教师人际交往和谐感指教师在工作环境中与他人建立的一种融洽的社会关系。即面对教师人际交往和谐感失落,要学会"亲近学生与家长,融洽同事与领导"两大对策,营造教师人际交往和谐感的社会氛围。

(一)积极与学生和家长沟通

教师幸福与否,来源于良好的人际关系,教师的幸和不幸往往受人际交往的影响。教师只有归属于特定人群,感知教育的存在,才能幸福工作。教师与学生家长的关系,主要体现在教师的教育教学活动中,让学生喜欢教师,让家长尊重教师,与学生及家长建立友好关系,可增进教师人际交往和谐感。

教师、学生、家长三方都要与时俱进、和谐共处。一要充分利用现代信息技术沟通。把信息技术与人际沟通进行深度融合,开通教师微博,让家长学生更好地了解教师、理解教师的思想;要建立班级学生QQ群,让学生与学生、学生与老师建立沟通渠道;建立家长微信群,让家长与家长、家长与教师相互参与,让不同身份的家长处在平等交流平台上,敞开心扉进行沟通,增进相互理解,创造愉快的教育氛围。二要依托学校传统的教育方式。如班会课、家长会等沟通平台,建议教师每月(或每周)单独设立教师沟通日,如同医生的门诊制,让学生与家长能与教师面对面,真诚沟通孩子在教育中的问题,共同谋划学生幸福成长。师生关系处理好了,学生认同老师、喜欢老师,这样老师就会有幸福感。

(二)融洽同事与领导关系

融洽的同事与领导关系是教师获得幸福感的重要因素之一。教师长期在固定的岗位从事固定的学科教学工作,社会交往活动受到限制,如果教师固守清高,教师之间缺乏有效沟通,就会造成人际障碍,影响教师幸福感。

学校要积极创建和谐的同事关系氛围,加强教师与同事及领导之间的交流。首先,要创建教师共同体,注意管理层之间、不同学科组和年级组之间的差异,进行同质和异质组合,围绕一个共同的目标,凝聚教师合力,进行沟通交流,提升自我。其次,要营造一个良好的活动氛围,适时组织各类活动,如教工羽毛球俱乐部、篮球俱乐部、游泳俱乐部,开展各类活动,增进教师与同事及领导之间的友谊,收获良好的人际关系,助力教师幸福感。正如有位受访所言:同事之间,需要一种良好的人际关系,教师人际关系要和谐,要简单化,不要弄得很复杂,特别是年轻教师,需要一支团结、和谐、具有活力的团队,要结交正能量的、心态积极的同事和领导,他们会给你的教学生活带来阳光和笑容,让你的工作变得更加幸福。

第十二章

提升河南省中小学教师职业幸福感的内在途径

许多研究发现,一个人是否感到幸福,一部分取决于人际关系、健康、职业、物质条件等因素;而另一部分取决于本人的性格、情趣等心理因素。乐观、积极、豁达、开朗的性格比悲观、消极、狭隘的性格,更容易获得幸福感。喜欢社交、思维活跃、情绪稳定、勤奋和尽职尽责等性格容易产生幸福感。开朗、遇事冷静、可靠等性格能使人"有效储存"幸福感,当这些人遭遇倦怠、压力时,"储存"的幸福感会适时释放,帮助其克服倦怠和压力。环境很难被个体控制和改变,而我们都可以做的是改变自我和调节自我。从这个角度来看,提升教师职业幸福感主要在于教师本身。

第一节　教师本身要树立正确的世界观

英国思想家罗素认为,不幸在很大程度上应该归因于一种错误的世界观。而幸福是人的一种权利,是人们应该追求的东西。幸福感与人的世界观密切相关,是由幸福观决定的。幸福观是人们对幸福问题的总的看法和基本观点,基于不同的幸福观,不仅价值追求不同,而且在获得职业幸福时,幸福也会有极大的差异。一般来说,优秀教师都有较强的职业幸福感,有时即使工作很苦、很累,但也会"累并快乐着"。

一、确立健康向上的人生观和价值观

幸福渗透了价值,幸福是人生价值追求的动力所在。由于幸福本身具有精神性和社会性,没有健康价值追求的人,不懂劳动、创造和奉献,只求索取的人,必定是远离幸福的人。所以对幸福的需求虽然人人都有,但是幸福

的感受是一种有待开发的潜能。是否体验到教师职业幸福与教师的人生境界有关,教师要具有幸福感就必须确立健康向上的人生观和价值观。主要包括三方面:一是教师必须有一个合乎人本质的人生目的,没有目的的人生就是漂泊的人生。使命感的失去就是意义感的消失,幸福就无从获得。二是教师必须有一种走向最终目标的创造性活动,没有创造性的人往往是不幸或难以获得较高强度幸福的人。三是教师合乎目的的创造性活动本身必须合乎人之为人的道德规范,一个人不能采取卑下的手段去追求崇高的幸福。总之,教师积极向上的精神状态、平衡和谐的内心世界、充满关爱的人文情怀,是产生幸福感的源泉。

二、中小学教师要树立正确的职业价值观

不同教师的经历、处境、条件存在不同,对教师职业价值观的理解也就不同。正确、合理的职业价值观能够使教师更多地体味到职业生活中内在的尊严和快乐。"把工作当成幸福的人并不会从奉献中感到有什么损失。事实上,他甚至不会意识到自己是在奉献,他只从工作中感到生命的充实和生活的乐趣。"相反地,不正确、不合理的职业价值观则会使教师处于职业倦怠的境地不可自拔,自然也就感受不到职业的幸福了。所以,教师要不断提升对教师职业价值观的认识,树立正确的职业价值观,追求职业内在的价值和欢乐,获得更多的职业幸福感。

三、树立崇高的教育理想和信念

不少老师可能会有同感,教师很累,也很清贫。对教师而言,教育工作占据了人生长度和宽度的很大比例,它的意义决定着人生的意义,它的价值决定着人生的价值。如果不从教育本身寻求幸福和快乐,追寻自己的教育理想,那么教师的精神支柱就坍塌了。不管教师这个职业的取得是偶然还是必然,是主动还是被动,只要你还在从事,你就要把它作为一种事业,寻求教育事业的价值和理想。只有在追求理想的过程中,才能优化我们的教育生活,让现实的教育更为精彩,进而才能寻求到教师职业的快乐和幸福。

人们对幸福的追求与对理想、信念的追求是相辅相成的。故提升幸福感,首先要使教师树立崇高的教育理想和信念。教育理想是人类通过教育

这种有意识的生命活动,根据其内在需求和条件塑造自我、塑造自然界以及社会所设想的有可能达到的完美状态。教育理想和信念一旦确定之后,就会给教师的思想、道德以深远的影响,决定其行为的方向性、原则性、坚韧性和持久性,决定老师对职业幸福的感受和体验。丧失或缺乏教育理想和信念,老师便难以有长远、持久的奋斗目标和追求。而教师教育理想和信念的缺失、动摇或瓦解,不仅会导致教师精神失落,也会导致教育实践中的许多失误和不幸。对于有追求、有目标的教师来说,困难就不是困难,而是磨炼;挫折也不是挫折,而是动力。人宁可因梦想而忙碌,不要因忙碌而失去梦想。因此,树立崇高的教育理想和信念对于培养教师职业幸福感具有重要意义,只有把崇高的理想融入自己的职业生涯中,建立自己的教学风格,才能对教书育人乐此不疲。

四、加强师德修养,提升思想境界

教师职业幸福感仅靠外部刺激来满足,就很难维持长久的幸福。一个人只有具有了幸福感的内在根据,才能有持久的,甚至延续一生的愉悦。亚里士多德认为:"人所追求的最高境界就是幸福,幸福的人是受过教育的有教养的人"。幸福之人又是优秀的有德行的人,而德行要靠教育养成。

首先,教师职业需要教师比一般人具有更高的道德修养,这就要求教师不仅要育人,更要自育。德育虽然不能安排人的生活,却能成就人的道德生活追求;德育不能左右生命,却能提高生命的质量;德育不能替代美德,却能造就道德上成熟的人。老师具有了比较高尚的道德水准,自然会表现出温文尔雅、善良友爱、宽容大度等君子风采,处处受欢迎,自身幸福感便油然而生。首先,老师应增强对学生的责任感。教书育人的最大意义莫过于培养适应社会需求的学生,真正有责任感的优秀教师应以此为奋斗目标,这样才不会产生职业倦怠。其次,是要有不断进步的紧迫感。年轻教师发展迅速,各位老师都应意识到只有不断地完善自我,才能在工作中保持先进,并成为自己职业发展的设计者和实施者。再次,教师应该增强献身教育事业的幸福感。现实中,有些教师的价值取向偏离了应有的职业价值取向,过分追求名利,而真正的优秀教师应把培养优秀人才当作幸福。有了这样的追求,才会享受工作的光荣,享受与学生共同成长的幸福,享受自我发展的快乐。

幸福以道德为前提,道德以幸福为归宿。师德修养与教师的幸福感密切相关,是教师实现幸福感的必备素质。加强师德修养,教师就要以积极和热情的心态对待生活,以欣赏和感恩的态度对待社会,以全力以赴的心态对待工作。教师只有在提高自己的思想境界和师德修养中才能不断体验教育教学的幸福和快乐,才能对学生情深似海,丹心一片;对工作认真负责、精益求精;对自己严格要求、为人表率。不断提高教育教学质量,培养一批又一批优秀人才,并从中体验到收获人才的快乐和幸福。可以说,良好的师德是赢得他人和社会尊重的前提,是教育教学成败的关键,是教师职业幸福感的保证。

第二节　教师在职业发展过程中收获幸福

提高教师的职业生命质量,是"新基础教育研究"重要而直接的目的。在"新基础教育""关注人的生命质量"这样的哲学观的指导下,我们不可能不重视教师本身职业生命的质量。时至今日,一项真正的属于促进人的发展的教育改革,就应该让参与教育教学改革的教师感觉到个人的生命价值。这种价值不仅仅是外在条件的改善和物质的鼓励,还应包括内在的生命质量。

当然,我们还必须明白,教师职业的幸福感或者教师职业的尊严,并不完全来源于教师的专业知识、技能或外表,还来源于他们的工作态度、职业道德与教育信念。陶行知先生曾说:"教师工作最大的幸福就在于培养能够超过自己的学生"。英国著名作家萧伯纳说:"如果我们不能建筑幸福的生活,我们就没有任何权利享受幸福,这正和没有创造财富无权享受财富一样。"苏霍姆林斯基说:"教育是一个使教育者和受教育者都变得更加完善的职业,而且只有当教育者自觉地完善自己时,才更有利于学生的完善和发展"。也有普通老师说:"谁来提高我们教师的幸福指数? 靠政府、靠社会,更要靠自己。我们教师要接受现实,悦纳自我,心存感激,追求卓越,获得幸福。"

那么,怎样才能在平凡、清贫、烦琐中心存感激,悦纳自我,不断汲取幸福和快乐的元素呢? 国外有人曾以"愉快的一天"为题,了解教师们因什么而感到愉快。结果表明:教师们认为"愉快的一天发生在当教师怀着渴望去学校,感受到同事与学生的热情,感觉有使不完的劲。在这一天里,教师感觉他与学生的距离伸手可及,在预定的计划和教学单元里,他使许多学生带着兴趣完成了学习任务,而教师则圆满地结束了这一天的工作。"可见,在付出与给予中是能获得巨大的满足的。

一、教师要准确把握自身角色,建立良好的自我定位

古人云:"人贵有自知之明",这里所谓的自知之明就是自我定位。自我定位是一个自我寻找"优势"和"差异"的过程,从而发现进入社会的空间,并扬长避短,在社会上找到自己的一席之地。自我定位,就是明确自己"我能干什么?""社会可以提供给我什么机会?""我选择干什么?""我怎么干?"等问题。恰当的自我定位可以使理想可操作化,为介入社会提供明确方向。

职业对大多数人来说,都是生活的重要组成部分。与自己的职业结识不乏机缘,但更需要自我的设计和自我的奋斗。对于教师来说,职业已经基本定了。但是,教师对自我如何定位,就决定了他们对教师职业的理解、对现在生活的满意程度以及为职业所做的奋斗和努力,这些都会极大地影响他们的职业幸福感水平。如果一名教师仅仅是将教师职业看成是社会对教师角色的规范与要求,或将教育看成是一种出于职业责任的职业,那么,这样的教师就把自身的角色定位在"无人称的社会角色世界中";如果一名教师将教师的职业看成是一种出于职业良心的职业或者看成是一种自我价值的实现,一种幸福体验的职业,那么,他就是"自己本身"。这样的教师才能在工作中体验自己的幸福。

二、教师要学会自我评价,并通过自我评价追求自我的完善

教师自我评价是指教师依据评价原则,对照评价内容,主动对自己的工作表现进行评价,并确定教师个人的发展需求,制定发展目标。它是一个自我反思、自我教育、自我提高,激发内在动因的过程,是促进教师形成正确的职业价值观的有效途径。所以,教师要提高自身的知识水平、改变评价定势,尽量避免过低、过高或不完全的自我评价。

所以,作为教师应该经常这样问自己:当学生精神不振时,我能否使他们振作? 当学生兴奋过度时,我能否使他们归于平静? 当学生茫无头绪时,

我能否给予他们启迪？当学生没有信心时，我能否唤起他们自信的力量？我能否从学生的眼睛里读出渴望？我能否听出学生回答问题中的创造？我能否让学生感受到关注？我能否使学生感到我的精神脉搏与他们一起欢跳？我能否让学生在课堂上学会合作，感受和谐的欢愉、发现的惊喜？如果回答是肯定的，那么，这位教师就不仅仅是一名优秀的教师，而且是一名幸福的教师。

三、教师要推动自我超越，完善职业价值观

教师要将个人的心理需要转向学校和社会需要的轨道上来，自觉调整心态，进行自我教育，通过提高自身修养完善自我。这样，教师才能在自我醒悟、自我教育中，促进自己不断加强修养，积极参与富有创造性的教师职业活动当中去，从教师职业活动中获得心灵的满足，从教师职业活动中体验生命的内在欢乐，从教师职业活动中得到自我的发展，在教师职业活动中实现自我，超越自我，并在此过程中，逐步完善自己的教师职业价值观念。

肖伯纳（Bernard Shaw）有过这样一段名言："征服世界的将是这样一些人：开始的时候，他们试图找到梦想中的乐园，最终，当他们无法找到时，就亲自创造了它"。所以，作为教育者的教师要树立正确的职业价值观，认清自我，发扬创造精神，在平凡的岗位上，发现教育职业之美，发现教育职业之不平凡，"干一行，爱一行"，忠诚于自己的职业选择。

四、积极参与教育、教学和班级管理的教研

（一）积极参与教育科研

教育科研促进教师专业化发展的同时，也给教师带来了职业的幸福感，有效减缓了职业倦怠情绪，提高教师职业生命的乐趣和质量。老师的工作性质没办法不重复，但可以看到，有许多老师对教师这个职业乐此不疲，从一个顶峰不断走向另一个顶峰。究其原因，就是这些老师把教育工作看成了一项创造性的活动，他们不仅仅是在工作，更是在享受创造的乐趣。苏霍姆林斯基说过："如果你要想使教育教学工作成为一种幸福的职业，那么请你从事教育科研。"

如果教师把教育教学工作看作是一项创造性的活动,看成是一项研究工作,老师在教育教学工作中就不会套用现成的模式,也就不会照搬照抄一成不变的方式方法,就会根据具体的教育对象、教育情境、教育内容因人而异、因地制宜、因时制宜,创造性地采用适宜的教育教学方法,教师若认识不到工作的创造性,就会使工作机械、重复、简单化。华中师范大学教授熊川武说得好"科研是教育幸福之源。"教育科研可以促进教师加强对教育规律的认识,减少老师因缺乏有效的教育手段而产生的苦恼,增加教师的工作胜任感和成就感,可以促使教师不断在新的领域里探索,让自己的教育教学工作能常教常新。还可领略新鲜事物,并得到多方面发展,从而获得满足感还可以提升教师的职业德行,帮助教师成为更富有人格魅力的被学生爱戴的人。可以说,教育科研,不仅有助于学生更健康地成长,也使教师"给自己的职业生涯增添探索、发展的欢乐,使自己的生命和才干在干事业的过程中不断获得更新和发展",促进自身的专业化成长。

胡适当年告诫大学生时开的"药方"之一是"问题丹",即"总得时时寻一两个值得研究的问题",胡适解释"是大学生入世的第一要紧的救命宝丹"。问题是一切知识学问的来源,作为活的知识学问,都是为了解决理论或实际的困难。老师教书育人的过程中,肯定会遇到各种各样的问题,应做有心人,不断研究问题、解决问题。如果没有一两个值得研究的疑难问题跟着,时时发出挑战,我们就很难保持对学问的兴趣和追求学问的热心,就会变得懒惰、松懈,久而久之就会产生职业倦怠。"脑子里没有问题之日,就是你的知识生活寿终正寝之时!"胡适这样说,绝非危言耸听。教师只有走上教育科研这条"幸福之路",才不会老感觉"涛声依旧"。不少老师还认为教育科研很玄妙,是"雾里看花""水中望月",高深莫测可望而不可即,门槛儿太高迈不进去,那是专家和领导的事;有的老师认为教学和科研是两码事,本身就够累了哪还有精力搞什么教研! 其实这些都是对教育科研的误解。一位名师深有感触地说"什么是最好的教育科研? 带着一颗思考的大脑从事自己平凡的工作,思考并实践最重要。"这句话告诉我们教育科研就在我们身边。遵循"工作→问题→反思→研究→解决问题→改进工作→总结成果"的流程,这就是教育科研。当教师通过这样实实在在的、科学的"研"之后,收获的是教育智慧,发现的是更广阔的教育教学天地,就会觉得教育科研如此奥妙无穷、魅力无限！在教育科研这个温暖的港湾里,是多么幸福和快乐！

（二）掌握从事教育教学专业知识及班级管理经验

幸福由可能变成现实,要求教师具有相应的专业知识和技能,提高追求幸福的能力和水平。教师的专业化发展,除了学科专业知识外,还要求教师了解和掌握教育学、心理学、伦理学等教育理论知识,形成自己的专业风格和工作风格。从教书育人和班级管理等方面,教师应有组织开展多种活动的能力,灵活、机智的教育教学应变能力和交往协调能力等,这要求教师应多才多艺,因为教育教学不仅是一个严谨的知识接受过程,也是一个充满灵活性、创造性的艺术过程。没有渊博知识和高超技能的人就不会获得教育教学的成功,更难以体验到教育的幸福。

五、提高职业技能,让课堂教学焕发出生命的活力

（一）活跃课堂——快乐的天堂

课堂是教师生命中最重要的舞台。教师生活在课堂上,天天和学生打交道,没有高质量的课堂教学,没有在教学活动上体会教育创造的意义和快乐,教师幸福的人生必然大打折扣。可以说,追求幸福的生活是一种思想的牵引和精神的动力,而高质量、高职业成就感的课堂教学则是教师幸福生活的根本和基础。一个懂得享受教学过程的人,课堂自然会成为其享受幸福的重要舞台。而营造一个充满生命活力的课堂,和学生一起痛苦、一起欢乐,教师会少许多焦虑和烦恼。"幸福的家庭是一样的,不幸的家庭却各有各的不幸"。教师的职业幸福感就是这样。只有懂得享受课堂的人,才能体会当教师的幸福。

留意一下生活,我们会发现在学校,课上得好的老师,往往是那些喜欢教学工作,喜欢与学生交流,并把学生的成长成才作为自己最大的快乐的人。课堂上,他们精神饱满、口若悬河、挥洒自如、神采飞扬！他们正在享受着教师的幸福……同事眼中,他们是阳光灿烂的人;学生心中,他们是师德高尚的人。

教育是需要智慧创造的职业。"把创造还给教师,让教育充满智慧的挑

战""让课堂焕发生命的活力",因为高质量的成功的教学活动能让教师享受学生进步带来的幸福,同时也会让教师感受自我发展带来的幸福。

(二)终生学习——全新的生活方式

书到用时方恨少,事非经过不知难。《学记》曰:"是固教然后知困,学然后知不足也。"对于教师而言,要学的东西太多,而知道的东西又太少了。有人说,教给学生一杯水,教师应该有一桶水。这话固然有道理,但我们都知道,一桶水如果不再添加,总有用尽的时候。因此,在实际工作中,要提高自身的职业技能,教师不仅要有一桶水,而且要是"自来水""长流水"。"问渠哪得清如许,为有源头活水来"。书本是无言的老师,读书是最大的乐趣。"授人以鱼"不如"授人以渔",比知识更重要的永远是方法。一个乐学的教师,才有可能成为一个乐教的教师;教者乐学,才能让学生乐学。

一位教育家曾说过,教师的定律,一言以蔽之,就是你一旦今日停止成长,明日你就将停止教学。身为教师,必须成为一个终身学习者。"做一辈子教师"从某种意义上说就是"一辈子学做教师"。教师只有再度成为学生,才能与时俱进,才能不断以全新的眼光观察和指导整个教育过程。因此,教师必须彻底改变过去那种把教师储藏的知识和传授给学生的知识比作"一桶水"与"一杯水"的陈旧观念,努力使自己的大脑知识储量成为一条生生不息的河流,筛滤旧有、活化新知、积淀学养。

第三节 保持积极的工作情绪

教师职业幸福感最重要的源泉是学生的成功和他们对教师的真情回报,影响教师职业幸福感的许多不利因素都可以从学生对教师的尊重、理解、感激中得到弥补。因为在这种尊重、理解和感激中,教师可以看到自身的价值,但是,要得到学生的尊重、理解和感激,教师就必须学会尊重、理解、热爱学生。这就是教师获得幸福的源泉。

一、热爱学生要求教师尊重学生

尊重学生不仅仅是行动上,同样包括言语上。千万不要因为教师的某

些不当行为,致使可以成为社会栋梁的好学生被扼杀在摇篮里。尊重学生
作为生命个体存在的尊严,多一点人性的关怀,少一点轻视的嘲笑,教育才
真正是人道的教育,教师才是智慧的教师。否则,学生们可能就要唱一首
歌:"起得最早的人是我,睡得最晚的人是我,书包最重的人是我,作业最多
的人是我,负担最多的人是我,心事最大的人是我,是我是我还是我……"那
么,学生哪里还有什么快乐而言? 教师的工作还有什么意义? 教师自己又
怎能获得幸福?! 反观我们的教育,回头看看我们的前辈,陶行知那"四块糖
果"的春风化雨,李叔同那向学生"微微一鞠躬"的唤醒与等待,是否曾经震
撼我们的心灵,直到现在仍让我们久久地回味……让每个教师都学会"蹲下
身子和学生说话,走下讲台给学生讲课",关心、关爱学生的情感体验,让学
生感受被关怀的温暖,做一名学生喜欢的教师!

二、热爱学生要求教师常怀感恩之心

教师应该常怀感恩之心,感谢学生。感谢那些向他们推心置腹诉说心
里话的学生,让他们享受着被人信任的幸福;感谢那些在课堂上鼓掌的学
生,让他们体验着被人赞赏的喜悦;感谢那些陪他们一起走过职业生涯的学
生,让他们的一生日日有青春与朝气做伴。其实,某些学生可能曾遭遇过教
师的误解,但却始终不曾表露出抗议,在他们身上,可以欣赏到比天空更开
阔的胸襟;某些学生可能因为喜欢教师所教的学科进而喜欢这位教师,让教
师懂得了教学不只是一种工作一种责任,而且是一种体验、一种享受。正是
由于学生的存在,让全身心投入工作的教师如此美丽!

时光无法左右,任何人都无法阻挡它的流逝;皱纹会增多,年龄会增长,
但是爱却能穿越时空的间隔,在心中静静地流淌。一位哲人说过:"写在纸
上的爱,一个早晨就可以读完;说在嘴上的爱,一转身就能忘记;而唯有老师
和母亲的爱是写在大地和天空,永远珍藏在心底的。"师爱,教师幸福的
源泉!

三、角色转换——拥有快乐的心态

教师确实是很累的。这与教师角色的多变性、工作单调、学校对教师一
统化管理、教育体制等客观外因有关。但是作为教师是否快乐的因内——

教师自己,是否反思过:在勤勉和敬业工作的同时,是否尝试过从教育工作中寻找职业的快乐呢?教师只有凭借自己的力量打开心里的枷锁,才能让自己在繁重的工作中感受快乐和幸福。那么,什么是教育工作真正的快乐呢?

我们认为,教育工作的快乐有三层含义:

一是教师应该快乐地教。教师不能仅仅是在教着,更不能是在痛苦地教着。教师应该是一个充满欢乐的职业。一个教师如果身在快乐之地却感受不到快乐,这不能不说他为师的境界需要提升。善于从本职工作中获得乐趣的能力是人的一种很重要的心理能力,它关系着个体一生的生活幸福。

二是教师工作需要一种快乐的心态。生活中,有人认为做教师太苦太累,下辈子再也不做教师了;也有人认为做教师能与学生一起成长很有意义,挺幸福的。相同的职业,不同的人有不同的看法,也是心态不同导致的不同结果。前者选择了教师这个职业,但却没有选择幸福;后者选择了教师这个职业,同时也选择了幸福。对于每一位在教师这个岗位上工作着的人来说,幸福就在你面前。如果你选择伸手去抓住它,那么,幸福便会来到你的身边。如果你能够保持快乐的心态,工作和生活就会变得多姿多彩,轻松惬意。尽管教育工作是单调的、烦锁的,在工作中遇到很多的困难和不如意也是难免的,但是我们应保持乐观的态度,用欣赏的眼光对待教育,因为"态度决定一切"。

三是教师工作的快乐需要挖掘。也许,教师职业目前并不是很多人理想中的工作,但作为教师应转变态度,心甘情愿地去从事教学工作,凭借对工作的热爱去发掘内心蕴藏的活力、热情和巨大的创造力。当社会日益多元化,人们的职业选择越来越成为一种个人选择的时候,选择了当教师的人们更应尊重自己的选择。既选之,则安之;既选之,则爱之。也有人认为:既然干与不干都得干,为什么不干呢?既然干好干坏都得干,为什么不干好呢?如果教师没有足够的魄力和决心去告别教师职业,却还要不时地自我暗示对职业的倦怠来跟自己过不去,那他的职业生涯可以说是苦海无边了。因此,唯一能做的,就是真诚热爱自己的职业,心无旁骛地致力于自己的事业,把自我从无尽的愤懑,满腹的牢骚中解脱出来,努力寻求心灵力量的支撑。其实,教师的职业幸福原本可以很简单。它需要的也许只是心态的转变,只是挖掘甚至只是感受,保持一颗平常的心和一颗进取的心,幸福就在其中了,而快乐、幸福地工作本身就是对自己最好的奖励!

四、胸怀梦想——前进的动力

如果教师把教学工作看作是一种简单的重复,那必然厌倦,也无言幸福。曾经听过杂交水稻之父袁隆平说了这样一段话:"如果我通过培育优良品种,就可以让一亩地打出更多的粮食,那么,农民就可以省出一亩地来种经济作物,农民的收入也会随之而提高。"这是他的梦想,但究其实质则是对农民、对水稻无限的热爱。因此,我们会看到一个91岁的老人经常出现在田间地头。也曾经为钟南山院士而感动过,一个84岁的老人,长期致力于重大呼吸道传染病及慢性呼吸系统疾病的研究、预防与治疗,成果丰硕,实质突出。是什么让这些老人一生都拥有了不竭的动力呢? 热爱与梦想! 也正是梦想,让他们感受到了自身的价值,感受着自己所钟爱的职业带来的幸福感受。胸怀梦想是一个人不断前进的动力。胸怀梦想,试着去努力、去创新,原来教育也可以这么幸福。

第四节　拥有良好的教师职业心态

心态好,世界上一切都变得很美好。有这样一首小诗"你要是心情愉快,健康就会常在;只要你心情开朗,眼前就到处阳光;你要是经常知足,就不断感到幸福;你要是不计名利,就会感到一切如意。"心情好,一切都美好,即"境由心造"。正如杜甫所述:"感时花溅泪,恨别鸟惊心"。

教师的心理问题主要来源于教学任务和家庭矛盾。社会上很多人包括教师本人,往往把教师定位为"殉道者"和"救世主"的角色。人们习惯于把教师比作蜡烛,燃烧自己照亮别人。如此期望,往往令教师焦虑不安。其实,教师既不是"殉道者",也不是"救世主"。教师就是一个教育工作者,就像警察、医生、环卫工人等一样。同时,教师也是普通人、平凡人,也有喜怒哀乐。很难想象一个身心不健康的教师能培养出身心健康的学生,故教师应该以一个身心健康者的形象出现在学生面前。因此,摆正对教师职业的定位,关注内心需求,保持淡泊的心态和开阔的胸襟,对防止教师职业的心理倦怠,十分重要。

一、乐观向上——人生最大的幸福在于快乐和知足

心理学研究表明,大脑中的想法可以影响人的情绪感受,比如桌子上放着半瓶酒,这是一种客观存在,但不同的人对此可能出现两种截然不同的反应,悲观者看到只剩下半瓶酒,郁闷地叹气:"唉,怎么只剩下半瓶了!"乐观者看到同样的半瓶酒,却很高兴"太好了,竟然还剩有半瓶酒!"足见,一个人的幸福快乐与否,差别只在一念之间。教育先祖孔子曾夸赞其得意弟子颜回:"贤哉,回也!一箪食,一瓢饮,在陋巷。人不堪其忧,回也不改其乐。贤哉,回也!"颜回的"乐天派"至今仍令人敬佩,并不是他能够忍受艰苦的生活待遇,而是他乐观的生活态度。人人都希望过上幸福的生活,而幸福快乐只是一种主观感觉,与贫富贵贱不是绝对相关,而是同内心世界相联系。子贡曾问孔子:"贫而无谄,富而不骄,何如?"孔子认为这很不错。但还有一个更高的境界是"贫而乐,富而好礼者也。"更高的境界是,一个人不仅能安贫乐道,不仅不谄媚求人;而且内心有一种清亮的欢乐,这种欢乐不会被贫困的生活所剥夺,也不会因为富贵而骄奢。他依然是内心快乐幸福、彬彬有礼。孔子正是有了这种态度,才能逐渐达到"为之不厌,诲之不倦"的境界。

人们印象中的教师好像就应该不苟言笑、一脸严肃。其实学生最喜欢的教师是面带微笑、有幽默感,能给学生带来快乐的教师。人的情绪是可以传染的,只有快乐的教师才有快乐的课堂,快乐的学生。人的情绪好坏不取决于那些影响了个体情绪的事物本身,而取决于个体对事物的态度,从这个意义上说,快乐是一种生活态度。大多数人都过着平平淡淡的日子,干着平凡琐碎的事情,但要有主动从平淡中寻找乐趣的态度,去快乐自己,也愉悦别人。

幸福从教育心态中来。与同学相比、与街坊邻居相比,与其他行业相比,教师职业是属于比较清苦的,没有显赫的地位,没有丰厚的薪酬,有的只是披星戴月。没有一个平静的心态,没有豁达的胸襟,是难以感受到幸福的。孟子曾说,人生有三大快乐,得天下英才而教之便是其中之一。古往今来,许许多多的教育家以自己快乐的教育生涯诠释了这样一个道理。教师要有对教育教学喜爱的情感,对目标精益求精的追求,对问题不断探索的精

神。教师对教育有了浓厚的兴趣和强烈的探索精神,那么他一定会满怀激情、无比喜悦地热爱自己的工作、热爱学生,在这种快乐的推动下,教师一定能够不断激发灵感,这样教育教学就不仅是工作,而是变成了一种艺术。伴随着艺术的情感,不仅学生越学越起劲,老师也越教越得意。师生情绪相互影响,教师只有心情愉快、热情饱满地面对学生,才能让学生同样轻松愉快地上课,才能激起学生的学习热情,才能让课堂充满活力。同时,教师也会思绪纷飞、灵感闪烁。反之亦然,如果教师心情不好,一站在讲台上就流露出抑郁的神情,那学生也会受到影响,在课堂上无精打采。同样,学生的反应又会进一步影响教师的心情。如此恶性循环,教学效果可想而知。快乐幸福地当教师,不仅是一种人生态度,更是一种崇高的职业追求。舍弃功名利禄的追求,放下急功近利的心态,把教育当成一种美学,在平淡中体会着愉悦。如此一来,倦怠的心理就会烟消云散,渐渐地,收获就越来越多,也会得到越来越多学生的喜爱。如此这般,自然会越来越快乐和幸福。

二、和谐心态——幸福与快乐的基石

和谐即美。教师作为传承文明的使者,首先要保持和谐的职业心态。从心理学角度解读,和谐心态就是指主观追求与客观现实之间比较顺和的心理状态。"心平则气和,气和则心安",只有保持心态和谐,才能理性处理期望所欲与利益所得的博弈关系。在职业道德和社会义务的坐标上合理定位自己的价值观,正确对待工作中的困难,勇于接受挫折,乐于迎接挑战,宏观看待努力工作而获得的相关荣誉。心态和谐不仅是一种能力,更是一种人生境界。和谐心态作为一种能力,通常表现为一种发现职业幸福的敏感,一种追求事业成就的执着;心态和谐作为一种人生境界,表现为对于教育职业前景发展态势中,深刻认识现实矛盾冲突,做出积极应对自觉把握。有了自尊自信、理性平和、积极向上的职业心态,就会少一些抱怨,多一些理性,适时进行自我调节,热忱投身到教育事业发展的洪流中去。保持和谐心态,就应该有一种俯视天地的思想境界,一种超乎寻常的高尚情怀,一种大彻大悟的生活智慧。教师拥有和谐心态,才能扎根教育事业的土壤,不为世间的功利和浮躁所扰,才能从教书育人中深深感悟,享受奉献社会、奉献教育的快乐,收获更多的幸福和满足。

三、分享心态——幸福因分享而增值

(一)与学生的分享

教师和学生的分享,是一种双向的互动,是以平等的姿态、最大限度地尊重学生的情感、理解学生的需要、关心学生的发展,并从中得到教师职业的幸福感,实现自我价值。教师和学生分享知识的过程,其实也是自己的知识得到丰富、情感得到升华、认知得到提高的过程。在信息时代,学生可能在某些领域比教师了解的知识更深入、更全面,名师出高徒,而高徒也可以成就名师。一些固守"师道尊严"思想的教师,难以以分享的姿态出现在课堂上,他们习惯了"照本宣科"或"唯考试是举"。尽管可以把此归咎于应试教育的阻力,但是根据相关研究表明,教师的教育教学会受到自身读书期间教师的影响。如果教师不反思自身的教育教学,就很难超越传统的、惯性的思维方式和行为方式;觉得灌输比分享好,天长日久,教师自然会觉得工作乏味、职业倦怠。

(二)与同事的分享

孔子曰:"三人行,必有我师焉。择其善者而从之,其不善者而改之。"古代先贤尚能如此谦逊,何况咱们凡夫俗子,更应该多与同事交流,互相借鉴先进科学的教育教学方法。教师要想从工作中得到快乐和肯定,也需要以分享的心态来从事教育教学工作。

四、朴素心态——幸福来自于内心的朴素

朴素乃遵道守安,温和敦润,理性通彻,真诚无伪,真实无欺。这是教师的通用语、常姿态,是老师一辈子脱不下的职业装。朴素者,清也,慎也,勤也。朴素是崇高下的坚韧,奉献中的挺立。它以文化为根,以精神为魂,以仁爱、平等为基。朴素的老师禁淫淡泊、沉醉宁静,常常用白天的思考换取夜间的沉睡——"淡如秋菊何妨渡"是也!朴素的教师,如乐之和,与亲友、同事、学生、乡邻和衷共济,精行俭得;如孔子之"礼之用,和为贵";如孟子之"老吾老以及人之老,幼吾幼以及人之幼"。朴素是一种经年积累的内功,有着"咬定青山不放松,立根原在破岩中"的执着;有着"不畏浮云遮望眼,自缘

身在最高层"的旷达；有着"不以物喜，不以己悲"之闲适；有着"得之我幸，失之我命"之洒脱。沉淀着教师所有的心血、智慧、胸怀和修养。朴素，是一种免疫力，能让人避免染上速成化的混乱、娱乐化的躁动和失重态的虚华。因为朴素，使人少了卑微，多了自在；少了慌乱，多了从容；少了抱怨，多了理解；少了偏激，多了沉稳。因为朴素，让我们心胸豁达，远离倦怠。

五、保持阳光心态，享受职业幸福

把目光定格在别人的优点、阳光的一面。无论对他人还是对自己都是一件有益的事情。用阳光般的心去对待别人，自己的心灵也会被照得闪光，生活也会因此幸福而快乐。许多人常常追问和思考"幸福究竟是什么？"其实幸福很简单，她就是一种感觉。因为生命不是一个目的，而是一个过程。苦和甜来自外界，体味幸福则来自内心。有这样一句话"有道德的人是高尚的，从事培养有道德的人的工作是幸福的。"那么，我们都应该是幸福的，因为我们拥有一个共同的名字——教师。只有幸福的教师才能培养出幸福的学生，一个不能体悟到教育幸福的教师，很难给予学生幸福的人生，自己也难以享受人生的幸福！要做一名幸福的教师，首先必须始终保持健康的、阳光的心态，并以此心态对待教师职业，可以得到更多的美好。正所谓思路决定出路，心态决定状态，深度决定高度。教师真心把孩子当孩子，他们就是教师快乐的源泉。反之，如果教师总是抱怨学生难教，条件差、工资低，这样的教师就永远生活在抱怨之中，永远感受不到幸福。

六、心存宽容，收获幸福

理解宽容是教育的基石。谈到理解和宽容，魏书生堪称楷模，他具有"出神入化的教书育人艺术，民主科学的管理经验，新人耳目的思想观念，以及感人至深的道德文章"。现实中，有人未干工作先讲条件，出不了成绩却怨天尤人。面对学困生，有老师埋怨学生"唉，你怎么才考这点儿分，你怎么学的呀！"更有甚者说学生脑子笨。魏书生却认为，学生坐在咱教室里，是咱的学生，你无法选择学生，可选择的应该是自己的施教方法。一个人不可能工作、生活在一个处处都如意的环境中，如果我们天天为环境忧心，不仅于工作毫无帮助，对自身健康也不利。魏书生认为，用七分力量去埋怨、指责环境,一丝一毫也不见效果,有时甚至会适得其反,助长别人的愚昧和自己的野蛮,但只要省下七分力气中的一分用来改变自己,就能使自己发生变化。埋怨环境不好,常常是自己不好,埋怨别人太狭隘,常常是自己不豁达,埋怨天气太恶劣,常常是自己抵抗力太弱,埋怨学生难教育,常常是自己方法少。魏书生的这种处事理念让人倍受鼓舞。有了魏书生那样的严于律己、宽以待人、理解环境、宽容一切,多改变自己、不埋怨环境,多抢重担、不推责任的胸怀,我们还有什么困难不能克服,还有什么工作使人倦怠呢?

七、攀比适当——知足就是幸福

"守不住清贫莫从教,耐不住寂寞不为师。"中国人民大学金正昆教授爱说一句话:"痛苦来自比较之中。"我们对此话感同身受!前不久,看到这样一则短文:"有几位初、高中同学进行了一次聚会,回忆当年中学时代的一些学习生活趣事,期间少不了喝茶聊天、推杯换盏,聊过去也聊现在的工作、生活情况。聚会后不久,有一位老同学居然寝食难安了好多天,声称以后再也不参加这样的同学聚会了!大家细了解才知道,当这位老兄拿到一些同学印有局长、经理等的名片,再看到停在酒店门口前来聚会同学的私家车时,不禁为自己地位平常、收入平平、生活平淡而自惭形秽,看到昔日同窗过着与自己截然不同的生活,失望、无奈、不满、恐慌等情绪在内心不断翻腾,聚会还未结束便找借口提前'闪人'了。聚会带来的心理冲击让他在几周内仍耿耿于怀抱怨社会的不公正,责怪自己没本事,埋怨妻子对自己工作缺乏有力支持,甚至孩子也拖累了自己!看什么都不顺眼,原本甜美的梦乡,现在却让他难以入眠。"

诚然,由于每个人个性、经历、学历及社会角色的不同,社会地位亦有差别,诸如学业、房子、车子、财富等有形物资更是直接打开了人们攀比的空间。比较常常是物资上的,但它却影响到人的身心健康。生活累,一小半源于生存,一大半源于不当攀比。攀比适当也不失为一种健康心态,因为有比较才能显出差距,才会有奋斗和追赶的目标,才能有前进的动力,这有益于工作、学习进步,有利于身心健康。消极的盲目攀比可造成情绪障碍,尤其是性格内向、敏感而偏执者,物资方面比较多了,会觉得社会对自己格外不公平,易心理失衡,出现自卑、焦虑、抑郁寡欢等心理症状。俗话说"人比人气死人",有的人以己之短比人之长,不问条件和环境,结果是越比越生气,处处显得自己不如别人,职位比别人低,钞票比别人少……久而久之,比出痛苦,产生抱怨,哪还有心理平衡。人都要有自知之明,有时就要满足现状,要用"比上不足比下有余"的心态排除烦恼,寻找乐趣。要理性看待成功和失败,理性看待自己,不要盲目与他人攀比,更不要刻意与最优秀的人才相比,因为各人的生活和成长背景不同,成功的机会不均等。要善于纵向比较,即将自己现在和过去比较,这样更实际更公平。要有"别人骑马我骑驴,后面还有步行的"的心态,就会心理平衡一些。凡事量力而行,适当降低期望值,不能不顾自己的实际情况而过高要求自己。我们凡夫俗子在学习、工作和生活中,要会比、善比,工作向高标准看齐,生活向低标准看齐,比出进步,比出健康。

八、热爱学生——做一个幸福快乐的老师

学生,是教师生涯中陪伴一生的人,常常被认为是教育的对象。苏联教育家阿莫纳什维有一句教育箴言:"谁爱儿童的叽叽喳喳,谁愿意从事教育工作,而谁爱儿童的叽叽喳喳声已经爱得入迷,谁就能获得自己的职业幸福。"如果老师用柔和而充满希冀的眼光去看学生,每个学生都是一个个可爱的小精灵。所有的心灵就像小草一样,都渴望爱的阳光,人需要爱也需要付出爱,爱是幸福和快乐的源泉!只有爱别人的人才会体验到爱的快乐和幸福!教师在育人中教书,在纷繁复杂的教育要求和教育行为现象中以爱育爱。教师关爱学生,学生尊重老师,让学生在感受"爱"的同时,能够心存感激,心怀感恩,能够带着一颗"爱心"走出校门,走向社会。师生相互之间付出爱、接受爱、理解爱,并不断提升爱的能力和爱的艺术。将人的情感与人的认知相结合,在某种程度上突破了知情意行分割的思维窠臼,凸显爱的情感在教书育人中的作用,让学生在关爱中成长,让老师在学生成长中体验幸福和快乐。幸福与快乐与否取决于教师对事业的挚爱程度,一个真正热爱教育事业的教师,会善于发现快乐和幸福。除了爱学生外,老师还要爱祖国、爱工作,爱生活、爱自己。经常保持乐观向上的积极心态,即使遇到不开心的事情,也应善于调整心情,不要把郁闷的心情和形象带到工作中,更不能把不愉快的心情留给学生。人生最美好的享受,包括深思、艺术创造,欣赏大自然、友情等,其快乐远非虚名浮利可比,而享受它们也并不需要太多

的物资条件。这才是真正地对生命的享受。而这类享受皆依赖于心灵的能力。此外,还要爱我们的社会,爱我们的学校,爱身边的同事,爱我们的家人,用全心地爱真诚对待身边的一切人和事,多一分包容,多一分理解。当你看到小鸟在歌唱,看到太阳想欢笑,看到蓝天白云想拥抱,你也就拥有了享受幸福的心境

用美丽的心灵去看学生。有人说,如果你把学生看成天使,那么你就生活在天堂;如果你把学生看成魔鬼,那么你就生活在地狱。日本儿童教育家铃木镇在与孩子们接触中发现,每一对父母在教育孩子说话走路阶段,孩子的进步最快,即使孩子学说话时说得再差、再迟,父母们也会说"贵人迟语",而从不抱怨,只会不停地鼓励、赞赏,这是因为在父母眼里孩子是最美的;孩子学走路,摔跤再多,父母也从不嘲笑他,只会坚持不懈地帮助他,因为父母们总是在用美好的心灵看孩子,用美丽的心关注着孩子从零开始的每一点进步。结果不言而喻,每一个孩子不论早晚,都能在快乐中学会说话、走路。为人父母者如此,为人师者更应如此。美好的心灵也唤起自己那颗沉睡着的美丽的心。培根说:"欣赏者心中有朝霞、露珠和常年盛开的花朵,漠视者冰结心城;四海枯竭,丛山荒芜。"

当我们用美丽的心去看学生时,就会发现,每一个孩子都是富有灵气、生动活泼、各有所长的,他们都是非常可爱、美丽的! 用美丽的心灵去看学生,还会发现,校园原本是一个美丽的大花园,学生像一朵朵正待开放的花朵! 当我们用美丽的心灵去欣赏学生,自己在工作中便会信心百倍,干劲倍增,久而久之,我们就会是一个成功的教育工作者,在生活中就会是一个幸福、快乐的人!

九、欣赏真善美,远离假恶丑

海明威说过,现实不一定总是美好的,但我们必须拥有一颗面对美好的永恒的心! 人如果过多关注社会阴暗面,便会在埋怨、指责、敌视、不满中过日子,会让自己的心情变得很糟糕,自然难有幸福感可言。阳光中的向日葵永远向着阳光站立,它满怀希望地向太阳微笑,同时身后留下长长的阴影。我们教师也应该像向日葵一样永远站立在阳光里,演绎真善美的主题,传播爱和希望,不会因为阴影而怀疑太阳。进入审美和崇真、崇善是超越习惯的

更高境界,孔子应该是进入这类境界的圣人。人类生存于宇宙之间,虽然时间短暂,却应当因为有幸为人感到愉悦和幸福。有了这种感觉,面对任何事物就会有一种真情、善心和美感。即使每天日出日落,也不认为只是循环往复地简单重复,而是一个又一个新景象的呈现,加上蓝天白云、红花绿草、清新空气,妙不可言。社会再进步再发达,也总有不平等、阴暗面,甚至假恶丑,假恶丑知道的多了,就会发牢骚、埋怨,就会痛苦、愤怒,而我们又没有能力抑制消灭,那不是自找不痛快? 就让我们的心灵摄像机对准真善美,撇开假恶丑,摄下一组组感人的镜头。如果时常阅读背诵经典,就会感到有一种自然美、人文美与自己心灵的和谐共振,幸福无比。

十、经常高兴少生气——幸福感由正负情绪比例决定

一个人幸福与否,在本质上和财富、地位、权力没多大关系,幸福通常由思想、心态决定。学会小事高兴,就会有更大的高兴的事情出现。别人为你做了一件好事情,赶紧欣赏他感谢他,就会有更多好事情出现,要学会善待身边的人。遇到不幸或倒霉事要想得开;或许还有人比你更不幸更倒霉。有人跟踪调查了122名患过心脏病的人,8年后发现最悲观的25人中死了21个,最乐观的25人中死了6个,足见乐观者健康长寿! 人保持乐观情绪,即使别人做了对不起他的事情,他也不抱怨别人,而是检查自己。

许多时候,是我们自己把自己逼得太狠,什么都想得到,什么都怕错过,却发现在忙忙碌碌中失去了真正的"我"。许多压在心上的担子,看着挺大,实则真正的不如意只不过是里面的一粒微尘,外面裹着的是一层厚厚的心理坚冰,不是世界跟自己过不去,而是自己跟自己过不去。过度追求完美,患得患失是心理内耗的表现,只有减少这种心理内耗,才能看见路旁的郁郁黄花、葱葱芳草,蝴蝶与蜜蜂翩翩围绕。甚至会发觉,当下的无能为力也是一种美妙,享受够了,再继续哼着歌儿一路飞跑。人生之不如意事常十之八九,我们可能天天都会遇到麻烦。我们无法幸福快乐,不是因为我们遇到的事情有多么严重和险恶,而是因为我们不愿意接受发生在自己身上的不如意,拒绝知道事情的真相,并因之对自己和他人产生错误的评价。如电脑坏了,去修就行了;火车晚点,着急有何用? 本来很正常的事,导致自己一周或更长时间都生活在烦恼中,并产生一种失败感,频繁地和周围的人发生冲

突,不是太傻了吗。这"损失"远远大于事件本身对自己的伤害,并且无法估算啊。看来这个世界上最大的敌人的确是自己。放手、放心,就会发现路更宽了,天更蓝了,鸟语花香,一切大有改观。

其实,幸福是一个过程,精彩的总会精彩,而且会在不经意间显现,就看你有没有善于发现的眼睛,有没有敏感的心灵。怜惜这种过程,感悟学生的成长未尝不是快乐的事。心灵世界丰富、热爱并关注生活的人,能在看似平凡的生活和工作中发现美与快乐,发现哲理与幸福。正像(清)金缨《格言联璧》中所说:"贫贱是苦境,能善处者乐;宝贵是乐境,不善处者更苦。"老师应该保持一种闲暇的心态,权势金钱不仰慕,灯红酒绿不驻足,尔虞我诈不参与,心态平和常知足!教学之余,或持竿垂钓,享受清风细浪;或朋友对弈,楚河汉界培养友情;或轻歌曼舞,体验音乐的美妙;或栽花种草,与鲜艳美丽为伍;或面对电脑,在键盘上敲击出激动与振奋……文人,要活出文人的潇洒;文人,要秀出文人的风华!教师只有如此,才能心静如水,心洁如冰;教师只有如此,才能以深情陶冶性情,用灵魂铸造灵魂!

幸福快乐从哪里来?很容易也很简单:每当感到不如意时,可以想想一首广为流传的诗——

有每夜和我抢棉被的伴侣,那表示她不是和别人在一起;
有只会看电视而不洗碗的青少年,那表示他乖乖在家而不是流连在外;
我缴税,那表示我有工作;
衣服越来越紧,那表示我吃得很好;
有阴影陪伴我劳动,那表示我在明亮的阳光下;
有待修整的草地,待清理的窗户,和待修理的排水沟,那表示我有个家;
能找到最远的那个停车位,那表示我还能走路,且还有幸能有辆车;
有巨额的电费账单,那表示我空调开得爽;
教堂礼拜时我身后有五音不全的女士,那表示我还听得到;
一堆衣服要洗烫,那表示我有衣服穿;
一天工作结束时感到疲劳和肌肉酸痛,那表示我有拼命工作的能力;
一大早被闹钟吵醒,那表示我还活着。
当我们觉得人生很不幸时,就再看一遍吧。

第五节　培养良好的生活习惯

如果想要成就一番事业,那么请务必改掉你身上的坏习惯,努力养成好习惯。许多好的习惯,构成好的习性,养成好的言行,就会活得越来越好。很多不良的习惯,组成不良的性情,形成不良言行,就会处处碰壁受挫折,让人越活越累。

一、用好习惯成就自己的教育人生

应该说,教师对"习惯"这个词再熟悉不过了,学校里几乎天天讲"养成教育",养成了什么? 当然是好习惯。一般而言,这里强调的多是让学生养成好习惯,然而作为教育教学活动主体的教师更应该养成好习惯,这一点不少教师还没有意识到。育人必先育己,非凡即平凡之坚持,教师同样需要自我的专业发展,才能在平凡的职业中创造不凡的业绩。

如果我们能够把这些平凡的"小事"做得更好,久而久之,就能够获得非同寻常的意义,促使智慧的萌生。一个真正钟爱教育事业的教师,要有锲而不舍、见微知著的精神追求。这种追求,最为直接的体现就是各种良好习惯与品格的养成。这种良好习惯一旦形成,职业倦怠自然就不会出现。

有人问特级教师于永正先生成功的主要因素是什么。他不假思索地回答:"读书,要经常读教育学、心理学以及教学理论等方面的著作,还要养成翻阅各种教育杂志的习惯。"读书是于老师一生坚持的习惯。常言道"习惯成自然"。不妨反思一下,我们以何种习惯"成就"了现在的"自我",而在其"惯性"中以"惯"出了什么样的自我? 苏格拉底说过,"未经省察的生活是不值得过的。"为人师者,应对自己的习惯细作盘点,明确应该养成哪些好习惯,不要再对自己的某些不良习惯习以为然了! 要记住梁秋实先生的告诫:"充满良好习惯的生活,才是合乎'自然'的生活。"教师要想走向成功、消除职业倦怠,必须从好习惯做起。好习惯能有效地避免职业倦怠的产生;好习惯是一种坚忍的品性,好习惯是一种独特的力量;好习惯孕育着超凡的智慧;好习惯闪现着魅力的火花。教师作为平凡人,虽然不能成就轰轰烈烈的宏大事业,可是我们应当使自己的生活更幸福,良好的工作和生活习惯的养成,恰恰是人生幸福的必要条件。

二、有规律性地生活

《周易·系辞》有言:"与天地相似,故不违。"之所以白天明亮,晚上黑暗,就是上天告诫人们要日出而作,日落而息! 人有时不能与天地作对,否则将受到惩罚。平时工作中时不时会听到有些老师谈到或因为熬夜打牌,或因为熬夜看自己喜爱的节目,如看球赛、看奥运比赛等而导致工作受影响,出现心理恐慌焦虑等负面情绪。心理专家指出,这种情况的出现与原有生活规律被打破有很大关系,即"动力定型"被打破了。所谓动力定型就是身体外边和内部的条件刺激,依照一定的顺序不变地多次重复后,大脑皮质上的兴奋和抑制过程在空间和时间上的关系固定下来的状态。在生活中,一切习惯和技能的培养,都是动力定型的形成过程。比如说,我们早上七点起床,接着刷牙、洗脸、梳头、吃早饭、上班……这些犹如链条一样习惯化了的行为,都属于动力定型。如果由于某种突发的事情打断了这个链条,而新的链条又因为还未经过多次重复形成时,我们就会出现诸如焦虑、恐慌,甚至悔恨、气愤等负面情绪,这些不良情绪很容易造成职业倦怠。因此,我们每位教师都要尽可能地让自己的工作和生活有规律地进行,不轻易让生活规律的改变影响情绪,生活规律了,心情也好了,工作顺利许多,职业倦怠自然就远离我们而去。

三、培养健康的生活情趣和业余爱好

杜威说,教育即生活。如果生活平庸,教育何以令人激动? 如果生活乏味,教育可以滋养人生? 教育与生活,关系千万重,生活有情趣,教育才美丽! 没有高品质的教育生活,就不可能有良好的教育幸福指数。让教育生活有滋有味,让学科教学美丽惬意! 生活润泽教育,教育唤醒人生。有了这样的情趣、品位,老师的教育生活能不是惬意的、激情的、幸福的吗? 我身边有一些人,除了工作,几乎没有什么业余爱好,下班后就是看电视,一到放假就不知道日子怎么打发,老是觉得无聊、郁闷。教师应当不断培养健康的情趣,学习和修炼有益的技能,尽可能让自己琴棋书画样样都能拿得出手,即使没有什么文体"细胞",也要经常参加一些自己感兴趣的活动,力使自己的生活丰富多彩。对此,20世纪中叶胡适就开出了"药方":"兴趣散",即"总得多发展一点非职业的兴趣"。人活着,得有一个吃饭的职业,除了职业之外,应该有一些非职业的兴趣,才可以使生活更有趣、更快乐、更有意思! 只有多发展业余的兴趣,才能使自己的精神有所寄托,倦怠自然会少。

四、勤奋有条理地工作

心理学家调查发现,辛勤工作很少会出现精神疲倦,尤其是那种通过休息不能消除的精神疲倦……而情绪上的不稳定,尤其是抑郁、紧张、焦虑是精神疲倦最常见的原因。消极的、不愉快的情绪,使人有时萎靡不振,不想活动;有时无缘无故地感到心烦意乱,坐卧不安;有时莫名其妙地感到恼怒,恨不得找人打一架;有时一听噪音就焦躁发慌,心悸出汗;有时处理问题主观武断,态度粗暴;有时动辄与人争吵,常常因此而胸闷气急,郁郁寡欢,倦怠不适。的确,一个教师幸福与否在很大程度上取决于其工作态度。魏书生认为人有五种工作态度:无心无意、半心半意、三心二意、一心一意、舍身忘我。人幸福与否,取决于自己生活在何种境界。当教师进入了一心一意、舍身忘我的教育教学境界,灵魂不再流浪、精神不再漂泊,思想不再浮躁,便会天天都生活在幸福之中。许多优秀教师,他们默默无闻地奉献在偏僻乡村,身居陋室,领着低薪,但却兴味盎然地工作着。他们的幸福就在于对自己平凡的工作想得深、看得远、拿得起、放得下。他们有着广阔的胸怀,能放眼整个教育世界。反之,那些三心二意、无心无意的境界中对待工作的老师,即使有着再好的环境和待遇,也感觉幸福与自己无缘。教师的幸福不是靠分数、指标、金钱、待遇来衡量,尽管必要的物质条件基础不可或缺,但幸福却属于灵魂的体验。如果我们已经忘记带着笑容走出校园,忘了带着愉悦的心情走进教室,如果我们的灵魂已经被牢牢地钉在由各种统考、特别是中考、高考构筑的十字架上,如果我们的眼睛完全盯着中、高考指标,我们就会忘了要活在幸福中。如果我们不从教育教学本身寻求幸福,不做一名幸福的教师,那么做教师的精神支柱就坍塌了,整个人生将浸透在悲惨之中。要做一个幸福的教师,就要把教育当作理想来追求,并用人生的激情来驱动,用教育的理想打造理想的教育,用理想的教育实现自己的教育理想。魏书生提醒老师们:我们要带着高高兴兴、快快乐乐的心情,以快节奏、高效率的工作热情,踏踏实实、兢兢业业地做好我们每一天平平常常、普普通通的事,度过平平凡凡、开开心心的每一天。

五、善于寻找幸福的源泉

幸福从学生中来,在迎来送往、与一届又一届学生水乳交融的教学互动中,师生共同成长,与时俱进、教学相长的幸福是没有做过教师的人难以体会的,虽然成长过程伴随着劳累和痛苦,但好比咖啡,细品时,是甘甜的、幸福的。幸福从教学实践中来,随着教学对象的变化,使得教师不能因循守旧;在与时俱进的过程中,不断创新,一个个理念变成行动,一个个点子产生效果,教学生涯的浪漫情怀油然而生;幸福从教育教学难题中来,转化学困生,纠正坏习惯,激励学生等教学工作,都具有挑战性,如何开启智慧,可谓八仙过海、各显神通。当一个个教育教学难题迎刃而解时,那种超越自我,突破重围的感觉,是无与伦比的幸福!幸福其实就这样真实地存在于我们生活的点点滴滴之中,要不断咀嚼、慢慢品味。教育的幸福之于我们始终是如影相随、不离不弃的。一些教师之所以感受不到幸福,是因为他们过于放大自己的痛苦与压力而未觉察到身边的幸福罢了。三尺讲台是教师最重要的生命舞台,一个懂得课堂并且能够享受上课的老师,课堂自然会成为幸福的空间,充满生命活力。当教师付出更多的汗水、更多的爱,在教书育人中成就了学生,发展了自己,自然而然就能体会到教育生活的幸福和生命的美丽。

六、经常体育锻炼,规律性休息

经常参加体育锻炼会对人格的发展产生深刻的影响,参与各种运动的过程形成了一个独特的性格品质,比如说,吃苦耐劳、勇猛果断、坚韧不拔、刻苦钻研、超越自我,使人具有一种积极向上和充满活力的精神力量。这些年来,"全民健身计划"的开展改变了许多人的生活方式,其意义从强身健体的单一需求,扩展到更全面的身心健康的层面上,体育锻炼增进了人们对身心健康的认识。锻炼本身可以使人产生良好、稳定的心情,保持积极的心态;动静有序的生活节奏可以改善人体机能、提高体质。中老年人参加一些太极拳、散步、跳舞等有氧运动,可以非常有效地改善和控制焦虑、抑郁、倦怠等负性情绪,缓解和控制慢性疲劳倦怠综合征。运动本身带来的乐趣能在一定程度上转移人们的注意力,使其感到精神振奋,充满活力,从而远离疲惫或沮丧。总之,锻炼的过程是快乐的,好心情来得是如此容易,只需我们动起来,享受运动带来的快乐,时刻牢记——强健的体魄是人心灵健康和幸福最重要的指标。

不论工作有趣或难以应付,都应该有规律地停下来休息。我们从事教育教学工作时,如果进展顺利、得心应手,尽管休息时间较长,我们也很少有停下来的想法。等到工作结束,多数会有疲惫的感觉,甚至几天打不起精神。如果事情棘手,有人会赌气:"我就不相信搞不好。"结果往往被自己倔强的自尊折磨得焦头烂额。倘若我们养成了连续工作一两个小时就停下来休息片刻的习惯,不但不会因片刻停止而影响工作的进程,反而会保持更旺盛的精力,提高教育教学效率。

第六节 缓解和降低职业倦怠

教师幸福感与职业倦怠呈负相关,幸福感水平越高,职业倦怠程度就越低。中小学教师的职业倦怠普遍存在,教师主观幸福感是预测其职业倦怠的可靠指标之一。

教师的职业倦怠,是由于教师长期持续疲劳和压力的积累以及缺乏成就感和自我效能感,而产生的疲惫、厌倦和挫败的情绪感受和心理状态。这是一种消极的心态,表现为工作不开心、感到生活没意思、认为自己的工作得不到认可,充满压力感、疲惫感、挫败感。教师职业倦怠是一种传染性极强的病毒。教师产生职业倦怠是正常的,就如同人们常常会患感冒一样,而优秀的教师最容易产生职业倦怠。产生职业倦怠只是人生的一个交叉路口。如果处理得当,或许能够找到教育人生的新方向,将危机化为转机,还能将转机变为再一次成长的契机。那么,如何克服教师职业倦怠,提升其幸福感呢? 我们认为可以从以下几点努力。

一、提高教师自我创造幸福的能力

俗话说:生活中不是缺少美,而是缺少发现美的眼睛。回想一下,我们身边是不是也有没有被我们发现的幸福呢? 例如,教师节时,我们收到了很多学生不同的祝福:"老师,您辛苦了!""老师,谢谢您!""老师,以后我不再惹您生气了!"等。当时,我们激动无比,强烈感受到了作为老师的幸福。可是时间一长,我们可能就会遗忘这种幸福而又开始抱怨学生的任性和工作的烦琐了。日常的幸福,简单的快乐,由于我们太习惯它的存在状态了,以至于麻木地忽视了它的存在。我们应该时刻享受自己"桃李满天下"的喜悦与幸福。

教师要积极追求和创造幸福。可以从这四个方面提升自身的幸福能力。第一,凡事对自己多持肯定态度,不要怀疑自己的能力,增强自信心。第二,勇于克服困难、战胜困难。树立"办法总比困难多"的坚定思想。第三,易于满足,这样还常有意外的惊喜。不要"这山望着那山高",总看着别人得意之处而抱怨不休。第四,性格外向一些,易于他人共处,有较好的人际关系。因为良好的人际关系是幸福生活的一个标志。

任何时候都不要轻视自己的能力,困难面前不要轻易放弃追求幸福的努力,日常工作与生活中,要学会和别人分享,分享成功和幸福。为自己创造幸福,也为他人创造幸福的人生将是幸福圆满的人生。

二、处理好工作与家庭的关系

有位接受访谈的老师说,常听身边同事的家人们抱怨:工作中一不如意,就向家人唠叨,光唠叨几句还好,有时不知道是不是职业病,训起爱人来跟训学生一样,搞得爱人在孩子面前都没面子。这可能代表了一部分教师家属的心声。

生活和工作是一个相互影响,相互作用的整体。教师如果没有高质量的生活,就不会有高质量的工作,学生也就享受不到高质量的教育。所以,教师一定要处理好家庭生活,才可能有较高的职业幸福感。不要把工作中的消极情绪带到家庭中,扮演好家庭角色。拥有和谐的家庭关系,工作才不会有后顾之忧。

三、调节职业心态,保持平常心

敬业不及乐业,还有什么比享受自己的职业更幸福的呢? 现在的大学生要与多少人竞争,才能考上一个教师岗位,我们与其埋怨这份职业带来的清贫、单调,不如多想想,我们不是为吃米而活的。我们要坚守我们当初选择这份职业时的理想,多想想我在职业上最擅长什么,最不擅长什么? 工作中什么令我最有充实感? 我对什么感到最有价值? 据此选择自己最擅长、最喜欢的工作,体现自我价值。我们仍可在学校工作这个小范围内进行调整,在从事教学工作的同时,结合自身状况选择从事适合自己的工作,如教学管理、班级管理、教学研究,体现自己的特长和人生价值。我们要爱工作本身,而不应是工作业绩带给我们的荣誉和地位。

有的教师具有远大的教育理想和饱满的工作热情,有比较高的目标。一旦工作停滞不前,或者工作压力加大,很容易产生职业倦怠。一个人的时间、精力和能力有限,不是人人都可以攀登珠穆朗玛峰的。需要教师量力而行,正视自己的能力和水平,自己的精力和时间,对自己的要求要适度,不要过高,适当评价自己的工作,对自己不要求全责备。顺境时,心态平和;逆境中,心态冷静。时时保持一颗平常心。

四、重新燃起激情之火

要克服职业倦怠,就必须重新燃起激情之火。教育需要激情,因为教育是心灵的对话,是心心相印的活动,是以心激心,以情激情的活动。激情,使教育富有感召力、震撼力,使教育增添光彩,也使教师焕发青春,精神抖擞地工作。于漪说:"激情是教师必不可少的素质。"美国学者威伍在《激情,成就一个教师》中说:"想要成为好教师可能在大多数情况下都是志向更高和激情奔放的。伟大至少一部分出自天赋,这是无法传播的。然而,伟大的教师一定是激情的教师。"这种激情指对生命的热烈拥抱,对世界的强烈热爱,对梦想的执着追求,对一切未知的不屈不挠的追问。感人心者,莫先乎情。教师具有激情,克服职业倦怠就是轻而易举的了。

五、不断提升专业水平,提高生活质量

这是克服职业倦怠的良方。自己的专业水平不断提高,从一个高度跃

向一个新的高度,得到领导的器重,同事的赞叹,学生的认可,家长的肯定,就会获得新的成就感。而获得了新的成就感,就会更加兴致勃勃地投入到工作中去,投入到研究中去,从而进一步提高专业水平。这样形成了良性循环,职业倦怠自然就销声匿迹了。

不断丰富自己的生活,提高生活质量。教育的本质是让受教育者享受幸福,追求幸福。从事教育的教师就应该首先享受幸福,成为幸福的人。我们过多地要求教师做蜡烛、做火炬,燃烧自己,照亮别人。实在过于悲壮悲凉。老师鞠躬尽瘁,死而后已,往往牺牲了自己的时间,牺牲了自己的健康,甚至牺牲了自己的家庭,牺牲了自己孩子的前途。成年累月奋战在教育第一线。长此以往,一遇到特殊情况,自然会产生倦怠感。要改变这样的状况,教师应该在紧张之余,听听音乐、跳跳舞,参加体育锻炼,节假日偕同家人外出旅游,丰富自己的生活,用幸福塑造幸福,用美好引导美好。

六、学会放松和休息

职业倦怠令人心力交瘁、倍感痛苦,是导致某些教师的职业生命不能健康、和谐发展的罪魁祸首。为此,我们不能连年累月地眼睛一睁忙到熄灯。人如果过于紧张,过于疲劳,就会影响身心健康。教师的工作越来越为社会所重视,越来越为家长所重视。家长对教师的要求越来越高,教师的压力越来越大,这是不争的事实。教师要做到劳逸结合,有张有弛,给自己一定的休闲时间,比如,上完课后,不要急于伏案工作,可以闭目养神,什么也不想,什么也不做,彻底休息十分钟八分钟。一周内,找个适当时机,给心灵放一会儿假。这样做有利于调整心态、安抚心灵、缓解压力。

缓解和克服职业倦怠,对岗位幸福感的追寻是广大教师对生命存在意义及其活动方式的准确把握,是对学生生命的理解、认同和关怀,也是教师在自我建构、自我完善与自我超越中的价值追求。从微观上分析,教师的岗位幸福追求应该诉诸日常教育教学行为,选择有文化内涵的教育教学生活模式,在获得内在的文化滋养的同时提升自己的专业生活质量,这样才能使老师们攀上马斯洛"金字塔"的顶端,享受到更高层次的岗位幸福。

调查问卷

指导语

尊敬的老师:您好!非常感谢您在百忙之中抽出时间填写此问卷。本次调查旨在研究中小学教师的工作状况及感受,调查结果仅供学术研究使用。问卷采用不记名方式,对于您的回答我们将严格保密,请不要有任何顾虑,回答没有对错之分,请您根据自己的实际感受,客观真实地填写。您的回答对我们的研究至关重要,衷心感谢您的支持与配合!

基本信息调查表

请在符合您情况选项的"□"打"√",部分题目请在_____处填写具体信息。

1. 性别:□男　　□女

2. 任教年级:□小学　　□初中　　□高中

3. 是否任教毕业班:□是　　□否

4. 是否担任行政职务:□是　　□否

5. 学历:□专科及以下　　□本科　　□硕士及以上

6. 婚姻状况:□已婚　　□未婚

7. 年龄:____ 岁

8. 教龄:____ 年

9. 一周平均课时:_____节

10. 职称:_____

河南省中小学教师职业幸福感量表

请在您认为最符合自己情况的一个选项上打"√"。

序号	题目	完全 不符	有点 不符	不 确 定	有点 符合	完全 符合
1	我对教师工作的稳定程度感到满意。	1	2	3	4	5
2	教师工作充满挑战,令我富有激情。	1	2	3	4	5
3	我厌倦天天给学生上课。	1	2	3	4	5
4	通过教书育人,使我的人生价值得以实现。	1	2	3	4	5
5	从事教师这份职业,我感到很幸福。	1	2	3	4	5
6	我对学生和班级管理感到束手无策、力不从心。	1	2	3	4	5
7	我与学校领导关系融洽。	1	2	3	4	5
8	不管在工作中遇到什么困难,我都能保持乐观自信。	1	2	3	4	5
9	我越来越觉得教师工作单调枯燥、无聊乏味。	1	2	3	4	5
10	我对学生从来没有生气过。	1	2	3	4	5
11	我对学校的职称晋升与评定感到满意。	1	2	3	4	5
12	我很享受教课带给我的乐趣。	1	2	3	4	5
13	我对某些学差生很失望。	1	2	3	4	5
14	我的才能在教学工作中得到了充分施展。	1	2	3	4	5
15	学校宽松的人文环境使我感到轻松自在。	1	2	3	4	5
16	得不到领导的重视和赏识,我感到很郁闷。	1	2	3	4	5
17	我很欣赏学校领导的决策能力和管理水平。	1	2	3	4	5
18	从事教师工作能为社会做出贡献,我感到很光荣。	1	2	3	4	5
19	教师工作压力太大,我快崩溃了。	1	2	3	4	5
20	我心里从来没有抱怨过领导或同事。	1	2	3	4	5
21	我对教师每年拥有的较长假期感到满意。	1	2	3	4	5
22	我对自己的职业发展充满希望。	1	2	3	4	5
23	学生上课不遵守纪律,我难以抑制自己的气愤。	1	2	3	4	5

24	我在教学或班级管理上的一些建议能够得到领导的采纳。	1	2	3	4	5
25	我对每一天的教学工作都充满期待。	1	2	3	4	5
26	我越来越怀疑从事教师工作的价值和意义。	1	2	3	4	5
27	我对教师工作的付出与回报感到满意。	1	2	3	4	5
28	我能精力充沛、心情愉悦地给学生讲课。	1	2	3	4	5
29	从事教师工作后,我变得比以前更烦躁易怒。	1	2	3	4	5
30	我觉得学校提供了很多培训进修和外出交流的机会。	1	2	3	4	5
31	我对新的教学理念和方法充满好奇。	1	2	3	4	5
32	一想到要去学校上班,我就感到无精打采、身心俱疲。	1	2	3	4	5

河南省中小学教师情绪智力量表

请在您认为最符合自己情况的一个选项上打"√"。

序号	题目	完全不符	有点不符	不确定	有点符合	完全符合
1	当完成一项教学任务时,我会很有成就感。	1	2	3	4	5
2	当我的同事或领导误解我时,我感到很委屈。	1	2	3	4	5
3	当我受到领导的表扬,我能够描述当时高兴的心情。	1	2	3	4	5
4	当受到领导无缘无故的批评时,我能清楚描述当时愤怒的心情。	1	2	3	4	5
5	当学生成绩提高时,我能使开心的心情平静下来。	1	2	3	4	5
6	休息时间被占用,我能抑制住内心的愤怒。	1	2	3	4	5
7	当我受到学校表彰时,我感到特别激动。	1	2	3	4	5
8	学生不认真听讲时,我会生气。	1	2	3	4	5

9	当所教班级取得好的成绩时,我能描述当时开心的心情。	1	2	3	4	5
10	我能够向同事诉说我在工作中受到的委屈。	1	2	3	4	5
11	我有很多途径使自己轻松愉快。	1	2	3	4	5
12	当我和同事之间发生矛盾,我能宽容他(她)。	1	2	3	4	5
13	我能经常体会到同事对我的关怀和爱护。	1	2	3	4	5
14	学生在课堂上顶撞了我,我感到很愤怒。	1	2	3	4	5
15	当自己教学成绩提升时,我能描述内心的骄傲与自豪。	1	2	3	4	5
16	当领导质疑我的教学能力时,我能说出我心里的难受。	1	2	3	4	5
17	我总有一些好方法使自己保持自信。	1	2	3	4	5
18	即使晋升职称失败,我也不会灰心丧气。	1	2	3	4	5
19	我非常感激领导在工作中给予我的帮助。	1	2	3	4	5
20	我能向同事表达我对教学工作的热爱。	1	2	3	4	5
21	自己努力工作却得不到领导的赏识,我能描述这种郁闷的心情。	1	2	3	4	5
22	即使我受到领导的赞许,我也能够保持平静的心态。	1	2	3	4	5
23	校园环境优美,我感到心情舒畅。	1	2	3	4	5
24	当我评职称、晋级时,我能描述当时激动的心情。	1	2	3	4	5
25	当我烦躁时,我能清楚估计引起这种心情的原因。	1	2	3	4	5

河南省中小学教师职业倦怠量表

请在您认为最符合自己情况的一个选项上打"√"。

序号	题目	完全不符	有点不符	不确定	有点符合	完全符合
1	工作让我感到心力交瘁。	1	2	3	4	5
2	工作一整天后,我感到筋疲力尽。	1	2	3	4	5
3	早晨起床后不得不又去面对一天的工作,我感到非常疲惫。	1	2	3	4	5
4	我很容易就能了解学生或同事的感受。	1	2	3	4	5
5	我有时会把某些学生当作没有感情的事物来对待。	1	2	3	4	5
6	在工作中整天与学生打交道,实在是对我的考验。	1	2	3	4	5
7	我能有效地处理学生们的问题。	1	2	3	4	5
8	工作让我有快要崩溃的感觉。	1	2	3	4	5
9	我觉得我能对学生产生积极的影响。	1	2	3	4	5
10	我觉得自己对学生或同事的态度越来越冷淡了。	1	2	3	4	5
11	我担心工作会使我变得冷酷、麻木。	1	2	3	4	5
12	我觉得自己精力充沛。	1	2	3	4	5
13	我在工作中有挫折感。	1	2	3	4	5
14	我觉得自己在工作中太辛苦了。	1	2	3	4	5
15	我并不关心学生或同事最近发生了什么事。	1	2	3	4	5
16	直接与人打交道的教育工作,对我来讲压力太大。	1	2	3	4	5
17	与学生或同事相处时,我能营造出一种轻松的氛围。	1	2	3	4	5
18	工作中能和学生们待在一起,我觉得很快乐。	1	2	3	4	5
19	在工作中,我完成了许多有意义的事。	1	2	3	4	5
20	我觉得工作再努力也不会有什么结果。	1	2	3	4	5
21	在工作中,我能冷静地处理一些情绪问题。	1	2	3	4	5
22	我觉得某些学生或同事会把自己的问题怪罪到我头上。	1	2	3	4	5

总体幸福感单题量表

请在您认为最符合自己情况的一个选项上打"√"。

题目:总的来说,您有多幸福?

非常不幸福	比较不幸福	有点不幸福	不能确定	有点幸福	比较幸福	非常幸福
1	2	3	4	5	6	7

参考文献

一、中文著作

[1]阿兰.论幸福:幸福的艺术[M].施清嘉,译.南京:译林出版社,1988.

[2]班杜拉.社会学习心理学[M].郭占基等,译.长春:吉林教育出版社,2003.

[3]本杰明·雷德克利夫.人类幸福的政治经济学:选民的抉择如何决定生活质量[M].仲为国,译.北京:北京大学出版社,2018.

[4]车文博.人本主义心理学[M].杭州:浙江教育出版社,1987.

[5]陈根法,吴仁杰.幸福论[M].上海:上海人民出版社,1988.

[6]陈向明.教师如何作质的研究[M].北京:教育科学出版社,2008.

[7]陈向明.质的研究方法与社会科学研究[M].北京:教育科学出版社,2008.

[8]崔景贵.职业教育心理学导论[M].北京:科学教育出版社,2008.

[9]戴海琦.测量心理学[M].北京:高等教育出版社,2010.

[10]费尔巴哈.费尔巴哈哲学著作选[M].上海:商务印书馆,1984.

[11]冯俊科.西方幸福论[M].长春:吉林人民出版社,1992.

[12]佛兰克·梯利.伦理学概论[M].北京:中国人民大学出版社,1987.

[13]弗里德里希·包尔生.伦理学体系[M].何怀宏,廖申白,译.北京:中国社会科学出版社,1988.

[14]弗罗姆.爱的艺术[M].成都:四川人民出版社,1986.

[15]弗洛姆.为自己的人[M].上海:三联书店,1988.

[16]高兆明.存在与自由:伦理学理论[M].南京:南京师范大学出版社,2004.

[17]格雷.人类幸福论[M].北京:商务印书馆,1963.

[18]海德格尔.存在与时间[M].陈嘉映等,译.上海:生活·读书·新知三联书店,2006.

[19]海德格尔.海德格尔选集[M].孙周兴选,编.上海:上海三联书

店,1996.

[20]韩庆祥,邹诗鹏.人学:人的问题的当代阐释[M].昆明:云南人民出版
社,2001.

[21]张曙光.生存哲学[M].昆明:云南人民出版社,2002.

[22]韩庆祥.发展与代价:对中国改革和发展的一种代价学分析[M].北京:
人民教育出版社,2002.

[23]亨利・史密斯・威廉姆斯.幸福的科学[M].佘卓桓,译.北京:中国人
民大学出版社,2016.

[24]侯怀银.教育研究方法[M].北京:高等教育出版社,2009.

[25]侯杰泰,温忠麟,成子娟等.结构方程模型及其应用[M].北京:教育科
学出版社,2004.

[26]胡谊,杨翠蓉,鞠瑞丽等.教师心理学[M].北京:中国轻工业出版
社,2009.

[27]胡忠英.做幸福的教师:教师幸福感实证研究[M].杭州:浙江大学出版
社,2015.

[28]黄希庭,杨治良,林崇德.心理学大辞典[M].上海:上海教育出版
社,2003.

[29]霍姆斯.教师的幸福感:关注教师的身心健康及职业发展[M].闫慧敏,
译.北京:中国轻工业出版社,2006.

[30]江畅.幸福之路[M].武汉:湖北人民出版社,1999.

[31]姜涵.存在的幸福[M].北京:社会科学文献出版社,2015.

[32]教育部师范司.教师专业化的理论与实践[M].北京:人民教育出版
社,2001.

[33]卡内基.社交的艺术全集[M].北京:中国城市出版社,2006.

[34]莱布尼茨.人类理智新论上册[M].北京:商务印书馆,1982.

[35]兰东辉.新编古汉语字典.北京:中国书籍出版社,2009.

[36]雷玲.教师的幸福资本:成长为优秀教师的8种特质[M].上海:华东师
范大学出版社,2011.

[37]类伶倒.主观幸福感的经济学理论与实证研究的[M].上海:上海人民
出版化,2010.

[38]李淮春.现代思维方式与领导活动[M].北京:求实出版社,1987.

[39]梁津安,杜敏.幸福心理学[M].西安:西安电子科技大学出版社,2012.

[40]刘次林.教育幸福论[M].北京:人民教育出版社,2003.

[41]刘衍玲,张大均.中小学教师的情绪工作研究[M].北京:科学出版社,2015.

[42]卢家楣.情感教学心理学[M].上海:上海教育出版社,2000.

[43]鲁子问.新教师成长中的困惑与解读[M].长春:东北师范大学出版社,2011.

[44]罗伯特·莱恩.幸福的流失[M].苏彤,李晓庆,译.北京:世界图书出版公司北京公司,2016.

[45]罗素.幸福之路[M].北京:文化艺术出版社,1998.

[46]马北.九型人格心理学[M].北京:民主与建设出版社,2017.

[47]马斯洛.马斯洛人本哲学[M].成明,编译.北京:九州出版社,2006.

[48]马斯洛.存在心理学探索[M].李文湉,译.昆明:云南人民出版社,1987.

[49]马斯洛.动机与人格[M].许金生等,译.北京:华夏出版社,1987.

[50]玛希雅·休斯,詹姆斯·布拉德福德·特勒尔著.情商培养与训练:65种活动提高你的情商(第2版)[M].赵雪,赵嘉里,译.北京:电子工业出版社,2018.

[51]迈克尔·刘易斯,哈维兰-琼斯,莉莎.情绪心理学[M].电子工业出版社,2015.

[52]苗元江.心理学视野中的幸福[M].天津:天津人民出版社,2009.

[53]穆勒.功用主义[M].北京:商务印书馆,1957.

[54]内尔·诺丁斯.幸福与教育[M].龙宝新,译.北京:教育科学出版社,2014.

[55]裴娣娜.教育研究方法导论[M].合肥:安徽教育出版社,2000.

[56]彭聃龄.普通心理学[M].北京:北京师范大学出版社,2001.

[57]齐梅.教育研究方法[M].北京:北京师范大学出版社,2017.

[58]瞿葆奎.教育学文集(教育与教育学卷)[M].北京:人民教育出版社,1993.

[59]孙彩萍.教育的伦理精神[M].太原:山西教育出版社,2004.

[60]孙英.幸福论[M].北京:人民出版社,2004.

[61]檀传宝.教师伦理学专题[M].北京:北京师范大学出版社,2008.

[62]唐伟.管理学[M].北京:中国青年出版社,1992.

[63]田鹏.人生幸福四大秘密[M].北京:朝华出版社,2010.

[64]万俊人等.什么是幸福[M].广州:广东教育出版社,2011.

[65]王传金.教师幸福论[M].济南:山东人民出版社,2009.

[66]王道俊,郭文安.教育学[M].北京:人民教育出版社,2009.

[67]王福顺.情绪心理学[M].北京:人民卫生出版社,2018.

[68]王海根.人权与法制简明教程[M].上海:同济大学出版社,2013.

[69]王宁.教育政策[M].北京:中国社会科学出版社,2015.

[70]王世朝.幸福论[M].合肥:安徽人民出版社,1985.

[71]王天一.苏霍姆林斯基教育理论体系[M].北京:人民教育出版社,1992.

[72]王伟,胥丽,徐磊.中国人婚姻家庭幸福经典[M].成都:电子科技大学出版社,2015.

[73]翁琴雅.生命意义的追寻与教育目的的叩问[M].杭州:浙江大学出版社,2016.

[74]吴玲,周元宽.当代教师文化使命[M].合肥:安徽人民出版社,2005.

[75]吴明隆.问卷统计分析:SPSS实务操作与应用[M].重庆:重庆大学出版社,2010.

[76]席勒.审美教育书简[M].北京:北京大学出版社,1985.

[77]项贤明.泛教育论[M].太原:山西教育出版社,2000.

[78]肖川.教师的幸福人生与专业成长[M].北京:新华出版社,2008.

[79]小威廉姆 E.多尔.后现代课程[M].王红宇,译.北京:教育科学出版社,2000.

[80]星云.星云大师谈幸福[M].上海:上海人民出版社,2014.

[81]邢占军.测量幸福:主观幸福感测量研究[M].北京:人民出版社,2005.

[82]亚里士多德.政治学[M].北京:商务印书馆,1965.

[83]杨超.现代德育人本论[M].广州:广东人民出版社,2005.

[84]叶澜.教师角色与教师发展新探[M].北京:教育科学出版社,2001.

[85]俞文钊.职业心理与职业指导[M].北京:人民教育出版社,1996.

[86]袁振国.教育研究方法[M].北京:高等教育出版社,2000.

[87]张传琳.正向心理学[M].台湾:洪叶文化事业有限公司,2013.

[88]张大均,江琦.教师心理素质与专业性发展[M].北京:人民教育出版社,2005.

[89]张荣伟.当代教育改革[M].福州:福建教育出版社,2007.

[90]赵修义,邵瑞欣.教育与现代西方思潮[M].北京:中国科学技术出版社,1990.

[91]郑金洲.学校教育研究方法[M].北京:教育科学出版社,2005.

[92]郑全全,俞国良.人际关系心理学[M].北京:人民教育出版社,2006.

[93]郑雪等.幸福心理学[M].广州:暨南大学出版社,2004.

[94]周辅成.西方伦理学名著选辑(上卷)[M].北京:商务印书馆,1987.

[95]周洪宇.教师教育论[M].北京:北京师范大学出版社,2010.

[96]朱旭东.教师专业发展理论研究[M].北京:北京师范大学出版社,2011.

二、中文期刊论文

[1]蔡春玲.对幸福的哲学思考[J].学术探索,2007(2).

[2]蔡军.从缺失到回归:生命关怀下的幼儿教师职业幸福感[J].教育探索,2009(05).

[3]曹雪梅.小学教师职业幸福感的现状调查与研究:以石家庄地区为例[J].石家庄学院学报,2013(11).

[4]曹俊军.论教师幸福的追寻[J].教师教育研究,2006(5).

[5]陈木金.国民小学教师教学效能评鉴指标建构之研究[J].艺术学报,1997(61).

[6]陈俊波,张海芹.小学教师的幸福感及其相关因素分析[J].中国健康心理学杂志,2009(5).

[7]陈云英,孙绍邦.教师工作满意度的测量研究[J].心理科学,1994(3).

[8]陈少国.浅谈教师职业幸福感的影响因素及实现条件[J].时代教育(教

育教学版),2011(04).

[9]陈思.论教师幸福的审视与追寻[J].青岛大学师范学院学报,2011(6).

[10]陈学金,邓艳红.近年来国内教师幸福感的研究述评[J].教育导刊,
    2009(16).

[11]陈艳华.论教师的幸福[J].济南大学学报,2003(1).

[12]陈爱华.对幼儿教师职业幸福感的一次调查[J].学前教育,2005(9).

[13]曹俊军.论教师幸福的追寻[J].教师教育研究,2006(9).

[14]陈纯槿.国际比较视域下的教师教学效能感:基于 TALIS 调查数据的实
    证研究[J].全球教育展望,2017(04).

[15]崔云.基层学校教师主观幸福感影响因素的调查研究[J].潍坊学院学
    报,2011(11).

[16]崔红英,蒋红斌.幸福:教师职场的可能生活及其实现[J].学前教育研
    究,2009(2).

[17]邓艳红,陈学金.论教师幸福研究之转向[J].首都师范大学学报(社会
    科学版),2009(1).

[18]段建华.总体幸福感量表在我国大学生中的试用结果与分析[J].中国
    临床心理学杂志,1996(1).

[19]邓坚阳,程雯.教师主观幸福感的影响因素及其增进策略[J].教育科学
    研究,2009(4).

[20]段建华.主观幸福感研究概述[J].心理学动态,1996(4).

[21]范桂兰.论教师幸福感的内在根源[J].云南民族大学学报(哲学社会科
    学版),2009(5).

[22]范丽恒,杜丹.初中教师幸福感的结构及问卷编制[J].心理研究,2011
    (1).

[23]范国睿.教育公平与和谐社会[J].教育研究,2005(5).

[24]冯建军.专业视野中的教师幸福与幸福教师[J].教育科学论坛,2007
    (12).

[25]冯建军.教师的幸福与幸福的教师[J].中国德育,2008(1).

[26]冯建军.教育幸福:教师专业发展的重要维度[J].人民教育,2008(6).

[27]冯伯麟.教师工作满意度及其影响因素的研究[J].教育研究,1996(2).

[28] 方杰等. 中介效应的检验方法和效果量测量:回顾与展望[J]. 心理发展与教育,2012(1).

[29] 方杰,张敏强,李晓鹏. 中介效应的三类区间估计方法[J]. 心理科学进展,2011(5).

[30] 方秋明. 幸福哲学视野下的教师管理模式探索[J]. 教育科学论坛,2008(7).

[31] 高向英. 论教师的幸福感[J]. 广东经济管理学院学报,2005(1).

[32] 高延春. 谈教师幸福的特点及其实现[J]. 教育与职业,2006(14).

[33] 高惠珠. 价值论视域中的"劳动幸福"[J]. 上海师范大学学报(哲学社会科学版),2019(1).

[34] 葛晨虹. 哲学视野中的幸福理念[J]. 人民论坛,2005(1).

[35] 郭庆科,姜增生. 情绪与社会能力测评与培养的重要意义[J]. 教育科学,2009(25).

[36] 光华,顾怜沉. 关于我国青年教师压力情况的初步研究[J]. 教育研究,2002(9).

[37] 郭虹君. 我们离幸福还有多远:试析教师幸福感的失落及追寻[J]. 教育理论与实践,2008(8).

[38] 郭成,唐海朋,孟晓磊,李振兴. 中小学教师自主性发展及其与工作绩效的关系[J]. 西南大学学报:社会科学版,2014(3).

[39] 关珊. 影响教师幸福感的因素[J]. 基础教育参考,2007(8).

[40] 管培俊. 以科学发展观指导教师队伍建设的认识论和方法论的问题[J]. 教育研究,2009(1).

[41] 胡忠英. 教师幸福感结构的实证研究[J]. 全球教育展望,2015(4).

[42] 胡博文,姜君. 教师效能感研究新进展[J]. 外国教育研究.2014(6).

[43] 胡芳芳,桑青松,吕静. 幼儿教师主观幸福感及其影响因素研究[J]. 现代教育科学,2011(12).

[44] 黄瑞娟. 提升教师职业幸福感的要素分析与行动策略[J]. 课程教育研究,2018(36).

[45] 黄海蓉,苗元江,黄金花. 我国教师幸福感研究概观[J]. 中国校外教育(理论),2008(3).

[46] 黄正平.幸福感:师德修养的理想境界和目标追求[J].当代教育论坛, 2003(10).

[47] 韩大林.论教师幸福的样态及实现[J].内蒙古师范大学学报(教育科学版),2009(7).

[48] 韩超.乡村教育如何走出困局:乡村教育现状调查[J].农村工作通讯, 2015(13).

[49] 侯静敏.走出教师幸福的误区[J].教学与管理,2008(2).

[50] 侯敏,江琦,陈潇.教师情绪智力和工作绩效的关系:工作家庭促进和主动行为的中介作用[J].心理发展与教育,2014(2).

[51] 贺亮."身心分离"视域下农村社会生活主体的缺失与在场:对转型期乡村社会的认识与想象[J].天府新论,2015(06).

[52] 洪跃雄.差异性和同一性:中国梦认同问题探析的二维视角[J].东南学术,2016(05).

[53] 扈中平.教育何以关涉人的幸福[J].教育研究,2008(11).

[54] 黄喜珊.中文"教师效能感量表"的信、效度研究[J].心理发展与教育, 2005(01).

[55] 何瑛.主观幸感概论[J].重庆师院学报(哲社版),1999(4).

[56] 黄景.教师身份·教师能动·教师自主:二十年从教经历的反思[J].教育学术月刊,2010(08).

[57] 贾汇亮.教师教学自主权的缺失及保障[J].课程.教材.教法.,2014(08).

[58] 解夏.生命视野下教师幸福理念的阐释[J].教学与管理,2009(2).

[59] 金生鈜.教育学的合法性与价值关涉[J].华东师范大学学报(教育科学版),1996(4).

[60] 邝红军.论教师幸福及其实现[J].教育科学研究,2008(6).

[61] 陆正林,顾永安.高等教育分类的方法论思考[J].教育发展研究,2011(11).

[62] 罗儒国,王珊珊.中小学教师工资收入满意度调查与思考[J].现代教育管理,2011(5).

[63] 林毅夫.从新结构经济学角度看人口流动及社会融合[J].河南社会科

学,2016(09).

[64]林丹.教师职业幸福感缺失的背后:"生活方式"抑或"谋生手段"的教师职业观探讨[J].教育发展研究,2007(12).

[65]李定仁,赵冒才.教师及其 成长研究 :回顾与前瞻[J].教育理论与实践,2003(6).

[66]李志鸿,任旭明,林琳,时勘.教学效能感与教师工作压力及工作倦怠的关系[J].心理科学,2008(01).

[67]李原.不同目标追求对幸福感的影响[J].青年研究,2017(06).

[68]李志,谢朝晖.国内主观幸福感研究文献述评[J].重庆大学学报(社会科学版),2006(12).

[69]李明军.中小学教师情绪智力、工作家庭冲突与工作满意度的关系研究[J].中国健康心理学杂志,2012(9).

[70]李莉萍,黄巧香.教师工作满意度与教师激励[J].湖南师范大学教育科学,2004(4).

[71]李焰,赵君.幸福感研究概述[J].沈阳师范学院学报(社会科学版),2004(2).

[72]李超,蔡敏.美国中小学"社会与情绪学习"的实施及其启示:以"积极行动"课程为例[J].外国教育研究,2015(1).

[73]李海燕.真实的自己还是假装的表达情绪:教师情绪工作的心理历程分析[J].教师教育研究,2018(1).

[74]李亚真,潘贤权,连榕.新手—熟手—专家型教师主观幸福感与教学动机的研究[J].心理科学,2010(3).

[75]李卓.县域城区小学教师不幸福的缘由及改善策略[J].教育科学,2016(3).

[76]廉欢,赵颖.何以幸福与以何幸福:教育的乌托邦精神[J].现代教育论丛,2008(2).

[77]刘次林.教师的幸福[J].教育研究,2000(5).

[78]刘文华.教师幸福感:学段和性别的差异有多大:对655名教师职业幸福感的调查[J].中小学管理,2011(7).

[79]刘次林.教师的幸福[J].教育研究,2000(4).

[80]刘雨.伦理学视野下的教师幸福观[J].教育科学论坛,2011(6).

[81]刘文令,陈容,罗小漫.中小学教师情绪工作策略与职业幸福感:心理资本的调节作用[J].西南师范大学学报(自然科学版),2013(12).

[82]刘儒德.教师的幸福在哪里[J].人民教育,2010(19).

[83]林鹈鹈.浙江农村骨干教师职业幸福感研究[J].继续教育研究,2013(9).

[84]刘丽虹,张积家.动机的自我决定理论及其应用[J].华南师范大学学报(社会科学版),2010(4).

[85]李曼曼.小学教师主观幸福感研究及其展望[J].江苏教育学院学报(社会科学版),2008(1).李晓菲.提升教师职业幸福感的现实途径田[J].时代教育,2008(11).

[86]倪晨瑾.小学教师幸福感的影响因素及提升策略[J].江苏教育,2017(7).

[87]李晓菲.提升教师职业幸福感的现实途径[J].时代教育,2008(11).

[88]林丹.教师职业幸福感缺失的背后:"生活方式"抑或"谋生手段"的教师职业观探讨田[J].教育发展研究,2007(6).

[89]刘国艳.职业幸福:教师专业发展的起点与归宿[J].辽宁教育研究,2006(8).

[90]李冬霞,林小荣,林春暖.大学生主观幸福感与父母教养方式的相关研究[J].中国健康心理学杂志,2007(15).

[91]李儒林,张进辅,梁新刚.影响主观幸福感的相关因索理论[J].中国心理卫生杂志,2003(17).

[92]李昕.经济指标对个人主观幸福感影响的理论综述[J].中山大学研究生学刊(社会科学版),2008(2).

[93]李西彩.大学生自我意识与主观幸福感的实证研究[J].黑龙江高教研究,2008(10).

[94]李幼穗,吉楠.主观幸福感研究的新进展[J].天津师范大学学报(社会科学版),2006(2).

[95]李晓巍,王萍萍,魏晓宇.幼儿园组织气氛的测量及与教师教学效能感的关系[J].教师教育研究,2017,29(04).

[96]李中权,王力,张厚粲,柳恒超.人格特质与主观幸福感:情绪调节的中介作用[J].心理科学,2010(1).

[97]李红梅,靳玉乐,罗生全.教师教学效能的价值论审思[J].教师教育学报,2018,(5).

[98]苗元江.幸福感解释模型[J].赣南师范学院学报,2002(5).

[99]鲍同梅.教师自主:一种审视教师发展的视角[J].辽宁教育研究,2007(11).

[100]穆洪华,胡咏梅,刘红云.中学教师工作满意度及其影响因素研究[J].教育学报,2016(12).

[101]毛晋平,文芳.长沙地区四所中学教师主观幸福感调查分析[J].教师教育研究,2012(5).

[102]苗元江.幸福感:研究趋向与未来趋势[J].社会科学,2002(8).

[103]马多秀.积极心理学视野中的教师幸福[J].南京师范大学学报,2011(4).

[104]苗元江.幸福感概念模型的演化[J].赣南师范学院学报,2007(8).

[105]苗元江,余嘉元.跨文化视野中的主观幸福感[J].广东社会科学,2003(1).

[106]彭钢,张南.教育理论研究与教育实证研究:两种不同类型研究方式的比较与分析[J].教育评论,1990(2).

[107]彭文晓.教师幸福简论[J].中国成人教育,2006(3).

[108]潘婉茹,孔凡哲,史宁中.中小学教师教学自主权的现状调查与改进策略[J].教育科学研究,2016(1).

[109]裴淼,李肖艳.国外教师幸福感研究进展[J].教师教育研究,2015(6).

[110]彭文晓.教师幸福简论[J].中国成人教育,2006(3).

[111]茹学萍,朱立佳.中小学教师情绪智力与教学效能感的关系[J].教学与管理,2014(6).

[112]曲中林.透析教师培训的合法性[J].教育理论与实践,2009(4).

[113]邱秀芳.大学教师心理健康、职业枯竭与主观幸福感的相关研究[J].理工高教研究,2008(6).

[114]邱秀芳.高校教师职称、月收入对主观幸福感的影响及其交互作用分

析[J].理工高教研究,2006(25).

[115]苏尚锋.个体与组织:教师自主性的二重维度[J].教师教育研究,2007(06).

[116]石林,程俊玲,邓从真,刘丽.中小学教师工作压力问卷的编制[J].教育理论与实践,2005(25).

[117]单丽娜,李雪平.农村小学青年教师职业幸福感缺失的原因及提升策略[J].四川教育学院学报,2012(12).

[118]宋海燕.我国主观幸福感的研究现状与趋势[J].社会心理科学,2006(02).

[119]苏娟娟.基础教育课程改革中的教师心态剖析:小学教师幸福感和社会支持的问卷调查分析[J].教育探索,2005(11).

[120]史凤山,教师职业幸福感缺失的现状、原因及培养策略:以太原市实验小学为例[J].教育理论与实践,2013(5).

[121]檀传宝.论教师的幸福[J].教育科学,2002(2).

[122]谭甲文、张隽.教师职业幸福感的现状与对策分析[J].湖南第一师范学院学报,2011(10).

[123]唐志强.提升小学教师职业幸福感的对策[J].现代教育科学,2010(04).

[124]田荷梅,秦启文.中学教师幸福感状况及与社会支持的相关性[J].中国组织工程研究与临床康复,2007(11).

[125]翁芦咏莉,栾子童,乔淼国.外教师动机理论及研究[J].外国教育研究,2012(06).

[126]吴明霞.30年西方关于主观幸福感的理论发展[J].心理学动态,2000(8).

[127]王洪明.整合的调节–缓冲模型:一种新的主观幸福感理论[J].中国心理卫生杂志 2003(12).

[128]王钢,苏志强,张大均.幼儿教师胜任力和职业压力对职业幸福感的影响:职业认同和职业倦怠的作用[J].心理发展与教育,2017(5).

[129]王志丽.论农村教师职业幸福感的缺失与追寻[J].现代中小学教育,2011(6).

[130] 吴悦. 思政课教师效能感培养的应然追求[J]. 山西财经大学学报, 2017 (2).

[131] 王国良. 国内高校英语教师教学效能感实证研究回顾 (2008 – 2013) [J]. 教育评论, 2014 (4).

[132] 魏勇刚. 编制对幼儿园教师主观幸福感的影响[J]. 教育评论, 2014 (3).

[133] 吴碧茹. 幼儿之前教师效能感之测量[J]. 台湾师范大学教育与心理辅导学系教育心理学报, 2004 (2).

[134] 吴先琳, 陆柳, 陈权. 社会与情绪学习: 内涵、实质及教育功能[J]. 学术探, 2016 (11).

[135] 吴莹莹, 连榕. 情绪能力: 探讨教师情绪的新视角[J]. 心理科学, 2014 (5).

[136] 王滔, 马利. 特殊教育教师的职业压力、情绪应对策略与职业幸福感: 有调节的中介效应[J]. 中国健康心理学杂志, 2017 (5).

[137] 王加棉. 人类灵魂工程师的灵魂问题亟待关注[J]. 河南教育, 2001 (3).

[138] 王钢. 幼儿教师职业幸福感的特点及其与职业承诺的关系[J]. 心理发展与教育, 2013 (6).

[139] 王爱菊. 教师专业化批判: 兼论教师幸福[J]. 教育发展研究, 2008 (9).

[140] 王春燕. 教师: 从职场专业发展走向生命关怀的个体成长——生命哲学视野下教师成长的思考[J]. 全球教育展望, 2008 (6).

[141] 王勇, 王忠. 浅谈提升高校青年教师幸福感的外部条件[J]. 教育教学论坛, 2011 (12).

[142] 吴明霞. 30 年西方关于主观幸福感的理论发展[J]. 心理学动态, 2000 (4).

[143] 王钢, 张大均, 刘先强. 幼儿教师职业压力、心理资本和职业认同对职业幸福感的影响机制[J]. 心理发展与教育, 2014 (4).

[144] 吴伟炯, 刘毅, 路红. 本土心理资本与职业幸福感的关系[J]. 心理学报, 2012 (10).

[145] 韦钰. 对"做中学"科学教育的期望[J]. 内蒙古教育, 2009 (5).

［146］王福兴,段婷,申继亮.美国社会情绪学习标准体系及其应用[J].比较教育研究,2011(3).

［147］王传金.教师职业幸福解读[J].教育理论与实践,2008(28).

［148］王传金.C 市小学教师职业幸福现状调查报告[J].当代教育科学,2009(22).

［149］吴才智等.基本心理需要及其满足[J].心理科学进展,2018(6).

［150］王世鹏,张孟杰.弗拉纳根的心灵哲学转向与自然主义幸福观[J].伦理学研究,2016(1).

［151］伍艺凭.发展性的教师评价为教师的职业幸福导航[J].教育探索,2010(12).

［152］王淑燕.主观幸福感测评研究述评[J].社会心理科学,2004(19).

［153］温忠麟,张雷,侯杰泰,刘红云.中介效应检验程序及其应用[J].心理学报,2004(5).

［154］吴明霞.30 年来西方关于主观幸福感的理论发展[J].心理学动态,2000(8).

［155］翁雅琴.我国中学校长职业幸福感量表的初步编制[J].教师教育研究,2015(5).

［156］许苏,夏正江,赵洁."社会与情绪学习"的理论基础与课程形态[J].外国中小学教育,2016(2).

［157］熊川武.教研是教师幸福之源[J].上海教育科研,2004(5).

［158］许远理.情绪智力与非智力因素的本质区别[J].信阳师范学院学报(哲学社会科学版),2007(5).

［159］许延礼,高峰强.高中教师工作压力、心理健康及其关系的研究[J].山东理工大学学报,2003(5).

［160］许琼华.教师职业幸福感从哪里来[J].教育科学研究,2005(6).

［161］奚恺元.幸福的学问:经济学发展的新方向[J].管理与财富,2016(11).

［162］熊承清,许远理.内省情绪智力量表的编制[J].信阳师范学院学报(哲学社会科学版),2013(3).

［163］熊承清,许远理.生活满意度量表中文版在民众中使用的信度和效

度[J].中国健康心理学杂志,2009(8).

[164]熊承清,刘永芳.大学生情绪智力与生活满意度的关系:情感体验的中介作用[J].信阳师范学院学报(哲学社会科学版),2017(6).

[165]徐富明,邓颖,李欧.中小学教师的情绪智力与工作绩效:积极职业心态的中介作用[J].应用心理学,2016(2).

[166]徐富明.中小学教师的工作压力现状及其与职业倦怠的关系[J].中国临床心理学杂志,2003(11).

[167]徐生梅.论教师道德对教师幸福的影响[J].内蒙古师范大学学报教育科学版,2006(4).

[168]徐志勇,赵志红.北京市小学教师工作满意度实证研究[J].教师教育研究,2012(24).

[169]邢占军.幸福指数的政策意义[J].红旗文稿,2006(12).

[170]邢占军.主观幸福感测量研究综述[J].心理科学,2002(3).

[171]邢占军,黄立清.西方哲学史上的两种主要幸福观与当代主观幸福感研究[J].2004(1).

[172]邢占军.中国城市居民主观幸福感量表简本的编制[J].中国行为医学科学,2003(06).

[173]邢占军,张友谊,唐正风.国有大中型企业职工满意感研究[J].心理科学,2001(2).

[174]刑强,唐志文,胡新霞.中小学教师工作压力源及应对方式的关系研究[J].中国特殊教育,2008(6).

[175]姚计海,管海娟.中小学教师情绪智力与职业倦怠的关系研究[J].教育学报,2013(3).

[176]姚计海,申继亮.中小学教师教学自主权量表的修订[J].应用心理学,2007(04).

[177]姚计海.中小学教师教学自主性特点的实证研究[J].教师教育究,2014(06).

[178]姚振东等.中小学教师工作压力,工作满意度与职业幸福感的关系[J].中国健康心理学志,2016(08).

[179]杨宏飞,301名小学教师主观幸福感与自我概念测评[J].中国心理卫

生杂志,2002(16).

[180]杨婉秋.中小学教师主观幸福感研究[J].健康心理学杂志,2003(11).

[181]杨建原,吕红云,赵守盈.中学教师教学效能感与心理健康的关系[J].教育研究与实验,2012(01).

[182]杨钦芬.论教师的幸福[J].教育科学论坛,2006(5).

[183]杨远芳.教师幸福感的调查报告[J].天津市教科院学报,2011(10).

[184]杨秀君,孔克勤.主观幸福感与人格关系的研究[J].心理科学,2003(1).

[185]杨晓雍.科学始于概念[J].科学技术与辩证法,1990(04).

[186]尤谨,郭永玉.大学生人格、社会支持与主观幸福感的关系[J].心理与行为研究,2007(5).俞国良,罗晓路.教师教学效能感及其相关因素研究[J].北京师范大学学报(人文社会科学版),2000(1).

[187]俞国良,辛涛,申继亮.教师教学效能感:结构与影响因素的研究[J].心理学报,1995,(2).

[188]俞国良,专家—新手型教师教学效能感和教学行为的研究[J].心理学探新,1999(2).

[189]烟文英.创造教师职业幸福感:校长的角色[J].教育发展研究,2006(8).

[190]叶澜.时代精神与新教育理念的构建 [J].教育研究,1994(10).

[191]叶澜.更新教育观念,创建面向 21 世纪的新基础教育[J].中国教育学刊,1998(2).

[192]叶澜.教育的魅力,应从创造中去寻找[J].教学管理与教育研究,2017(2).

[193]叶澜.教师要做"师"不做"匠"[J].基础教育论坛,2012(29).

[194]叶俊杰.领悟社会支持、实际社会支持与大学生抑郁[J].心理科学,2006(5).

[195]严标宾,郑雪,邱林.文化常模和目标调节常模:两种幸福感文化观[J].社会心理学研究,2002(2).

[196]严标宾,郑雪,郑林.SWB 和 PWB:两种幸福感研究取向的分野与整合[J].心理科学,2004(4).

[197]褚宏启,吕蕾,刘景.中小学校长培训机构建设与培训制度改革[J].中国教育学刊,2009(12).

[198]张雪勤,刘亚利.教师情绪劳动研究综述[J].教育与教学研究,2014(10).

[199]郑孝玲.国内教师职业幸福感研究文献综述[J].教书育人,2011(12).

[200]张羽,邢占军.社会支持与主观幸福感关系研究综述[J].心理科学,2007(06).

[201]张雯,郑晶.大学生主观幸福感及其影响因素[J].中国心理卫生杂志,2004(1).

[202]周旻.发展视角下的教师主观幸福感[J].教育理论与实际,2014(4).

[203]张兆芹.教师职业幸福感及其提升策略[J].教学与管理,2012(4).

[204]赵斌,李燕,张大均.川渝地区特殊教育学校教师职业幸福感状况及影响因素的研究[J].中国特殊教育,2012(1).

[205]张良.论乡村社会关系的个体化:"外出务工型村庄"社会关系的特征概括[J].江汉论坛,2017(05).

[206]曾玲娟.幼儿教师主观幸福感与工作满意度、社会支持的关系[J].中国健康心理学杂志,2009(7).

[207]郑瑞霞.贫困地区幼儿教师主观幸福感现状分析:以甘肃省为例[J].卫生职业教育,2009(7).

[208]张学民,申继亮,林崇德.小学教师课堂教学能力构成的研究[J].心理发展与教育,2003(3).

[209]赵守盈,杨建原,臧运洪.基于多层面模型的教学效能感量表[J].心理科学,2012(6).

[210]张冲.教师幸福感发展现状和培养对策研究[J].中国特殊教育,2011(1).

[211]张曙光.生存哲学的命意及其当代旨趣[J].哲学动态,2001(1).

[212]中伟.教师幸福感研究的回顾与反思[J].教育探索,2011(1).

[213]周大众.论教师幸福生活的实现[J].山西师大学报(社会科学版),2011(2).

[214]张云鹰.创新校本培训 引领教师幸福成长[J].人民教育,2007(3).

[215]张瑾.国民幸福指数:社会发展评价的新尺度[J].领导科学,2006(15).

[216]郑雪,严标宾,邱林.广州大学生主观幸福感研究[J].心理学探新,2001(4).

[217]周其洪.兴趣不等于职业兴趣,中国大学生就业[J].2006(21).

[218]赵剑英.论人类实践形态的当代发展[J].哲学研究,2002(11).

[219]赵斌,李燕,张大均.川渝地区特殊教育学校教师职业幸福感状况及影响因素的研究[J].中国特殊教育,2012(1).

[220]赵斌,张大均.教师职业幸福感与工作投入的关系研究[J].现代中小学教育,2014(4).

[221]张玉柱,金盛华.高校教师职业幸福感调查与影响因素分析[J].教育科学,2013(5).

[222]王钢,张大均,刘先强.幼儿教师职业压力、心理资本和职业认同对职业幸福感的影响机制[J].心理发展与教育,2014(4).

[223]张二勇,全景月.心理资本及其视域下教师职业幸福感研究[J].继续教育研究,2015(2).

[224]朱进杰,姚计海,吴曼.教师的教学自主权与工作满意度的关系:教师教学自主性的中介作用[J].心理发展与教育,2018(3).

[225]张俊.中小学教师非学历继续教育运作模式的发展趋势[J].中小学教师培训,2011(4).

[226]赵斌,黄永秀.绩效工资制背景下西部义务教育学校教师的职业幸福感及影响因素[J].现代中小学教育,2013(07).

[227]张玉柱,金盛华.高校教师职业幸福感的结构与测量[J].心理与行为研究,2013(5).

[228]朱敏,高湘萍.教师专业发展的自我心理结构模型研究[J].教师教育研究,2017(1).

[229]朱红等.影响高校青年教师职业幸福感的因素分析[J].云南农业大学学报,2015(3).

[230]赵佳丽.收入、健康与主观幸福感[J].经济问题,2017(11).

[231]张园园.教师职业幸福感:教师职业发展的内在动力[J].中国电力教

育,2010(27).

[232]张家哲.简论科学的分类[J].社会科学,1988(7).

[233]曾丽红,王鑫强.农村小学教师幸福感的影响因素分析[J].西昌学院学报(自然科学版),2017(2).

三、学位论文

[1]曹凤英.小学教师职业幸福感调查与反思[D].贵阳:贵州师范大学,2015.

[2]曹建强.酒泉市小学教师职业幸福感的调查研究[D].兰州:西北师范大学,2005.

[3]曹京.高中思想政治课教师职业幸福感研究[D].西华师范大学,2015.

[4]曹雪梅.幼儿教师教学效能感研究[D].上海:华东师范大学,2010.

[5]曾抗.中学教师幸福感研究[D].天津:天津师范大学,2008.

[6]曾瑜.成都市中学教师职业幸福感研究[D].重庆:西南大学,2007.

[7]陈立娜.中小学青年教师情绪智力与工作绩效的关系研究[D].吉林大学,2016.

[8]陈露丹.高中教师情绪工作、心理资本与职业幸福感的关系研究[D].长沙:湖南师范大学,2015.

[9]陈芮均.新竹市国民小学校长科技领导与教师教学效能关系之研究[D].新竹教育大学,2016.

[10]董道恒.中学教师主观幸福感调查报告[D].广州:华南理工大学,2011.

[11]杜丹.初中教师幸福感的结构及其特点[D].开封:河南大学,2009.

[12]猴燕燕.景德镇市民办小学教师职业幸福感及干预研究[D].南昌:江西师范大学,2017.

[13]韩磊磊.中小学教师工作压力、应付方式及影响因素研究[D],广州:华南师范大学,2003.

[14]郝牧女.大学公共英语教师自我效能感、身份认同与主观幸福感的关系研究[D].开封:河南大学,2016.

[15]胡小丽.中学教师职业幸福感结构及其影响因素的研究[D].上海:华

东师范大学,2007.

[16]黄琨.中小学教师文化取向的特点及与其主观幸福感的相关研究[D]. 重庆:西南大学,2010.

[17]姜艳.小学教师职业幸福感研究[D].苏州:苏州大学,2006.

[18]鞠晓青.青岛市农村中小学教师职业幸福感现状与对策研究[D].青岛:青岛大学,2017.

[19]雷燕.幼儿教师主观幸福感及影响因素研究[D].重庆:西南大学,2006.

[20]李郭宝.农村初中教师职业幸福感的调查研究[D].上海:华东师范大学,2007.

[21]李海华.教师的教学效能感、学生的学习动机与学业成绩的关系[D].济南:山东师范大学,2013.

[22]李佳.小学教师职业幸福感的现状及其影响因素:以天津市 S 小学为例[D].天津:天津师范大学,2012.

[23]李欣.中学初任教师职业幸福感的调查研究[D].辽宁师范大学,2015.

[24]李颖.小学教师职业幸福感及其影响因素的相关研究[D].曲阜:曲阜师范大学大学,2009.

[25]刘昌斌.中学教师主观幸福感与教学行为关系研究[D].哈尔滨:黑龙江大学,2014.

[26]刘福芳.专业发展视野下幼儿教师教学效能感研究[D].南京:南京师范大学,2011.

[27]刘荣秀.走在幸福的边缘——农村教师职业幸福感状况的质性研究[D].长沙:湖南师范大学,2006.

[28]刘侠.上海市徐汇区中学教师职业幸福感状况调查与研究[D].上海:上海师范大学,2009 .

[29]刘颖丽.高中教师职业幸福感问卷的编制及职业幸福感与资源的交叉滞后分析[D].金华:浙江师范大学,2009.

[30]罗科艺.四川省中学地理教师职业幸福感研究[D].成都:四川师范大学,2014.

[31]罗琼.农村小学教师职业幸福感现状调查研究:以湖南省隆回县为

例[D].长沙:湖南师范大学,2016.

[32]苗元江.心理学视野中的幸福:幸福感理论与测评研究[D].南京师范大学,2003.

[33]莫文.生存型、发展型、超越型主观幸福感测评工具的研制与应用[D].湖南师范大学,2013.

[34]穆田云.上海市小学教师"社会—情绪能力"的现状与问题研究[D].上海:上海师范大学,2017.

[35]潘贤权.新手-熟手-专家型教师主观幸福感与教学动机的研究[D].福州:福建师范大学,2004.

[36]彭团.新课程改革背景下农村初中教师幸福感研究[D].西安:陕西师范大学,2012.

[37]彭小虎.社会变迁中的小学教师生涯发展[D].上海:华东师范大学,2005.

[38]乔爽.小学教师职业幸福感与时间管理、职业认同的关系[D].北京:首都师范大学,2012.

[39]邱莉.教师课堂情绪调节能力的研究[D].上海:上海师范大学,2007.

[40]任文静.山东省单县农村幼儿教师教学效能感研究[D].大连:辽宁师范大学,2013.

[41]石苑均.台北市公立幼儿园教师知觉家长参与及其效能感之关系研究[D].台北教育大学,2016.

[42]束从敏.幼儿教师职业幸福感的研究[D].南京:南京师范大学,2003.

[43]宋佳荫,教师教学幸福感研究[D].渤海:渤海大学,2014.

[44]宋美谕.中职教师教学动机、教学效能感、工作满意度与幸福感的关系研究[D].陕西师范大学,2014.

[45]苏会佳.中小学教师自我情绪智力与职业幸福感的关系研究[D].信阳:信阳师范学院,2017.

[46]王传金.教师职业幸福感研究:以 C 市的小学教师为例[D].上海:上海师范大学,2008:105.

[47]王梅.小学教师职业幸福感研究:以上海泰州地区为例[D].上海:华东师范大学,2007.

[48]王培培.幼儿教师主观幸福感与工作投入的相关研究[D].武汉:长江大学,2014.

[49]王鑫.特殊教育教师职业认同,职业幸福感与工作投入的关系研究[D].重庆:西南大学,2018.

[50]王子彦.基于面部表情的儿童社会情绪能力测评研究[D].南京:东南大

[51]魏淑华.教师职业认同研究[D].重庆:西南大学,2008.

[52]温星.山西省中学体育教师职业幸福感的调查研究[D].临汾:山西师范大学,2015.

[53]吴世学.中小学教师的职业幸福感及其提升[D].武汉:华中师范大学,2009.

[54]吴双双.领悟社会支持、心理资本与大学生学业成就的关系[D].济南:山东师范大学,2013.

[55]武红梅.小学教师职业幸福感的调查与思考[D].鲁东大学,2015.

[56]夏青.农村幼儿教师社会支持与主观幸福感:心理健康的中介作用[D].武汉:华中师范大学,2016.

[57]肖杰.小学教师职业幸福感的调查与思考:以大庆小学教师为例[D].上海:华东师范大学,2004.

[58]谢天麒.中学教师情绪智力与其职业幸福感的关系研究[D].天津:天津师范大学,2013.

[59]谢鞑.初中教师主观幸福感的调查研究[D].成都:四川师范大学,2006.

[60]邢占军.中国城市居民主观幸福感量表的编制研究[D].上海:华东师范大学,2003.

[61]熊承清.民众情绪智力与主观幸福感的关系[D].河南大学,2008.

[62]徐莎莎.幼儿教师主观幸福感与社会支持关系研究[D].开封:河南大学,2011.

[63]徐姗姗.中学教师职业幸福感及其影响因素研究[D].广西师范大学,2013.

[64]徐维东.内隐幸福感研究[D].上海:华东师范大学博士学位论

文,2006.

[65]许远理.情绪智力组合理论的构建与实证研究[D].北京:首都师范大学,2004.

[66]许赟.80后小学教师职业幸福感的调查与对策研究[D].南京师范大学,2015.

[67]杨莹华.新世纪农村初中教师职业幸福感问题研究[D].开封:河南大学,2014.

[68]杨子江.信阳市中小学教师职业幸福感与职业倦怠的关系研究[D].信阳:信阳师范学院,2017.

[69]尹海兰.大学生主观幸福感及其与人格特征的相关研究[D].郑州:河南大学,2004.

[70]于佳萍.上海市中学生命科学教师职业幸福感调查研究[D].上海:华东师范大学,2014.

[71]张超逸.幼儿园教师自我效能感对班级情绪氛围的影响[D].上海:上海师范大学,2017.

[72]张海燕.小学教师工作量和教学效能感相关性研究[D].首都师范大学,2013.

[73]张静敏.大学生自尊、领悟社会支持与人际信任的关系研究[D].石家庄:河北师范大学,2012.

[74]张俊.中学教师职业幸福感形成与发展规律的研究[D].大连:辽宁师范大学,2012.

[75]张立洁.初中生社会情绪能力培养的初步实践[D].西安:陕西师范大学,2015.

[76]张荣霞.幼儿教师工作压力源与自我效能感的关系研究[D].太原:山西大学,2008.

[77]张欣玲.幼儿教师主观幸福感与自我概念的相关研究[D].济南:山东师范大学,2010.

[78]赵丽君.社会支持对幼儿教师教学效能感的影响研究[D].重庆:西南大学,2007.

[79]郑晓芳.中小学教师职业压力对职业倦怠和工作满意感的影响研

究[D].长春:吉林大学,2013.

四、英文文献

[1]Anderson D R. Creative teachers:Risk,responsibility,and love[J]. Journal of Education,2002,183(1).

[2]Andrews F M,Withey S B. Social indicators of well-being[M]. New York. Plenum Press,1976.

[3]Ashton P. Motivation and the teacher's sense of efficacy. In C. Ames &R. Ames(Eds.),Research on motivation in education:Vol. 2. The classroom milieu (pp. 141-174). Orlando FL:Academic Press,1985..

[4]Assor A,Kaplan H,Roth G. Choive is good,but relevance is excellent: Autonomy-enhancing and suppressing teacher behaviors predicting students' engagement in schoolwork[J]. British Journal of Educational Psychology, 2002(72).

[5]Athanasios D K. Personal characteristics and job satisfaction of Greek teachers[J]. The international Journal of Educational Management,2001 (6).

[6]Bandura A. Human ageney in the soeial eognition theory[J]. American Psychologist,1997(9):pp. 75-84.

[7]Bar-On R. The Emotional Quotient Inventory (EQ-i):A Test of Emotional Intelligence. Toronto,Canada:Multi-Health Systems,1997.

[8]Baron R. The Bar-On model of emotional-social intelligence (ESI)[J]. Psicothema,2006,18(3).

[9]Bar-On R. The Bar-On Emotional Quotient Inventory (EQ-i):Rationale, description and summary of psychometric properties. In G. Geher (Ed.), Measuring emotional intelligence: Common ground and controversy. Hauppauge,NY,US:Nova Science Publisher,2004.

[10]Beehr T A,Newman J E. Job stress,employee health,and organizational effectiveness:a facet analysis,model,and literature review[J]. Personnel Psychology,1978,31(4),665-699.

[11]Bernheim J L. How to get serious answers to the serious question:"how have you been?" Subjective quality of life (QOL)as an individual experiential e-mergent construct[J]. Bioethics,1999,13(3-4),272-287.

[12] Boehm J K, Lyubomirsky S. Does Happiness Promote carrer success [J]? Journal of Career Assessment,2008,16(1),101-116.

[13]Bollen,& Kenneth,A. (2002). Latent variables in psychology and the social sciences. Annual Review of Psychology,53(1),605-634.

[14] Brunner M, Nagy G, Wilhelm O. A tutorial on hierarchically structured constructs[J]. Journal of Personality,2012,80(4),796-846.

[15]Buettner C K,Jeon L,Hur E,et al. Teachers' social-emotional capacity: Factors associated with teachers' responsiveness and professional commitment[J]. Early Education & Development,2016,27:1-22.

[16]Bukist W. Effective teaching:Perspectives and insights from division two's 2-and 4-year awardees [J]. Teaching of Psychology, 2002, 29 (3), 188-193.

[17]Burke & Ronald J. Flow,Work satisfaction and psychological well-being at the work place[J]. Academic Journal,2010,4(02),37.

[18]Busseri A. Toward a resolution of the tripartite structure of subjective well-being[J]. Journal of Personality,2015,83(4),413-428.

[19] Busseri,M. ,& Sadava,S. (2011). A review of the tripartite structure of subjective well-being:Implications for conceptualization,operationalization, analysis,and synthesis[J]. Journal of Personality,15(3),290-314.

[20] Chakravarti D,Mitchell A,Staelin R. Judgment based marketing decision models: An experimental investigation of the decision calculus approach[J]. Management Science,1979,25(3),251-263.

[21]Chamberlain K,Zika S. Stability and change in subjective well-being over short time periods. Social Indicators Research[J],1992,26(2),101-117.

[22]Chen F F,Jing Y,Hayes A. Two concepts or two approaches? A bifactor analysis of psychological and subjective well-being [J]. Journal of Happiness Studies,2013,14(3),1033-1068.

[23]Chris Kyriacou. Teacher stress and burnout:An international review[J]. Educational Research,1987,29(2),146-152.

[24]Corr L,Cook K,Montagne A D,Waters E. Associations between Australian early childhood educators' mental health and working conditions[J]. Australasian Journal of Early Childhood,2015,40(3),69-78.

[25]Costa P T,Mc Crac R R. Influence of rxtraversion on subjective well-being: Happy and unhappy people [J]. Journal of Personality and Social psychology,1980,(38):4.

[26]Craig C L,Duncan B,Francis L J. Safeguarding tradition:Psychological type preferences of male vergers in the church of England [J]. Pastoral Psychology,2006,54(5),457-463.

[27]Cummins R A. Objective and subjctive quality of life[J]. Social Indicators Research,2000(52).

[28]Dahlsgaard K,Peterson C,Seligman M E P. Shared virtue:The convergence of valued human strengths across culture and history[J]. Review of General Psychology,2005,9(3),203-213.

[29]Danna K,Griffin R W. Health and well-being in the workplace:A review and synthesis of the literature [J]. Journal of Management. 1999, 25, 357-384.

[30]Davern M T,Cummins R A,Stokes M A. Subjective well being as an affective-cognitive construct[J]. Journal of Happiness Studies,2007,8(4), 429-449.

[31]Davidson L A,Crowder M K,Gordon R A,et al. A continuous improvement approach to social and emotional competency measurement[J]. Journal of Applied Developmental Psychology,2017.

[32]Deborah H. Gebbie,Deborah Ceglowski,Linda K. Taylor and Jill Miels. The role of teacher efficacy in strengthening classroom support for preschool childrenwith disabilities who exhibit challenging behaviors[J]. Early Childhood Education Journal,2012,40,1,(35).

[33]Deneve K M,Cooper H. The happy personality:A meta-analysis of 137

personality traits and subjective well－being［J］. Psychological Bulletin, 1998,124(2),197–229.

［34］Dennis M, Hanke Korpershoek, Hui Wang, Alexandre J. Teachers' occupational attributes and their psychological well being, job satisfaction, occupational self－concept and quitting intentions［J］. Teaching and Teacher Education,2018,(71):145–158.

［35］Devin, Hassan Fahim, et al. The relationship between locus of control (internal－external) and happiness in pre–elementary teachers in Iran［J］. Procedia－Social and Behavioral Sciences,2012,43,4169–4173.

［36］Diener E. Subjective Well–being［J］. Psychology Bulletin,1984,95(2): 542–575.

［37］Diener E, Eunkook M S, Richard E, et al. Subjective well－being:Three decades of progress［J］. Psychology Bulletin,1999,125(2),276–302.

［38］Diener E, Emmons R A. The independence of positive and negative affect［J］. Journal of Personality and Social Psychology,1984,47(5), 1105–1117.

［39］Diener E, Lucas R E, Oishi S. Subjective well－being:The science of happiness and life satisfaction. In C. R. Snyder & S. J. Lopez (Eds.), Handbook of positive psychology (2nd ed.,pp.63–73). New York:Oxford University Press,2005.

［40］Diener E,Tay L,Oishi S. Rising income and the subjective well–being of nations［J］. Journal of Personality and Social Psychology,2013,104, 267–276.

［41］Dorman E. Building teachers' social－emotional competence through mindfulness practices［J］. Curriculum & Teaching Dialogue,2015,17.

［42］Dzuka,et al. Student violence against teachers［J］. European Psychologist, 2017,12(4),253–260.

［43］Eress M,Kalmus V,Autio T H. Walking a fine line:Teachers' perception of curriculum autonomy in Estonia,Finland and Germany［J］. Journal of Cur-riculumStudies,2016(5).

[44]Esp D. Competence for school managers[M]. London:Kogan,1993,18-19.

[45] Felce D, Perry J. Quality of life: Its definition and measurement [J]. Research in Developmental Disabilities,1995,16(1),51-74.

[46] Fredrickson B. The value of positive emotions:The emerging science of positive psychology is coming to understand why it's good to feel good[J]. American Scientist,2003,91(4),330-335.

[47]Fredrickson B L. What good are positive emotions[J]? Review of General Psychology,1998,2(3),300-319.

[48]Fredrickson B L. Cultivating positive emotions to optimize health and well-being[J]. Prevention and Treatment,2000,3(1).

[49] Fredrickson B L. The role of positive emotions in positive psychology:The broaden-and-build theory of positive emotions[J]. American Psychologist, 2004,359(1449),1367-1377.

[50] Friendman I A. Teacher-perceived work autonomy:The concept and its measurement[J]. Education and Psychological Measurement,2005,59(1).

[51] Fritz M S,Mac Kinnon D P. Required sample size to detect the mediated effect[J]. Psychological Science,2006(3).

[52]Gable S L,Haidt J. What (and why) is positive psychology[J]? Review of General Psychology,2005,9(2),103-110.

[53] Gallagher E N, Vella-Brodrick D A. Social support and emotional intelligence as predictors of subjective well-being[J]. Personality and Individual Differences,2008,44(7),1551-1561.

[54] Gibson B,Dembo M. Teacher-efficacy:A construct validation[J]. Journal of Education Psychology,1984,(4):569-582.

[55]Sajad H,et al. Effects of economic and non economic factors on happiness on primary school teachers and urmia university professors[J]. Procedia-Social and Behavioral Sciences,2011,30,2050-2051.

[56]Hartog J,Oosterbeek H. Health,wealth and happiness:Why pursue a higher education[J]? Economics of Education Review,2004,17(3),245-256.

［57］Heady B, Wearing A. Personality, life events, and subjective well‐being: Toward equibrium model［J］. Journal of Personality and Social psychology, 1989,(57):4.

［58］Hepburn A, Brown S D. Teacher stress and the management of accountability［J］. Human Relations,2001,54,691–715.

［59］Horn J E V, Taris D T W, Schaufeli W B, et al. The structure of occupational well‐being:A study among Dutch teachers［J］. Journal of Occupational & Organizational Psychology,2004,77(3):365–375.

［60］Horn J E, Taris T W, Schaufeli W B. The structure of occupational well‐being: A study among dutch teachers. Journal of Occupational & Organizational Psychology,2004,77(3),365–375.

［61］Wilson W. Correlates of a vowed happiness. Psychological Bulletin,1967, 67,294–306.

［62］Lysaker J, et al. Hope, Happiness, and reciprocity:A thematic analysis of pr‐eservice teachers' relationships with their reading buddies［J］. Reading research and Instruction,2004,44(2),21–45.

［63］Jamal M. Relationship of job stress and type‐a behavior to employees' job satisfaction, organizational commitment, psychosomatic health problems, and turnover motivation［J］. Human Relations,1990,43(8),727–738.

［64］Kirchner C, Antony D. Norman. Examining the relationship between two as‐sessments of teacher effectiveness［J］. Action in Teacher Education,2012, 32(1),73–81.

［65］Joan E, et al. Lack of reciprocity Among dutch teachers: Validation of reciprocity indices and their relation to stress and well‐being［J］. Work and Stress,2001,15(3),191–213.

［66］Joan E, van Horn, Toon W. Taris et al. The structure of occupational well‐being: A study among Dutch teachers. Journal of Occupational and organizational Psychology,2004,4,365–375.

［67］Jones S M, Bouffard S M, Weissbourd R. Educators' social and emotional skills vital to learning［J］. Phi Delta Kappan,2013,94(8):62–65.

[68] Kahn R L, Juster F T. Well-being: Concepts and measures [J]. Journal of Social Issues, 2010, 58(4), 627-644.

[69] Kahneman D, Krueger A B, Schkade D A, Shwartz N. Would you be happier if you were richer? A focusing illusion [J]. Science, 2006, 312(30).

[70] Kammann R, Flett R. Affect ometer 2: A scale to measure current level of general happiness [J]. Australian Journal of Psychology, 1983, 35, 259-265.

[71] Keyes C L M, Shmotkin D, Ryff C D. Optimizing well-being: The empirical encounter of two traditions [J]. Journal of Personality and Social Psychology, 2002, 82(6), 1007-1022.

[72] Kinnunen U, Parkatti, Terttu Rasku. Anne, Occupational well-being among aging teachers in Finland [J]. Scandinavian Journal of Educational Research, 1994, 38(3): 315-332.

[73] Koustelios A D. Personal characteristics and job satisfaction of greek teachers [J]. International Journal of Educational Management, 2001, 15 (7), 354-358.

[74] Kuppens P, Realo A, Diener E. The role of positive and negative emotions in life satisfaction judgment across nations [J]. Journal of Personality and Social Psychology, 2008, 95(1), 66-75.

[75] Larsen R J, Diener E, Emmons R A. An evaluation of subjective well-being measures [J]. Social Indicators Research, 1985, 17(1), 1.

[76] Lasauskiene J, Rauduvaite A. Expression of pre-service teachers' emotional competency in their educational practice [J]. Procedia - Social and Behavioral Sciences, 2015, 205(4): 103-109.

[77] Lavy, Shiri, et al. A Path to teacher happiness? A sense of meaning affectsteacher-student relationships, which affect job satisfaction [J]. Journal of Happiness Studies, 2018, 5(19), 1485-1503.

[78] Linley P A, Maltby J, Wood A M O. Measuring happiness: The higher order factor structure of subjective and psychological well-being measures [J]. Personality & Individual Differences, 2009, 47(8), 878-884.

［79］Litt M D,Turk D C. Sources of stress and dissatisfaction in experienced high school teachers［J］. The Journal of Educational Research,1984,8(3),178-185.

［80］Lopez S J,Snyder C R. The Oxford handbook of positive psychology(M). New York,NY:Oxford University Press,2009.

［81］Lorite D C. Schoolteacher:A sociological Study(M). The University of Chicago Press,1975.

［82］Lu L,Hu C H. Personality,leisure experiences and happiness［J］. Journal of Happiness Studies,2005,6(3),325-342.

［83］Nancy H E,Regis Q B. Preseription for teacher satisfaction:recognition and responsibility［J］.The Clearing House,1992,65(3):179-182.

［84］Needle R H, Griffin T, Svendsen R. Teacher stress: Sources and consequences［J］. Journal of School Health,1980,50(2),96-99.

［85］Nematzadeh, Anahita, et al. Effectiveness of group reality therapy in increasing the teachers' happiness［J］. Procedia – Social and Behavioral Sciences,2014,116,907-912.

［86］Newmann Fred M,Rutter R A. Organizational Factors that affect school sense of efficacy,community,and expectations［J］. Sociology of Education,1989,62,221-238.

［87］Nicole R,Claire M. A Survey of canadian early childhood educators' psychological well being at work［J］. Early Childhood Education Journal,2015,44(2),135-146.

［88］Oberfield Z W. A Bargain half fulfilled: Teacher autonomy and accountability intraditional public schools and public charter schools［J］. American Educational Research Journal,2016.

［89］Oishi S,Diener E,Lucas R E ,Suh E M. Cross–cultural variations in predictors of life satisfaction:Perspectives from needs and values ［J］. Personality & Social Psychology Bulletin,1999,25(8),109-127.

［90］Omodei M M,Wearing A J. Need satisfaction and involvement in Personal Projects:Toward an integrative model of subjective well-being［J］. Journal of Personality and Social Psychology,1990,59(4),762-769.

[91] Paim L. Definitions and measurements of well - being: A review of literature[J]. Journal of Economic and Social Measurement, 1995, 21, 297-309.

[92] Palmer B, Donaldson C, Stough C. Emotional intelligence and life satisfaction[J]. Personality and Individual Differences, 2002, 33 (7), 1091-1100.

[93] Parker P D, et al. Teachers' workplace well-being: Exploring a process model of goal orientation, coping behavior, engagement, and burnout [J]. Teaching and Teacher Education,2012,28(4),503-513.

[94] Patricia A. Jennings an, Mark T. Greenberg. The Prosocial classroom: Teacher social andemotional competence in relation to student and classroom outcomes [J]. American Educational Research Association, 2009 (1), 491-525.

[95] Pavot W. The assessment of subjective well-being: Successes and shortfalls. Eid, M. ,& Larsen, R. J. The Science of Subjective Well-Being(M). New York: Guilford,2008.

[96] Pavot W, Diener E. The satisfaction with life scale and the emerging construct of life satisfaction[J]. The Journal of Positive Psychology,2008,3 (2),137-152.

[97] Pearson L C, Hall B W. Initial construct validation of the teaching autonomy scale[J]. The Journal of Educational Research,1993(3).

[98] Philip D. Parker, Andrew J, Martin, Susan Colma S. Teachers' workplace well-being: Exploring a process model of goal orientation, coping behavior, engagement, and burnout [J]. Teaching and Teacher Education, 2012, (28).

[99] Pithers R T. Teacher stress research: problems and progress [J]. British Journal of Educational Psychology,1995,65(4),387-392.

[100] Prince P N, Prince C R. Subjective quality of life in the evaluation of programs for people with serious and persistent mental illness[J]. Clinical

Psychology Review,2001,21(7),1005-1036.

[101] Ross S W,et al. Teacher well-being and the implementation of school-wide positive behavior interventions and supports[J]. Journal of Positive Behavior Interventions,2012,14(12).

[102] Ryan R M,Deci E L. On happiness and human potentials:A review of research on hedonic and eudaimonic well-being[J]. Annual Review of Psychology,2001,52(1),141-166.

[103] Ryan R M,Huta V,Deci E L. Living well:A self-determination theory perspective on eudaimonia[J]. Journal of Happiness Studies,2008,9(1),139-170.

[104] Ryff C D,Keyes C L M. The structure of Psychological well-being revisited[J]. Journal of Personality and Social Psychology,1995(6).

[105] Ryff C D. Happiness is everything,or is it? Exporations on the meaning of psychological well-being[J]. Journal of Personality & Social Psychology,1989,57(6),1069-1081.

[106] Nader A. Study of the relationship between principals' creativity and degree of environmental happiness in semnan high schools [J]. Procedia-Social and Behavioral Sciences,2011,29,1869-1876.

[107] Schmutte P S,Ryff C D. Personality and well-being:Reexamining methods and meanings[J]. Journal of Personality and Social Psychology,1997,73(3),549-559.

[108] Schneider T R,Lyons J B,Khazon S. Emotional intelligence and resilience [J]. Personality & Individual Differences,2013,55(8),909-914.

[109] Seligman M E P. Positive psychology:Fundamental assumptions[J]. The Psychologist,2003,16(3),126-127.

[110] Seligman M E P,Csikszentmihalyi M. Positive psychology: An introduction[J]. American Psychologist,2000,55(1):5-14.

[111] Shanmugasundaram U,Mohamad A R. Social and emotional competency of beginning teachers[J]. Procedia - Social and Behavioral Sciences,2011,

29:1788-1796.

[112] Sheldon K M, Hoon T H. The multiple determination of well-being: Independent effects of positive traits, needs, goals, selves, social supports, and cultural contexts [J]. Journal of Happiness Studies, 2007, 8 (4), 565-592.

[113] Sheldon K M, Lyubomirsky S. The challenge of staying happier: Testing the hedonic adaptation prevention model [J]. Personility & Social Psychology Bulletin, 2012, 38(5), 670-680.

[114] Simbula S, et al. Teachers well-being and effectiveness: The role of the interplay between job demands and job resources [J]. Procedia-Social and Behavioral Sciences, 2012, 69, 729-738.

[115] Siti Aisyah Binti Panatik & Siti Khadijah Zainal Badri. The impact of work family conflict on psychological well-being among school teachers in malaysia [J]. Procedia - Social and Behavioral Sciences, 2011, 29, 1500-1507.

[116] Lyubomirs S. Why are some people happy than other? The role of cognitive motivational processes in well-being. American Psychology, 2001, 56, (3):239-249.

[117] Steel P, Schmidt J, hultz J. Refining the relationship between personality and subjective well-being [J]. Psychological Bulletin, 2008, 134 (1), 138-161.

[118] Stewart-Brown S. Measuring the parts most measures do not reach: A necessity for evaluation in mental health promotion. Journal of Mental Health Promotion, 2002, 1(2), 4-9.

[119] Suh E M, Oishi S. Culture and subjective well-being: Introduction to the special issue [J]. Journal of Happiness Studies, 2004, 5(3), 219-222.

[120] Tang, Yipeng. What makes rural teachers happy? An investigation on the subjective well-being (SWB) of Chinese rural teachers [J]. International Journal of Educational Development, 2018, 62, 192-200.

[121] Toulabi Zeinab, et al. The Relationship between teachers' happiness and quality of working life [J]. Procedia – Social and Behavioral Sciences, 2013,84,691–695.

[122] Tschannen – Moran M, Woolfolk Hoy, A. Teacher efficacy: Capturing an elusive construct. Teaching and Teacher Education,2001,17,783–805.

[123] Kwan M H,Bondand T M. Culture explanations for life satisfaction: Adding relationship to self – esteem [J]. Journal of Personality and Social Psychology,1997,73(5).

[124] Veenhoven R. Is happiness relative[J]? Social Indicators Research,1991, 24,1–34.

[125] Ashley K, Saklofske Donald H. Teachers – – The vital resource: The contribution of emotional intelligence to teacher efficacy and well – being. [J]. Canadian Journal of School Psychology,2013,28(1):71–89.

[126] Wagner P J,Moseley G C,Grant M M. Physicians' emotional intelligence and patient satisfaction[J]. Family Medicine,2002,34(10),750–754.

[127] Warr P. The measurement of well – being and other aspects of mental health[J]. Journal of Occupational Psychology,1990,63(3):193–210.

[128] Warr P B. A conceptual framework for the study of work and mental health[J]. Work and Stress,1994(8).

[129] Waterman A S,Schwartz S J,Conti R. The implications of two conceptions of happiness (hedonic enjoyment and eudaimonia)for the understanding of intrinsic motivation. Journal of Happiness Studies,2008,9(1),41–79.

[130] Wilson W. Correlates of avowed happiness [J]. Psychological Bulletin, 1967(67).

[131] Wright T A ,Cropanzano R. The role of psychological well–being in job performance:A fresh look at an age–old quest. Organizational Dynamics, 2004,3(4),338–351.

[132] Zeidner M, Olnick – Shemesh D. Emotional intelligence and subjective well–being revisited[J]. Personality & Individual Differences,2010,48 (4),431–435.

［133］Zeidner M，Matthews G，Roberts R D. The emotional intelligence，health，and well – being nexus：What have we learned and what have we missed？［J］. Applied Psychology Health & Well – being，2012，4（1），1–30.